Schriften zum Unternehmens- und Kapitalmarktrecht

Herausgegeben von

Jörn Axel Kämmerer, Karsten Schmidt und Rüdiger Veil

52

Chris Thomale

Der gespaltene Emittent

Ad-hoc-Publizität, Schadenersatz und Wissenszurechnung

Mohr Verlag

Chris Thomale, geboren 1982; Studium der Rechtswissenschaften und Philosophie in Heidelberg, Cambridge und Genf; 2011 Dr. iur. (FH Berlin); 2014 LL.M. (Yale); 2017 Habilitation (Heidelberg).

ISBN 978-3-16-156347-8 / eISBN 978-3-16-156348-5
DOI 10.1628/978-3-16-156348-5

ISSN 2193-7273 / eISSN 2569-4480

Die Deutsche Nationalbibliothek verzeichnet diese Publikation in der Deutschen Nationalbibliographie; detaillierte bibliographische Daten sind im Internet über *http://dnb.dnb.de* abrufbar.

Das Buch wurde von Gulde Druck in Tübingen aus der Stempel Garamond gesetzt, auf alterungsbeständiges Werkdruckpapier gedruckt und gebunden.

Printed in Germany.

Vorwort

Das Verhältnis des Kapitalmarkts zur Information ist ambivalent: Einerseits stellt er Information bereit, indem er die auf ihm geführten Werte mit Preisen versieht und so Handel erst ermöglicht. Um diese Bepreisung und die damit einhergehende Informationsgenerierung effizient zu erfüllen, bedarf der Kapitalmarkt jedoch andererseits zugleich *selbst* der Einspeisung von Information. Hierbei spielt das Recht der Ad-hoc-Publizität eine bedeutende Rolle. Es verpflichtet den Wertpapieremittenten, kontinuierlich eigene Insiderinformationen mit dem Markt zu teilen. Die vorliegende Untersuchung betrifft die sachliche Reichweite dieser Pflicht und ihre privatschadenersatzrechtliche Durchsetzung. Es geht darum, das publikationspflichtige und schadenersatzbewehrte Emittentenwissen zu bestimmen. Die Frage entzündet sich an dem Fall, dass Mitarbeiter des Emittenten über eine grundsätzlich mitteilungspflichtige Insiderinformation verfügen, während das Geschäftsleitungsorgan keine entsprechende Kenntnis besitzt. Die Grenze zwischen Wissen und Nichtwissen verläuft hier quer durch den Emittenten hindurch, sie „spaltet" ihn gleichsam. Das Recht sieht den Emittenten jedoch als Zurechnungseinheit. Deshalb kann es diese Wissensspaltung nicht hinnehmen, sondern muss sich entscheiden: Entweder der Emittent weiß oder er weiß nicht – *tertium non datur*. Die rechtliche Bewältigung des gespaltenen Emittenten stellt somit eine Frage der Wissenszurechnung zu Lasten des Emittenten als juristische Person. Diese Wissenszurechnung ist in einen dreifachen Kontext zu stellen: *Erstens* geht es um das bekannte, aber in weiten Teilen ungeklärte Problem der Wissenszurechnung gegenüber juristischen Personen als solchen. Dieses ist *zweitens* unter dem besonderen Aspekt der kapitalmarktrechtlichen Ad-hoc-Publizität zu betrachten. Schließlich geht es *drittens* nicht allein um die Bestimmung der Ad-hoc-Publizitätspflicht allgemein, sondern darum, ob und inwieweit ihre durch Wissenszurechnung konstruierte Verletzung zu Privatschadensersatzansprüchen führt.

Das Ziel der Untersuchung besteht zunächst in einer breit angelegten, klassischen Interpretation der europäischen und der deutschen *lex lata*. Um jedoch über diese dogmatische Arbeit hinaus auch Reformvorschläge *de lege ferenda* entwickeln zu können, muss ein methodenpluralistischer Ansatz gewählt werden, der rechtsökonomische und rechtsvergleichende Perspektiven sowie die Hybridität des Themas als Mischung von europäischem Unionseinheitsrecht und mitgliedstaatlichen Individuallösungen einblendet: Die Pflicht zur Ad-hoc-Publizität ist unionsrechtlich geregelt, während ihre privatrechtliche Sanktionierung den Mitgliedstaaten überlassen bleibt. Die Diversität dieser mitgliedstaatlichen Sanktionsregime darf jedoch nicht darüber hinwegtäuschen, dass die deliktsrechtsdogmatischen Einpassungshürden, die einer Schadenersatzhaftung für fehlerhafte Ad-hoc-Publizität entgegenstehen, weitestgehend ubiquitär sind. Eine Rechtsvergleichung kann hier somit nur gelingen, wenn sie drei Aspekte gleichzeitig betrachtet: *Erstens* die formale Verklammerung der mitgliedstaatlichen Lösungen durch Einheitsrecht, *zweitens* den Umgang mit der Irritation, die aus der Gewährung von Deliktsschadenersatz für reine Vermögensschäden trotz fehlenden spezifischen Individualschutzes der Handlungsnorm und trotz des Vorhandenseins verwaltungsrechtlicher Rechtsdurchsetzung resultiert und *drittens* die gemeinsame Ausrichtung aller Lösungen auf eine effiziente Gestaltung des Kapitalmarkts. Im individuellen Umgang mit diesen drei Rahmenbedingungen liegt das *tertium comparationis*, der Vergleichsgesichtspunkt, auf den die Rechtsvergleichung vorliegend ausgerichtet ist. Sie will keine willkürliche Materialsammlung zur internationalen Rechtskunde sein, sondern kulturempirischen Zugang zur ökonomischen Substruktur des allen verglichenen Rechtsordnungen gestellten, konkreten Problems verschaffen. Die vorliegende Abhandlung sieht sich zugleich als Studie zu dieser sozioökonomisch und rechtskulturell funktionalen Variante rechtsvergleichenden Arbeitens.

Das Manuskript befindet sich auf dem Stand vom 1. März 2018. Ich habe es im Jahr 2017 neben meiner Tätigkeit als Akademischer Rat am Heidelberger Institut für ausländisches und internationales Privat- und Wirtschaftsrecht angefertigt. Dabei war mein Lehrer, *Marc-Philippe Weller*, mein maßgeblicher Diskussionspartner und Anregungsgeber. Für die Erstellung der Druckfassung danke ich meinen Mitarbeitern *Carolin Eschenfelder*, *Markus Lieberknecht*, *Ann-Cathrin Maier* und *Jan Lukas Werner*. Daneben haben zahlreiche Freunde und Kollegen die Entstehung des Werks mit wichtigen Anregungen und Hilfestellungen befördert. Ich danke (alphabetisch, ohne Titel):

Franklin Allen, *Michael Brellochs*, *Johannes W. Flume*, *Miguel Gomez Jene*, *Susanne Kalss*, *Lars Klöhn*, *Katja Langenbucher*, *Thomas Liebscher*, *Thomas Möllers*, *Luana Piciarca*, *Alain Pietrancosta*, *Dörte Poelzig*, *Giuseppe Portale*, *Ben Steinbrück*, *Umberto Tombari*, *Ulrich Torggler*, *Dirk Zetzsche* und *Susanne Zwirlein*.

Das Buch ist meinem Bruder, Prof. Dr. *Ronny Thomale*, gewidmet.

Heidelberg, im März 2018 Chris Thomale

Inhaltsverzeichnis

I. Einleitung

Privatschadenersatzprozesse von Anlegern gegen Emittenten auf Grund fehlerhafter Kapitalmarktinformationen prägen das Wirtschaftsrechtsgeschehen schon seit geraumer Zeit. Bislang wurden sie vor allem mit allgemeinen Krisenphänomenen assoziiert, sei es der Einbruch des deutschen Neuen Marktes in den Jahren 2000–2002[1] oder die vom Jahr 2007 an offenbar gewordene US-Subprimekrise[2]. Typischerweise versuchten Unternehmensleitungen, durch gezielte Fehlinformation Kurse aktiv zu stabilisieren und so Zeit zu gewinnen, um die allgemeine Krisenstimmung zu überdauern. In den letzten Jahren ist – neben der Einblendung prozessualer Durchsetzungsvoraussetzungen, die zum Erlass des KapMuG führten[3] – ein weiteres Phänomen in den Vordergrund getreten: Die unterlassene Kapitalmarktinformation. Unternehmen empfinden in Zeiten billigen Fremdkapitals und wachsender Regulierung die Kapitalmarktpublizität zusehends als Last, weshalb sogar der vollständige oder teilweise Rückzug vom Kapitalmarkt zu einer ernsthaften Gestaltungsoption avanciert ist.[4] Besonders aufwändig erscheint die Ad-hoc-Publizitätspflicht, erzeugt sie doch innerhalb des Unternehmens einen ständigen Überwachungs-, Bewertungs- und Kommunikationsbedarf. Schon deshalb stellt sie eine zentrale Compliance-Herausforderung dar. Die ganze Tragweite der Ad-hoc-Publizitätspflicht erschließt sich jedoch erst, wenn man sie als Transmissionsriemen zwischen Unternehmensführung und Kapitalmarkt erkennt: Realwirtschaftliche Ereignisse

---

[1] Hierhin gehören etwa die prominent litigierten Sachen Ifomatec, EM.TV und ComROAD. Siehe näher: *Barth*, Schadensberechnung bei Haftung wegen fehlender Kapitalmarktinformation, 2006, 53; *Weller*, in: Festschrift für Hoffmann-Becking, 2013, 1341 ff.; *Wichmann*, Haftung am Sekundärmarkt für fehlinformationsbedingte Anlegerschäden, 2017, 4 f., 96 ff.; alle mwN. Auch der US-amerikanische Securities Exchange Act aus dem Jahre 1934 geht politisch auf die Große Depression zurück, die im „schwarzen Donnerstag", dem 24. Oktober 1929, gipfelte. Siehe dazu unten S. 90 ff.

[2] Darauf beruht die Sache IKB, letztinstanzlich entschieden durch BGHZ 192, 90. Zum Subprime-Phänomen erhellend: *Reifner*, Die Finanzkrise, 2017, 16 ff.

[3] Vgl. BT-Drs. 15/5091, S. 1 pointiert: „Die traditionellen Bündelungsformen [zur kollektiven Durchsetzung gleichgerichteter Gläubigerinteressen], die von der Verfahrensverbindung über die Streitgenossenschaft bis zur Musterprozessabrede reichen, genügen nicht, um eine effiziente Rechtsdurchsetzung zu gewährleisten."

[4] Zu dieser „wohlwollenden" Deutung des Delistings auf Grundlage statistisch-empirischer, ökonomischer und rechtsvergleichender Analyse siehe: *Thomale/Walter*, ZGR 2016, 679 ff.

werden auf den hoch entwickelten, hypersensiblen Kapitalmärkten unserer Zeit zugleich anlegerseitig durch Kursschwankungen gespiegelt. Tatsächlich geht die führende kapitalmarktökonomische Theorie sogar davon aus, dass sich Preisbildung am Kapitalmarkt am besten als Informationsverarbeitung verstehen lässt: Der Preis eines Wertpapiers bildet *cum grano salis*[5] den Kenntnisstand „des Marktes", also der Totalität der Marktteilnehmer, insbesondere über den Emittenten ab. Diese informationsbasierte Verzahnung des wirtschaftlichen Erfolgs und Misserfolgs eines Emittenten mit der Wertentwicklung seiner Wertpapiere führt auf rechtlicher Ebene zu komplexen Interferenzen: Bringt etwa ein Unternehmen massenhaft mangelhafte Produkte auf den Markt, führt dies einerseits zu Haftungsklagen der Händler und Verbraucher. Zugleich ist jedoch andererseits immer auch an Schadenersatzklagen der Anleger auf Grundlage von §§ 97, 98 WpHG (= §§ 37b, 37c WpHG a. F..)[6] zu denken, sofern sich nämlich die Mangelhaftigkeit auf einen publikationspflichtigen Hintergrundsachverhalt zurückführen lässt und dieser nicht, zu spät oder falsch kommuniziert wurde.[7] Dasselbe gilt für Kartellverstöße: Diese sind nicht nur als solche durch Geldbußen seitens der Kartellaufsichtsbehörden und Schadenersatzklagen seitens der Kartellgeschädigten sanktioniert, sondern dürften sogar deliktstypischerweise mit fehlerhafter Ad-hoc-Publizität einhergehen und zu auf §§ 97, 98 WpHG gestützten Klagen der Anleger einladen. Steckt das Unternehmen in wirtschaftlichen Schwierigkeiten und bringen Haftungsklagen sowie Bußgelder und Geldstrafen[8] schließlich das Unternehmen an den Rand der Überschuldung, liegt eine weitere Interferenz in der belastenden Wirkung der §§ 97, 98 WpHG selbst: Die Sanierungsfähigkeit des Unternehmens wird erschwert, möglicherweise seine Insolvenz erst dadurch hervorgerufen, dass wesentliche Teile seiner einstigen Marktkapitalisierung nicht nur durch Kursverfall verloren sind, sondern gleichzeitig, als Anlegerschadenersatz gespiegelt, die Unternehmensverbindlichkeiten drastisch erhöhen.[9]

---

[5] Drei Spielarten dieser sog. Efficient Capital Market Hypothesis (ECMH) werden gängigerweise unterschieden: Herrschend ist die mittelstrenge Modellannahme, dass der Marktpreis in Echtzeit alle öffentlich verfügbaren Informationen abbildet. Siehe dazu grundlegend: *Fama*, The Journal of Finance 25 (1970), 383, besonders instruktiv 413 ff. sowie *ders.*, The Journal of Finance 46 (1991), 1575; Journal of Financial Economics 49 (1998), 283 mit bestätigenden Metastudien. Zu verhaltensökonomischen Korrekturen unter dem Gesichtspunkt der begrenzten Rationalität menschlicher Anleger siehe auf deutsch im Überblick: *Klöhn*, Behavioral Finance, 2006, 80 ff., 178 ff.

[6] Mit dem Zweiten Gesetz zur Novellierung von Finanzmarktvorschriften auf Grund europäischer Rechtsakte (2. Finanzmarktnovellierungsgesetz – 2. FiMaNoG), BGBl. 2017-I Nr. 39, S. 1693 ff. sind diese Normen mit Geltung ab dem 3. Januar 2018 neu nummeriert worden, aber inhaltlich unverändert geblieben.

[7] Statt aller: *Klöhn*, in: Kölner Kommentar zum WpHG, 2. Auflage 2014, § 13 Rn. 353; § 15 Rn. 154 ff.

[8] Zur französischen Unternehmensstrafbarkeit gemäß Art. 121-2 Code pénal, die vermehrt auch deutsche Unternehmen betrifft, siehe: *Thomale*, AG 2015, 641, 642 ff.

[9] Daraus erklärte sich die ursprüngliche Zurückhaltung des deutschen Gesetzgebers ge-

Die skizzierte Fallgruppe, in der ein Fehlverhalten des Managements Auslöser für eine Ad-hoc-Publikationspflicht ist, wirft dann besonders schwierige Wertungsfragen auf, wenn die Insiderinformation nicht zumindest unternehmensintern offen kommuniziert, sondern von den Handelnden geheimgehalten wird. Dann nämlich entsteht insofern eine gespaltene Wissenslage, als die Insiderinformation einem Teil des Unternehmens bekannt ist, einem anderen jedoch nicht. Dies kann dazu führen, dass eine (rechtzeitige) Ad-hoc-Mitteilung unterbleibt, obwohl die entsprechende Information dem Unternehmen, als monolithischer Block betrachtet, zur Verfügung stand. Im Umgang mit diesem Sachverhalt macht sich die Rechtsdogmatik die Bündelungswirkung der juristischen Person zunutze: Sie übersetzt die Problematik der Ad-hoc-Publizitätspflicht bei unternehmensinterner Wissensspaltung in die Frage, ob *der Emittent* verpflichtet ist, auch ihm als juristische Person zurechenbare Insiderinformationen zu publizieren. Diese Zurechnungsfrage ist freilich als solche immer noch hoch komplex und bedarf der Vernetzung mit den allgemeinen zivilrechtlichen Lehren der Wissenszurechnung. Ebendies soll folgend geleistet werden:

Zunächst ist die dogmatische Operation der Wissenszurechnung zu erläutern (II.), bevor auf die besondere Problematik der Wissenszurechnung gegenüber juristischen Personen eingegangen werden kann (III.). Dies bildet die Grundlage für die Behandlung des kapitalmarktrechtlichen Fragenkreises, wie im Rahmen der Ad-hoc-Publizitätspflicht und der Schadenersatzhaftung für ihre Verletzung mit zugerechnetem Emittentenwissen umzugehen ist. Zunächst wird die Unterlassung einer unverzüglichen Veröffentlichung von Insiderinformationen samt der daraus gemäß § 97 WpHG resultierenden Haftung erörtert (IV.). Im Anschluss geht es um die Wissenszurechnung bei der Haftung für die Veröffentlichung unwahrer Insiderinformationen gemäß § 98 WpHG (V.). Dabei ergeben sich für die primäre Ad-hoc-Publizitätspflicht, die Haftung nach § 97 WpHG und die Haftung nach § 98 WpHG jeweils unterschiedliche Wissenszurechnungsregime: Die primäre Ad-hoc-Publizitätspflicht setzt keine Wissenszurechnung voraus, statuiert also eine rein objektive Pflicht. § 97 WpHG erfordert dagegen positive Kenntnis bereits zur Haftungsbegründung und erlaubt keine Wissenszurechnung wegen verletzter Wissenssorgfalt. Insbesondere kann im Rahmen des § 97 WpHG bei Compliance-Verstößen auf dem Vorstand nachgelagerten Hierarchieebenen kein Mitarbeiterwissen zugerechnet werden. In § 98 WpHG schließlich spielt Kenntnis mittelbar bei der Frage des Verschuldens eine Rolle und kann dort folglich auch mittels verletzter Wissensorganisationssorgfalt konstruiert werden.

Räumlich anwendbar sind jedenfalls und insbesondere bei solchen Wertpapieren, die von einer Gesellschaft mit Verwaltungssitz in Deutschland an einer

genüber privaten Schadenersatzklagen wegen fehlerhafter Ad-hoc-Publizität bei Einführung des WpHG. Siehe: BT-Drs. 12/7918, S. 102 und unten S. 80f.

deutschen Börse gehandelt werden, die §§ 97, 98 WpHG.[10] Obwohl Fragen der Wissenszurechnung zu Lasten juristischer Personen grundsätzlich dem Gesellschaftsstatut unterfallen,[11] sind sie hier zur Vermeidung von Friktionen unselbständig an das Marktrecht anzuknüpfen. Wissenszurechnungsfragen im Rahmen der §§ 97, 98 WpHG unterliegen somit zwingend deutschem Recht. Aus später im Einzelnen darzulegenden Gründen soll den Erörterungen zur Ad-hoc-Publizitätspflicht als solcher teilweise die bis zum 1.7.2016 gültige Fassung des § 15 WpHG zugrunde gelegt werden.[12] Denn durch das Inkrafttreten der Marktmissbrauchsverordnung (MarktmissbrauchsVO)[13] und die Anpassungen des WpHG mit Wirkung vom 2.7.2016[14] und 3.1.2018[15] hat sich die rechtliche Beurteilung der vorliegend thematisierten Fragen nicht erheblich geändert: Eine Wissenszurechnung ist weiterhin allein im Rahmen der Privatschadenersatzhaftung und nach den dargestellten autonom deutschen Grundsätzen erforderlich (VI.). Abschließend soll der Blick über das deutsche Recht hinaus geweitet und unter zugleich ökonomisch-analytischen und rechtsdogmatischen Aspekten ein internationaler und unionsrechtlicher Lösungsvergleich durchgeführt werden. Dabei stellt sich die deutsche Privatschadenersatzlösung als isoliert und reformbedürftig dar (VII.). Die wesentlichen Ergebnisse der Untersuchung lassen sich in 13 Kernthesen zusammenfassen (VIII.).

---

[10] Das WpHG regelt seinen räumlichen Anwendungsbereich nur implizit im Rahmen der jeweiligen Sachnorm. Vorliegend trifft die Haftung aus §§ 97, 98 WpHG alle Emittenten von Finanzinstrumenten, die zum Handel an einer deutschen Börse zugelassen sind. Instruktiv zu Auslandsberührungen: *Zimmer/Kruse*, in: Schwark/Zimmer, Kapitalmarktrechts-Kommentar, WpHG, 4. Auflage 2010, § 15 Rn. 19 ff.; IV. 2. 1. des Emittentenleitfadens der BaFin (Stand: 22. Juni 2013); *Kronke/Haubold*, in: Kronke et al. (Hrsg.), Handbuch Internationales Wirtschaftsrecht, 2. Auflage 2017, Teil L, Rz. 415 f.

[11] *Thomale*, AG 2015, 641, 646. *Weller*, ZGR 2016, 384 ff. Hintergrund ist die Qualifikation der Wissenszurechnung analog zur passiven Stellvertretung. Da es vorliegend um gesetzliche und organschaftliche Stellvertretung geht, wird diese Frage von dem zum 16. Juni 2017 inkraftgetretenen Art. 8 EGBGB nicht betroffen, der überdies in Abs. 7 eine Bereichsausnahme für Börsengeschäfte vorsieht, die gewohnheitsrechtlich an das Marktrecht angeknüpft werden. Siehe dazu: BR-Drs. 653/16, S. 22, 26.

[12] Zum Fassungsvergleich siehe den Anhang III (S. 163 ff.).

[13] Verordnung (EU) Nr. 596/2014 vom 16. April 2014.

[14] Zur Neufassung der für die Untersuchung zentralen Normen siehe Anhang III–V (S. 163 ff.).

[15] Zum 2. FiMaNoG siehe bereits oben S. 2 in Fn. 6. Danach findet sich der frühere § 15 WpHG in seiner vom 2.7.2016 bis zum 2.1.2018 gültigen Fassung nun im Wesentlichen unverändert in § 26 WpHG n. F. wieder.

II. Allgemeine Grundsätze der Wissenszurechnung

1. Rechtliches Wissen als normativ konstruiertes Wissen

Die Privatrechtsordnung folgt einer individualistischen Autonomiekonzeption, die auf den Menschen zugeschnitten ist. Deshalb operiert sie allenthalben mit scheinbar psychologischen Begriffen, die sich auf kognitive, volitive und asthenisch-affektive Bewusstseinszustände des Menschen beziehen. Dazu gehört auch die Kategorie des Wissens. Wissen bedeutet zunächst eigene Kenntnis, also subjektiv-kognitiver Zugang zu einer oder mehreren objektiven Tatsachen. Dieser streng psychologische Wissensbegriff bildet zugleich den Kern des rechtlichen Wissensbegriffs. In der Privatrechtsordnung erhält dieser Kern jedoch normative Überformungen und Erweiterungen, so dass Wissensfragen regelmäßig eine Verquickung von Rechts- und Tatfragen darstellen.[1]

Eine offene normative Erweiterung bildet die Kategorie des Kennen-Müssens gemäß § 122 Abs. 2 BGB. Dem Wissen wird hier die auf Fahrlässigkeit beruhende Unkenntnis gleichgestellt. Subtilere Erweiterungen geschehen etwa bei der Gleichstellung des sich der Kenntnis Verschließens mit der Kenntnis selbst,[2] der grundsätzlichen Unbeachtlichkeit des bloßen Rechtsfolgenirrtums[3] sowie der fiktiv-normativen Vorverlagerung der kenntnisstiftenden Anknüpfungstatsache.[4]

Rechtliches Wissen ist folglich immer um und über psychologisches Wissen hinaus zugerechnetes, das heißt: spezifisch normativ konstruiertes Wissen.[5]

---

[1] Dazu zuletzt detailliert *Schrader,* Wissen im Recht, 2017, 95 ff.

[2] So etwa die herrschende Lehre zur Kenntnis als Bösgläubigkeitskriterium in §§ 892, 2366 usw. BGB. Siehe etwa *Gursky,* in: Staudinger BGB (2013), § 892 Rn. 162: „Bei ausgesprochen dolosem Verhalten des Erwerbers, insbesondere, wenn dieser sich der Erkenntnis der Buchunrichtigkeit *böswillig* verschließt, muß allerdings in Analogie zu § 162 die Kenntnis unterstellt werden."; *Kohler,* in: MüKo BGB, 7. Auflage 2017, § 892 Rn. 48: „Auch wer sich grundlos der Kenntnis der wahren Rechtslage verschließt, ist als bösgläubig zu behandeln."; Zuletzt im Rahmen der §§ 818 Abs. 4, 819 Abs. 1 BGB: BGH NJW 2014, 2790, 2793 (Rn. 27).

[3] Im Einzelnen streitig. Vgl. zu § 119 BGB: *Armbrüster,* in: MüKo BGB, 7. Auflage 2015, § 119 Rn. 80 ff.; zu § 892 BGB: Prot. III, 8531 = Mugdan III, 547; zu § 2078 BGB: *Leipold,* in: MüKo BGB, 7. Auflage 2017, § 2078 Rn. 24; jeweils mit wechselnden, kontextabhängigen Maßstäben.

[4] Vgl. §§ 23 Abs. 2 Satz 1, 146 Abs. 1 ZVG.

[5] Die tieferen epistemologischen (Ab-)Gründe des Wissens dürfen vorliegend dahinstehen. Immerhin fällt auf, dass sowohl Wissen als auch Erkenntnis überhaupt durch den „Ab-

2. Relativität der Wissenszurechnung

Aus der Normativität der Wissenszurechnung folgt zugleich ihre kontextuale Spezifität: Wissenszurechnung ist kein einfacher Vorgang, bei dem einem bestimmten Rechtssubjekt die Kenntnis bestimmter Tatsachen als gewusst zugerechnet wird, so dass danach in beliebigen Rechtsfragen dieses Wissen unterstellt werden könnte. Vielmehr hängt die Wissenszurechnung entscheidend von ihrer konkreten normativen Umgebung ab, sie ist also nicht personal-absolut[6], sondern kontextual-relativ strukturiert.[7] Dies führt zu einigen notwendigen Differenzierungen:

a) Intradisziplinäre Differenzierung

Jede Rechtssäule entfaltet ihren eigenen Wissensbegriff. Besonders deutlich wird dies in der Abgrenzung von Zivil- und Strafrecht. Einerseits hat das Strafrecht aufgrund seines *Ultima-ratio*-Charakters die Tendenz, das strafrechtlich zurechenbare Wissen auf das psychologische Wissen zu beschränken und trennt zum Beispiel auch in der Rechtsfolge streng zwischen Vorsatzwissen und lediglich fahrlässigem Nichtwissen.[8] Andererseits sieht das Strafrecht die eigenen Anordnungen als so einleuchtend und ethisch-kulturell fundiert an, dass es nach § 17 StGB deutlich strengere Maßstäbe an die Erheblichkeit eines Rechtsirrtums anlegt.[9] Hier zeigt sich: strafrechtliche und zivilrechtliche Wissenszurechnung geschehen autonom. Selbst dann, wenn das Strafrecht – etwa zur Ermittlung des internationalen Wissensstatuts[10] – auf zivilrechtliche Zurechnungsgrundsätze zurückgreift, oder das Zivilrecht umgekehrt auf strafrechtliche Kategorien wie Vorsatz[11] oder Anstiftung und Beihilfe[12] verweist, tun sie dies aus eigener normativer Regelungsmachtvollkommenheit und nicht etwa des-

---

bruch von operativen Beziehungen zur Außenwelt" konstituiert werden, vgl. *Luhmann*, Erkenntnis als Konstruktion, in: Aufsätze und Reden, 2007, 218ff. Provokant formuliert: Man hört nicht auf, zu fragen, weil man etwas weiß, sondern man konstruiert seinen kognitiven Zustand als Wissen, indem man das Fragen einstellt.

[6] So aber noch die früher von der Rechtsprechung vertretene Theorie der absoluten Wissenszurechnung, vgl. RG, JW 1935, 2044; BGHZ 41, 282. Siehe dazu sogleich.

[7] Im Grundsatz ähnlich: *Schrader*, Wissen im Recht, 2017, 387ff.; *Grigoleit*, ZHR 181 (2017), 160, 169, 179.

[8] Dieser Unterscheidungszwang führt zu einem Subtilitätsgrad, der sich am deutlichsten in der Abgrenzung von Eventualvorsatz und bewusster Fahrlässigkeit niederschlägt. Im Überblick dazu: *Joecks*, in: MüKo StGB, 3. Auflage 2017, § 16 Rn. 31ff.; *Kudlich*, in: BeckOK StGB (Stand 01.02.2018), § 15 Rn. 20ff.

[9] St. Rspr., siehe: BGHSt 4, 236, 243; 21, 18, 20; 58, 15.

[10] Zum französischen Unternehmensstrafrecht sowie zum zugehörigen Kollisionsrecht der Wissenszurechnung siehe etwa: *Thomale*, AG 2015, 641; *Weller*, ZGR 2016, 384ff.

[11] § 826 BGB.

[12] § 830 BGB.

halb, weil sie durch einen abstrakten Einheitlichkeitsanspruch dazu gezwungen wären.

Ähnliche Zusammenhänge lassen sich auch im Vergleich von Zivilrecht und öffentlichem Recht nachweisen: So wird etwa die die materielle Bestandskraftfrist auslösende Kenntnis der Behörde von der Rechtswidrigkeit eines Verwaltungsakts nach § 48 Abs. 4 Satz 1 VwVfG funktional gemäß dem Zielkonflikt zwischen Rechtssicherheit und Rechtsrichtigkeit bestimmt. Deshalb soll die Frist erst zu laufen beginnen, „wenn die Behörde ohne weitere Sachaufklärung objektiv in der Lage ist, unter sachgerechter Ausübung ihres Ermessens über die Rücknahme des Verwaltungsakts zu entscheiden."[13] Die der Behörde zur Verfügung stehenden Informationen müssen dabei „einen Sicherheitsgrad erreichen, der vernünftige, nach den Erfahrungen des Lebens objektiv gerechtfertigte Zweifel schweigen läßt," sodass etwa der bloße Eingang einer Mitteilung bei der Behörde allein nicht ausreicht.[14] Diese Formulierung stammt zwar ursprünglich aus der BGH-Rechtsprechung zur Kenntnis im Sinne des § 407 Abs. 1 Halbs. 2 BGB, der das Schuldnerprivileg der Empfangszuständigkeit des Zedenten nicht schon bei Wissen, sondern erst bei Gewissheit entziehen soll.[15] Sie steht aber ersichtlich in einem verselbständigten behördlichen Entscheidungskontext. Das gilt auch für die die Schutzwürdigkeit des Adressaten eines rechtswidrigen Verwaltungsakts ausschließende Kenntnis nach § 48 Abs. 2 Satz 3 Nr. 3 Alt. 1 VwVfG.[16]

Im Rahmen der Wissenszurechnung geht mithin die Differenziertheit der Rechtsordnung ihrer oft postulierten Einheit vor.

b) Ordnungssystematische Differenzierung

Was soeben für die Rechtssäulen beschrieben worden ist, gilt analog auch innerhalb der privatrechtlichen Fachsäule für die Wissenszurechnung in einzelnen Ordnungssystemen:

Die Wissenszurechnung vom Stellvertreter zum Vertretenen gemäß § 166 BGB gilt, wie sich aus Wortlaut und äußerer Systematik ergibt, allein für Rechtsgeschäfte, das heißt: Willenserklärungen im Sinne der §§ 104 ff. BGB.[17] Für deliktisches Handeln gilt diese Norm mithin nicht. Stattdessen nimmt das Deliktsrecht, wo es dies für angemessen hält, eigene Wissenszurechnungen vor, wie etwa bei der fahrlässigen Kreditgefährdung nach § 824 Abs. 1 BGB a. E., der

---

[13] BVerwGE 70, 356, 363 (juris-Rn. 19).

[14] BSGE 74, 20, 26 f. (juris-Rn. 29) zu § 45 Abs. 4 SGB X.

[15] Das BSG beruft sich auf RGZ 74, 117, 120; 88, 4, 6; BGHZ 102, 68, 74. Siehe zuletzt: BGH NJW-RR 2009, 491,492 (Rn. 8) mwN.

[16] Vgl. *Sachs*, in: Stelkens et al. (Hrsg.), VwVfG, 9. Auflage 2018, § 48 Rn. 159 ff. mwN.

[17] Zum uneindeutigen Meinungsstand in der Literatur siehe: *Buck-Heeb,* Wissen und juristische Person, 2001, 183 mwN.

befreienden Leistung nach § 851 BGB a. E. oder beim Verjährungsbeginn insbesondere deliktischer Ansprüche gemäß § 199 Abs. 1 Nr. 2 BGB.[18]

c) Normspezifische Differenzierung

Neben die intradisziplinäre und ordnungssystematische Relativität der Wissenszurechnung tritt schließlich ihre normspezifische Relativität. Diese auch als Relativität der Rechtsbegriffe[19] bekannte Differenzierung trägt der Tatsache Rechnung, dass sogar innerhalb desselben Ordnungssystems derselben Fachsäule Rechtsbegriffe im Wertungskontext ihrer jeweiligen Norm betrachtet werden müssen. So darf das Vertragsrecht etwa das allgemeine konstruktive Wissen des Vertretenen nach § 166 BGB von demjenigen unterscheiden, das den Ablauf der Kündigungsausschlussfrist nach § 626 Abs. 2 Satz 2 BGB in Gang setzt.[20] Das Kaufrecht darf die konstruktive Erweiterung gewährleistungsausschließender Kenntnis des Käufers nach § 442 BGB unter anderem auf grob fahrlässige Unkenntnis beschränken, während auf Verkäuferseite sogar nichtfahrlässige Unkenntnis nach § 276 Abs. 1 Satz 1 BGB schädlich sein kann. Das Sachenrecht hat die Möglichkeit, den erwerbsschädlichen „bösen Glauben“ von dem jeweiligen Rechtsscheinträger abhängig zu machen und manchmal einfache Fahrlässigkeit, manchmal grobe Fahrlässigkeit und manchmal nur positive Kenntnis als erwerbshindernd anzusehen.[21]

---

[18] Vgl. *Grothe*, in: MüKo BGB, 7. Auflage 2015, § 199 Rn. 38; *Peters/Jacoby*, in: Staudinger BGB (2014), § 199 Rn. 60 f.

[19] Grundlegend: *Müller-Erzbach*, Jherings Jahrb. 61 (1913), 343. Siehe heute etwa *Fleischer*, ZGR 2008, 185, 196 ff. zur differenzierenden Anteilszurechnung in WpHG respektive WpÜG.

[20] Vgl. *Henssler*, in: MüKo BGB, 7. Auflage 2016, § 626 Rn. 300 ff. mwN; *Rolfs*, in: Staudinger BGB (2016), § 626 Rn. 303 ff.

[21] *Thomale/Schüßler*, ZfPW 2015, 454, 456 ff., 470 ff. Aus diesem Zusammenhang lässt sich ein Reformbedarf hinsichtlich des gutgläubigen Erwerbs von GmbH-Geschäftsanteilen ableiten. Siehe dazu: *Thomale/Gutfried*, ZGR 2017, 61.

III. Wissenszurechnung gegenüber juristischen Personen

1. Keine Übertragbarkeit des psychologischen Begriffskerns von „Wissen“

Die Wissenszurechnung zu Lasten einer juristischen Person ist deshalb besonders schwer zu begründen, weil die kognitiven, volitiven und asthenisch-affektiven Bewusstseinszustände, mit denen die Rechtsordnung operiert, nur auf Menschen passen.[1] Deshalb ist etwa anerkannt, dass eine juristische Person im Zivilverfahren nicht als Zeuge in Betracht kommt: Ein Zeuge soll über aus eigener Wahrnehmung gewonnenes Wissen berichten – dazu ist allein der Mensch als natürliche, nicht jedoch die Gesellschaft als juristische Person in der Lage.[2]

2. Rechtspraktischer Bedarf nach konstruktivem Wissen der juristischen Person

Mag die Idee einer wissenden juristischen Person auch das theoretische Vorstellungsvermögen strapazieren, so hängt die Teilnahme der juristischen Person am Rechtsleben von der Zurechnung dieser und anderer vermeintlich spezifisch menschlicher Eigenschaften ab.[3] Die Besonderheit besteht jedoch darin, dass das Wissen der juristischen Person *ausschließlich* konstruktiv gedacht werden muss. Es gibt also – anders als beim Wissen der natürlichen Person – nicht einmal einen empirisch-psychologischen Begriffskern des von der juristischen Per-

---

[1] Vgl. Art. 53 Schweizerisches ZGB: „Die juristischen Personen sind aller Rechte und Pflichten fähig, die nicht die natürlichen Eigenschaften des Menschen, wie das Geschlecht, das Alter oder die Verwandtschaft zur *notwendigen* Voraussetzung haben.“ Hervorhebung der Verfasser. Beim Erlass des BGB herrschte dieselbe Überzeugung vor, wenngleich man diese nicht ausdrücklich in das Gesetz aufnahm. Vgl. Prot I, 3091 f. = *Jakobs/Schubert*, Die Beratung des Bürgerlichen Gesetzbuchs, AT 1, §§ 21–79, 156: „Gewisse für natürliche Personen gegebene Normen [seien] auf juristische Personen um deswillen, weil die letzteren keine natürlichen Subjekte sind, unanwendbar oder doch nur unter besonders bestimmten Modifikationen anwendbar.“

[2] Vgl. *Huber*, in: Musielak/Voit, ZPO, 14. Auflage 2017, § 373 Rn. 2.

[3] *K. Schmidt*, Gesellschaftsrecht, 4. Auflage 2002, § 10 I 1. a): „Jedes Rechtssubjekt – nicht nur die natürliche Person – muß in zurechenbarer Weise am Rechtsverkehr teilnehmen können, muß rechtsrelevantes Wissen und rechtsrelevantes Wollen an den Tag legen können und muß in der Lage sein, Schadensverantwortung zu tragen.“

son im Rechtssinne Gewussten.[4] Vielmehr erlangt sie ihr Wissen ausnahmslos durch autonom rechtliche Zurechnung.[5]

3. Das Fehlen gesetzlicher Wissenszurechnungsregeln

Weniger offensichtlich als die Notwendigkeit einer Wissenszurechnung zu Lasten juristischer Personen sind die Maßstäbe dieser Zurechnung. Die frühen Versuche, diese Frage mit dem schlichten Verweis auf die „Organtheorie" zu lösen, also das Wissen – wie auch das Wollen, Irren und Fürchten – eines Organvertreters pauschal und abschließend als dasjenige der juristischen Person zu behandeln,[6] haben sich als positivrechtlich unfundiert, theoretisch unschlüssig und praktisch unzureichend erwiesen:

Eine ausdrückliche Wissenszurechnung formuliert *allein* § 166 Abs. 1 BGB und dies ausschließlich für per Gesetz oder durch Vollmacht mit Vertretungsmacht versehene Stellvertreter im rechtsgeschäftlichen Verkehr.[7] Dies erfasst *erstens* kein deliktisches oder sonst nicht-rechtsgeschäftliches Handeln und verfehlt *zweitens* die spezifische Bindung des organschaftlichen Vertreters an die juristische Person. Aus der Organtheorie und der Theorie der realen Verbandsperson folgt zudem kein zwingender Zurechnungsmaßstab.[8] Ganz abgesehen davon ist schließlich nicht ersichtlich, dass der Gesetzgeber sie sich zu eigen gemacht hätte. Mit der entscheidenden Formulierung im heutigen § 26 Abs. 1 Satz 1 Halbs. 2 BGB: „Stellung eines gesetzlichen Vertreters" hat er eine Festlegung auf die Organtheorie nicht nur vermieden, sondern eher den Anschluss an die Regeln der Stellvertretung und damit der Fiktionstheorie gesucht.[9]

---

[4] Vgl. *Schilken*, Wissenszurechnung im Zivilrecht, 1983, 127.

[5] *Langevoort*, University of Cincinnati Law Review 71 (2003), 1187, 1214: „Attribution is an ‚as if' concept, not knowledge itself, and the two should not be confused.", befürwortet Fahrlässigkeit als konzeptionelle Alternative zur Wissenszurechnung, aaO., 1224.

[6] BGHZ 41, 282, 287 mwN. Damit wurde Anschluss an die Rechtsprechung des Reichsgerichts gesucht, vgl. RG JW 1935, 2044. Vgl. auch *Serick*, Rechtsform und Realität juristischer Personen, 1955, 124 f. in Fn. 3, siehe aber etwas offener aaO. 170 in Fn. 1 und 178 in Fn. 1.

[7] Weder § 31 BGB noch §§ 26 Abs. 2 Satz 2 BGB, 125 Abs. 2 Satz 3 HGB, 78 Abs. 2 Satz 2 AktG, 35 Abs. 2 Satz 3 GmbHG, 25 Abs. 1 Satz 3 GenG ordnen eine Wissenszurechnung an: § 31 BGB betrifft Verrichtungshandlungen und ordnet Schadenersatzverantwortung zu, die zitierten Zugangsnormen haben rein pragmatische Hintergründe, wie Mot. I, 99 = Mugdan I, 407; Prot. I, 1036 = Mugdan I, 614 belegen. Vgl. *Waltermann*, AcP 192 (1992), 181, 222 f.; *Grigoleit*, ZHR 181 (2017), 160, 167 f.

[8] *Buck-Heeb*, Wissen und juristische Person, 2001, 264.

[9] *Von Kübel*, in: Schubert (Hrsg.), Die Vorlagen der Redaktoren für die erste Kommission zur Ausarbeitung des Entwurfs eines Bürgerlichen Gesetzbuchs, Allgemeiner Teil, S. 632 [118]: „Dass [...] die Erheblichkeit von [...] Wissen und Wissenmüssen sich nach der Person des Stellvertreters bestimmt, gilt für juristische, wie für physische Personen."; Mot. I, 95 ff. =

4. Richterliche Rechtsfortbildung: Vom Gleichstellungsprinzip über knowledge governance zur normspezifischen Wissenssorgfalt

Der gesetzliche Regelungsausfall, der zunächst ebenso wenig durch die Privatrechtswissenschaft aufgefangen werden konnte, hat die Rechtsprechung zu einem eigenen Fortbildungsschritt gezwungen, dem Gleichstellungsprinzip (a). Die darin angelegte Organisationspflichtenbetrachtung lässt erste Umrisse allgemeiner Grundsätze für die verkehrsanschauungsgemäße Organisation gesellschaftsbezogenen Wissens, sog. *knowledge governance*, erkennen (b). Dabei ist jedoch zu bedenken, dass auch die Vorgaben des Gleichstellungsprinzips und der *knowledge governance* kontextabhängig sind. Dies belegt nicht zuletzt die aktuelle Rechtsprechung des BGH zur Wissenszurechnung im Rahmen des § 826 BGB (c).

a) Gleichstellungsprinzip als commutative Gerechtigkeit

Die geltende prinzipielle Haltung der deutschen Rechtsprechung hinsichtlich der Wissenszurechnung zu Lasten juristischer Personen und sonstiger Gesellschaften[10] ergibt sich aus drei Leitentscheidungen des Bundesgerichtshofs:[11]

Zunächst hat der Bundesgerichtshof mit Urteil vom 8. Dezember 1989 die Wissenszurechnung als einen Akt „wertender Betrachtung" identifiziert[12] und sich dabei ausdrücklich einer flexiblen Handhabung im Einzelfall geöffnet.[13] Darauf aufbauend hat er mit Urteil vom 2. Februar 1996 den Maßstab dieser wertenden Betrachtung im Sinne des sogenannten „Gleichstellungsprinzips" präzisiert. Danach müsse die Rechtsposition einer juristischen Person derjenigen einer natürlichen Person angeglichen werden.[14] Aus dem Gleichstellungsprinzip folge *einerseits*, dass durch die Arbeitsteilung der Organmitglieder erlangtes Wissen grundsätzlich der Gesellschaft zugerechnet werden kann. *Andererseits* ergebe sich aus dieser Orientierung zugleich eine persönliche und zeitliche Begrenzung:

Mugdan I, 404 f.; Prot. I, 1023 = Mugdan I, 609 sowie Prot. I, 1030 f. = Mugdan I, 612. Siehe auch: *Schilken*, Wissenszurechnung im Zivilrecht, 1983, 127 ff.

[10] Zur Unabhängigkeit der Wissenszurechnung von der Organisationsform treffend: *Adler*, Wissen und Wissenszurechnung, insbesondere bei arbeitsteilig aufgebauten Organisationen, 1997, 158; *Faßbender*, Innerbetriebliches Wissen und bankrechtliche Aufklärungspflichten, 1998, 158.

[11] Vgl. *Fleischer*, in: Spindler/Stilz, AktG, 3. Auflage 2015, § 78 Rn. 54.

[12] BGHZ 109, 327, 331.

[13] BGHZ 109, 327, 331 f. im Anschluss an *Baumann*, ZGR 1973, 284, der für einen wertenden Rückgriff auf § 166 BGB eintritt.

[14] BGHZ 132, 30, 38. Im Ergebnis bereits: BGHZ 109, 327, 332: „Nur so lässt sich die strukturelle Besonderheit der organisatorischen Aufspaltung gemeindlicher Funktionen in personeller und zeitlicher Hinsicht (Wechsel der Amtsträger) *ausgleichen*." Hervorhebung des Verfassers.

„das als Wissen Zuzurechnende darf *nicht zu einer Fiktion entarten*, die juristische Personen und andere am Rechtsverkehr teilnehmenden Organisationen weit über jede menschliche Fähigkeit hinaus belastet. Vielmehr muss für denjenigen Menschen, für den die Zurechnung gelten soll, wenigstens eine *reale Möglichkeit*, aber auch ein Anlass bestehen, sich das Wissen aus dem eigenen Gedächtnis, aus Speichern oder von anderen Menschen zu beschaffen."[15]

Diese Zurechnung, so die Klarstellung in der dritten Leitentscheidung vom 13. Oktober 2000,[16] findet ausschließlich zu Lasten der juristischen Person selbst, *nicht* zu Lasten ihrer Organe oder Organmitglieder statt. Es handelt sich mithin um vollständig konstruktives Wissen der juristischen Person als Zurechnungseinheit, ohne dass ein Umweg über das psychologische Wissen der beteiligten natürlichen Organwalter notwendig oder möglich wäre.

Mit dem Gleichstellungsprinzip hat der BGH nicht nur Anschluss an die Literatur[17] und seine eigene Rechtsprechung zu § 166 BGB,[18] sondern auch an den historischen Gesetzgeberwillen gefunden. Dieser zielte nämlich darauf ab, mit den Regeln zur Vertretung der juristischen Person *Vorteile und Nachteile* des Handelns mittels einer juristischen Person im Vergleich zu persönlichem oder schlicht stellvertretendem Handeln auszutarieren:[19] „Es ist kein Grund vorhanden, die Körperschaften [...] schlechter zu stellen als die physischen Personen."[20] Die Gleichstellung juristischer mit natürlichen Personen verweist damit auf einen tiefer liegenden Wert commutativer oder ausgleichender Gerechtigkeit[21], dass der Profiteur von Arbeitsteilung auch die Lasten derselben zu tragen hat.[22] Es geht mithin nicht um Vertrauensschutz in dem Sinne, dass etwa ein Vertrags-

---

[15] BGHZ 132, 30, 38. Hervorhebung des Verfassers.

[16] BGH NJW 2001, 359.

[17] Vgl. insbes. *Taupitz*, in: Karlsruher Forum, 1994, 16, 25ff. Zur älteren Literatur siehe: *Baum*, Die Wissenszurechnung, 1998, 176ff., 357ff. mwN. Siehe auch aus neuerer Zeit: *Thomale*, AG 2015, 641, 647f.; *Weller*, ZGR 2016, 384, 402ff.

[18] Dazu: *Thomale*, Leistung als Freiheit, 2012, 75f. mwN.

[19] *Von Kübel*, in: Schubert (Hrsg.), Die Vorlagen der Redaktoren für die erste Kommission zur Ausarbeitung des Entwurfs eines Bürgerlichen Gesetzbuchs, Allgemeiner Teil, S. 633 [119]; Mot. I, 103 = Mugdan I, 409. Heute weist etwa *Grigoleit*, ZHR 181 (2017), 160, 182, 185 auf diesen Zusammenhang hin, der jedoch keine Rückbindung an den historischen Gesetzgeberwillen anstrebt.

[20] Mot. I, 104 = Mugdan I, 409.

[21] Grundlegend zur austeilenden und ausgleichenden Gerechtigkeit als Fundamentalbestimmungen des Rechts: *Aristoteles*, Nikomachische Ethik, Meiner 1995, 1131b ff. = S. 108ff.

[22] *Thomale*, AG 2015, 641, 649ff.; Die analytische Trennung des Gleichheits- und des Gerechtigkeitsmoments, über die in der Literatur sonst üblicherweise hinweggegangen wird, betont zutreffend: *Reinhardt*, Wissen und Wissenszurechnung im öffentlichen Recht, 2010, 49f.; Zum italienischen Recht siehe: *Campobasso*, L'Imputazione di conoscenza nelle società, 2002, 294ff., siehe auch: 322ff. Inwieweit das anglo-amerikanische Recht diesem Ideal folgt, erscheint unklar. Immerhin dürfte es nicht entscheidend darauf ankommen, ob der wissenstragende Mitarbeiter zugleich Organmitglied ist, vgl. *Ertel*, Die Wissenszurechnung im deutschen und anglo-amerikanischen Zivilrecht, 1998, 181. Zum spezifischen kapitalmarktrechtlichen Kontext der Ad-hoc-Puzblizitätshaftung siehe unten S. 79ff.

partner in dem Vertrauen zu schützen sei, er habe es lediglich mit einer natürlichen Person zu tun. Beruhte das Gleichstellungsprinzip auf dieser schlichten Idee, wäre es bereits dann zu verwerfen, wenn durch Firmenzusatz und Offenkundigkeit die juristische Persönlichkeit der Vertragsgegnerin transparent kommuniziert würde.[23] Das Gleichstellungsprinzip schließt jedoch an eine deutlich subtilere Gerechtigkeitsidee an. Deren Deduktionsfähigkeit und Operationalisierbarkeit mag im Einzelfall auf Schwierigkeiten stoßen.[24] Sie ist dennoch, möglicherweise psychologisch befördert durch ihre symmetrische Struktur,[25] tief im Rechtsdenken verankert.[26] Der Bezug des Gleichstellungsprinzips zu diesem commutativen Gerechtigkeitsverständnis erfordert seine fortgesetzte, kontextabhängige Differenzierung.[27] Es handelt sich mithin um ein offenes Prinzip, dessen Anwendungsergebnisse von der jeweiligen konkreten Wissenszurechnungsfrage abhängen und nur in wertender Betrachtung erzielt werden können. Das Gleichstellungsprinzip ist, bildhaft gesprochen, keine Karte, sondern ein Kompass: Trennscharfe Abgrenzungen und festgefügte Argumentationswege bietet es nicht, sondern es weist lediglich – aber immerhin das – ein Ziel, auf das die Wissenszurechnungsfrage hin auszurichten ist.

b) Knowledge governance (Wissensorganisationspflichten)

Konkret übersetzt der Bundesgerichtshof das von ihm entwickelte *Gleichstellungsprinzip* auf Ebene der Wissenszurechnung in eine durch den Verkehrsschutz begründete *Pflicht zur ordnungsgemäßen Organisation* der gesellschaftsinternen Kommunikation.[28] Diese Wissensorganisationspflicht oder Wissensverantwortung[29] umfasst Informationsabfragepflichten seitens der Gesellschaft

[23] In sich schlüssig, aber auf Grundlage einer unzutreffenden Prämisse: *Harke*, Wissen und Wissensnormen, 2017, 41 ff. Ähnliche Kritik wie im Text bei *Buck-Heeb*, ZHR 182 (2018), 96, 97.

[24] Siehe etwa *Tröger*, Arbeitsteilung und Vertrag, 2012, 157 f.; Zudem hat *Arnold*, Vertrag und Verteilung, 2014, 135 ff. eindrucksvoll gezeigt, dass nicht einmal die konzeptionelle Abgrenzung zur austeilenden Gerechtigkeit immer trennscharf gelingt.

[25] *Florstedt*, Recht als Symmetrie, 2016, 91, 97 ff.

[26] Zur bereits römischen Verknüpfung von Nutzen und Nachteil, *lucrum* und *casum*, siehe etwa Codex Justinianus 4, 24, 9: „Pignus in bonis debitoris permanere, ideoque ipsi perire in dubium non venit." und die nicht-klassischen Parömien des *res crescit vel perit suo domino* oder, auf Nachteilsseite, des *casum sentit dominus* respektive *casum sentit is, quem tangit*. Dazu: *Wacke*, Festschrift für Hübner, 1984, 669 ff.; *ders.*, Estudios de derecho romano y moderno, 1996, 367 ff.

[27] Vgl. allgemein zum Verhältnis zwischen zivilrechtlichen Institutionen und Gerechtigkeitsvorstellungen: *Viehweg*, Topik und Jurisprudenz, 2. Auflage 1963, 73.

[28] BGHZ 132, 30, 37. Siehe *Taupitz*, in: Karlsruher Forum, 1994, 16, 25 ff. Dabei handelt es sich um Kommunikationsobliegenheiten. Diese sind in der gesamten Rechtsgeschäftslehre bekannt: Siehe *Thomale*, Leistung als Freiheit, 2012, 141 f.; *ders.*, Rechtstheorie, 44 (2013), 103 ff.

[29] Begriff nach: *Bohrer*, DNotZ 1991, 124, 125, 128 f.

und Informationsweiterleitungspflichten seitens des Organs oder des sonstigen Vertreters.[30] Die Wissensorganisation muss aus beiden Perspektiven ordnungsgemäß erfolgt sein.[31] Mit diesen Grundsätzen zum „konstruktiven Wissensstand“[32] von Gesellschaften hat der BGH einen Maßstab gebildet, der sich in seiner eigenen[33] wie auch in der Instanzenrechtsprechung[34] durchgesetzt hat und deshalb unter rechtsrealistischen Gesichtspunkten als geltendes Recht anzunehmen ist.[35]

Die Rechtswissenschaft hat auf Grundlage dieser organisationspflichtenbasierten Gleichstellungsidee allgemeine Grundsätze für die verkehrsanschauungsgemäße Organisation gesellschaftsbezogenen Wissens entwickelt.[36] So wurden etwa im Zusammenhang mit Doppelfunktionen der fehlende Sachzusammenhang zwischen Vertretungstätigkeit und Kenntniserlangung[37] sowie individuelle Pflichtenkollisionen etwa von Geheimhaltungspflichten,[38] insbesondere bei Doppel- oder Mehrfachmandaten in Leitungs- und Überwachungsorganen verschiedener Gesellschaften, als Gründe identifiziert, die der Zurechnung des Wissens von Organmitgliedern zu Lasten einer juristischen Person prinzipiell entgegenstehen können.[39] Die Diskussion über die Anwendung der Leitentscheidungen des BGH in der kaum überschaubaren Zahl von Einzelfällen und Sonderkonstellationen ist noch nicht abgeschlossen. So ist insbesondere der übertragende Wertungsgehalt des § 166 Abs. 2 BGB, obwohl dem Kriterium der „bestimmten Weisung“ kein ernsthaft tatbestandsbeschränkender Gehalt mehr beigemessen wird,[40] für die Zurechnung von Gesellschafterwissen noch

---

[30] BGHZ 132, 30, 37.

[31] *Taupitz*, JZ 1996, 731, 736.

[32] *Bohrer*, DNotZ 1991, 124, 126.

[33] Siehe etwa: BGHZ 135, 202.

[34] Siehe etwa: OLG Düsseldorf, NJW-RR 2002, 1018f.; OLG Köln, VersR 2004, 73; ArbG Berlin, DB 2012, 2875f.

[35] *Thomale*, AG 2015, 641, 648; *Spindler*, ZHR 181 (2017), 311, 313; *Weller*, ZGR 2016, 384ff.

[36] Siehe dazu *Bork*, BGB AT, 4. Auflage 2016, Rn. 1671: „Hier gilt zunächst die Grundwertung, dass derjenige, dem die Vorteile eines arbeitsteilig wirkenden Mitarbeiters zugutekommen, auch die damit verbundenen Gefahren tragen und sich dessen Wissen zurechnen lassen muss. Auf dieser Basis ist an den Gedanken der Organisationspflicht anzuknüpfen.“; *Buck-Heeb*, WM 2008, 281, 282: „Ausgangspunkt einer Organisationspflicht und damit einer Zurechnung ist die Frage, ob der Verkehr die Berücksichtigung des konkret vorhandenen Wissens erwarten kann oder nicht.“

[37] *Thomale*, AG 2015, 641, 649; *Weller*, ZGR 2016, 384, 406.

[38] *Faßbender/Neuhaus*, WM 2002, 1253, 1256f.; *Koch*, ZIP 2015, 1757, 1758ff.; *Schwintowski*, ZIP 2015, 617ff.; *Verse*, AG 2015, 413, 414ff.; *Thomale*, AG 2015, 641, 650.; *Mülbert/Sajnovits*, NJW 2016, 2540; *Buck-Heeb*, WM 2016, 1469; *Weller*, ZGR 2016, 384, 405. Jetzt auch ausdrücklich: BGH BKR 2016, 341.

[39] Die zurechnungsbegrenzende Funktion der Gleichstellungsidee verkennt: *Wagner*, ZHR 181 (2017), 203, 208.

[40] Dazu detailliert: *Römmer-Collmann*, Wissenszurechnung innerhalb juristischer Perso-

ungeklärt.[41] Dennoch dürfen auf Grundlage der höchstrichterlichen Rechtsprechung drei Grundpositionen bereits als gesichert gelten:

Erstens bedarf auch gegenüber juristischen Personen jede normative Zurechnung konstruktiven Wissens einer konkreten Rechtfertigung im Einzelfall. *Zweitens* folgt das Leitprinzip der Wissenszurechnung zu Lasten juristischer Personen einem Ideal ausgleichender Gerechtigkeit: Die Wissenszurechnung zu Lasten der juristischen Person soll so austariert werden, dass eine hypothetische Rechtssubjektsneutralität der aggregierten Wissensverantwortung entsteht. Die juristische Person soll sich also einerseits nicht auf ihre Unfähigkeit zu psychologischem Wissen berufen können. Andererseits muss eine konstruktive Überkompensation durch rein fiktive Wissenszurechnungen, etwa in Form einer schematischen Addition von Mitarbeiterwissen, vermieden werden. *Drittens* wird das Regulierungsmodell, mit dem das zuletzt genannte Leitprinzip in subsumable Regeln der Rechtsanwendung übersetzt werden soll, durch die Wissensorganisationspflicht gebildet. Es geht mithin um die Bestimmung verkehrsanschauungsgemäßer Anforderungen an die gesellschaftsbezogene Wissenssorgfalt, die im Falle ihrer Verletzung eine Zurechnung konstruktiven Gesellschaftswissens erlauben.

c) Kontextabhängigkeit der erforderlichen Wissenssorgfalt: Differenzierung zwischen Rechtsgeschäften und Delikten

Wie die gesamte Wissenszurechnung als normative Operation an sich, so kann auch die Wissenszurechnung zu Lasten juristischer Personen gemäß dem organisationspflichtbasierten Gleichstellungsprinzip nicht pauschal, sondern nur kontextabhängig erfolgen: Das Gleichstellungsprinzip bedarf der wertenden Konkretisierung im Einzelfall.[42]

aa) Keine Wissenszusammenrechnung in § 826 BGB

Der BGH hat zuletzt davon abgesehen, sein Wissenssorgfaltsmodell auf einen deliktsrechtlichen Prospekthaftungsanspruch aus § 826 BGB zu übertragen.[43] Dies begründet er *in casu* mit der seiner Ansicht nach von § 826 BGB vorausgesetzten subjektiv-objektiven Sinneinheit einer sittenwidrigen Schädigung, welche keine „mosaikartig[e]" konstruktive Zusammenrechnung einzelner Tatbestandsmerkmale erlaube.[44] Offenbar ist die vorsätzliche sittenwidrige Schädi-

---

nen, 1997, 135 ff.; *Baum*, Die Wissenszurechnung, 1998, 127 ff.; *Thomale*, Leistung als Freiheit, 2012, 74 mwN. in Fn. 97–103. Dies ignoriert: *Grigoleit*, ZHR 181 (2017), 160, 177.

[41] Vgl. dazu: *Goldschmidt*, Die Wissenszurechnung, 2001, 252 f.

[42] *Thomale*, AG 2015, 641, 648.

[43] BGH WM 2016, 1975. Siehe insoweit inhaltsgleich: BGH Urteil v. 28. Juni 2016 – Az. VI ZR 541/15.

[44] BGH WM 2016, 1975, 1978 (Rn. 23).

gung mehr als die Summe ihrer Teiltatbestände: Sittenwidriges Handeln im Sinne des § 826 BGB enthält den gesinnungsethischen Kern, dass erst das durch den entsprechenden Vorsatz „gefärbte" Handeln überhaupt eine tatbestandsmäßige Sittenwidrigkeit begründet.

Der BGH bemüht hier also die normspezifische Kontextualität der Wissenszurechnung und leitet aus der besonderen Tatbestandsstruktur des § 826 BGB eine restriktivere Haltung ab, die eine sorgfaltspflichtengestützte Zurechnung ausschließt.[45] Die Präjudizien, die der BGH jedoch zur Begründung seiner Entscheidung anführt,[46] sowie die nicht entschiedene, aber immerhin ausdrücklich aufgeworfene Frage, „ob die für den rechtsgeschäftlichen Verkehr mit juristischen Personen entwickelten Grundsätze der Wissenszurechnung und Wissenszusammenrechnung [...] im Rahmen der deliktischen Haftung überhaupt Anwendung finden können,"[47] legen eine tiefergehende, ordnungssystematische Differenzierung zwischen deliktsrechtlichen und rechtsgeschäftlichen Kontexten nahe, der folgend weiter nachzugehen ist.

bb) Keine Wissenssorgfalt beim Verjährungsbeginn deliktsrechtlicher Ansprüche

Der BGH hat in mehreren Entscheidungen die ordnungssystematische Kontextualität der Wissenszurechnung in den Vordergrund gestellt. Diese betreffen die Verjährung deliktsrechtlicher Ansprüche, genauer: den Verjährungsbeginn nach §§ 852 Abs. 1 a.F. und 195, 199 Abs. 1 Nr. 2 BGB.

(1) Rechtsprechung: Beschränkung der Wissenssorgfalt auf Rechtsgeschäfte

Die ordnungssystematische Kontextualität der Wissenszurechnung wird in einem Urteil des VI. Senats aus dem Jahre 2012, das den Verjährungsbeginn deliktsrechtlicher Ansprüche betrifft, besonders deutlich.[48] Gläubigerin war ein Sozialversicherungsträger, der aus übergegangenem Recht einen Schadenersatzanspruch wegen ärztlicher Fehlbehandlung geltend machte. Die *Leistungs*abteilung des Trägers hatte von den regressanspruchsbegründenden Umständen so früh Kenntnis erhalten, dass, von diesem Zeitpunkt an gerechnet, die Regressforderung verjährt gewesen wäre. Intern zuständig war jedoch die *Regress*abteilung des Trägers, welche keine Kenntnis von den regressbegründenden Tatsachen hatte. Gemessen allein an deren Kenntnisstand wäre die Verjährung folglich zu verneinen gewesen.

Der Senat sah die Kenntnis der Regressabteilung als erforderlich an und hielt die Klageforderung deshalb für nicht verjährt. Streitentscheidende Normen wa-

---

[45] So bereits die allgemeine Forderung von *Faßbender*, Innerbetriebliches Wissen und bankrechtliche Aufklärungspflichten, 1998, 39 ff., 119 ff., 177.

[46] BGH WM 2016, 1975, 1978 (Rn. 23) zitiert BGH NJW 2012, 1789 und NJW 2001, 2535.

[47] BGH WM 2016, 1975, 1978 (Rn. 23).

[48] BGH NJW 2012, 1789.

ren §§ 195, 199 Abs. 1 Nr. 2 BGB. Gemäß dieser seit der Schuldrechtsmodernisierung für alle Ansprüche gültigen Regelung setzt nicht nur die Kenntnis (Alt. 1), sondern auch die grob fahrlässige Unkenntnis (Alt. 2) die Verjährungsfrist in Gang. Bis zum 31. Dezember 2001 war hingegen gemäß § 852 Abs. 1 BGB a. F. dazu die positive Kenntnis des Gläubigers erforderlich.[49] Hierzu wurde in ständiger Rechtsprechung angenommen, der innere Organisationsplan einer Behörde sei auch für die Frage entscheidend, auf wessen Kenntnis es ankomme.[50] Fraglich war, ob diese Maßgabe auch unter der Neuregelung, insbesondere unter Geltung des § 199 Abs. 1 Nr. 2 Alt. 2 BGB sowie der ebenso erst seit 1996 etablierten Gleichstellungsrechtsprechung Bestand haben würde. Der BGH bejahte dies zunächst mit der positivistischen Feststellung, der Modernisierungsgesetzgeber habe keine Änderung dieser ständigen Rechtsprechung bezweckt.[51] In der Sache trägt zusätzlich eine andere vom BGH angeführte Begründung: Die Grundsätze zur Wissenssorgfalt seien ausschließlich „für den Bereich rechtsgeschäftlichen Handelns entwickelt." Bei den streitgegenständlichen Ansprüchen handele es sich jedoch „um solche aus unerlaubter Handlung und wegen schuldhafter Verletzung eines ärztlichen Behandlungsvertrags, bei denen der Schutz des rechtsgeschäftlichen Verkehrs nicht im Vordergrund steht." Die in Bezug genommenen Zurechnungsmaßstäbe stünden „im allgemeinen im Zusammenhang mit dem Abschluss von Rechtsgeschäften, bei denen es darum geht, die in einer Gesetzesvorschrift im Interesse und zum Schutz des Partners im Rechtsverkehr angeordnete Rechtsfolge an eine bestimmte Kenntnis zu knüpfen. Darum geht es [im Fall] aber gerade nicht, insbesondere geht es nicht um den Schutz eines Partners bei der Anbahnung und dem Abschluss von Rechtsgeschäften."[52]

(2) Bewertung

Die Rechtsprechungsentwicklung ist – trotz ihrer bemerkenswerten Stabilität im Ergebnis – von tiefgreifender Unsicherheit geprägt. Dies wird an der Evolution der Gründe, die gegen eine Zurechnung behördeninternen Wissens vorgebracht werden, deutlich: Ursprünglich bestand das maßgebliche Argument darin, allein auf die intern zuständige Abteilung abzustellen, um die Zuständig-

---

[49] Die Norm lautete: „Der Anspruch auf Ersatz des aus einer unerlaubten Handlung entstandenen Schadens verjährt in drei Jahren von dem Zeitpunkt an, in welchem der Verletzte von dem Schaden und der Person des Ersatzpflichtigen Kenntnis erlangt, ohne Rücksicht auf diese Kenntnis in dreißig Jahren von der Begehung der Handlung an."

[50] BGH NJW 1974, 319 (juris-Rn. 26) mwN. zu älteren Judikaten; NJW 1985, 2583 (juris-Rn. 9); NJW 1986, 2315, 2316 (juris-Rn. 16); NJW 1992, 1755, 1756 (juris-Rn. 13); NJW 1996, 2508, 2510 (juris-Rn. 26 f.); NJW 1997, 1584 (juris-Rn. 10); NJW 2000, 1411, 1412 (juris-Rn. 11); NJW 2001, 2535, 2536 (juris-Rn. 14 f.); NJW 2004, 510 (juris-Rn. 4); NJW 2007, 834, 835 (juris-Rn. 5); NJW 2011, 1799, 1800 (Rn. 11).

[51] BGH NJW 2012, 1789, 1790 (Rn. 12).

[52] BGH NJW 2012, 1789, 1790 f. (Rn. 14).

keitsverteilung und damit im weitesten Sinne das effektive Funktionieren der Verwaltung zu sichern. So wurde vorgebracht, eine Wissenszurechnung „würde in unzulässiger Weise in die Verwaltungsorganisation eingreifen, die durch die Organisationsnormen festgelegt ist."[53] Später berief sich der BGH auch auf den Gewinn von „Rechtsklarheit und Rechtssicherheit"[54], der mit der Beschränkung auf das Wissen der zuständigen Mitarbeiter einhergehe.

Nachdem schließlich im Jahr 1996 der Paradigmenwechsel zum Gleichstellungsprinzip und zur Wissenssorgfalt vollzogen worden war, genügten diese Argumente nicht mehr. Vielmehr entstand ein Konkordanzkonflikt zwischen der restriktiven Rechtsprechungslinie in Bezug auf § 852 Abs. 1 BGB a. F. einerseits und den allgemeinen neuen Grundsätzen der Wissenszurechnung andererseits. Dieser wurde und wird nun durch eine Bereichsbeschränkung aufgelöst: Die Wissenssorgfalt wird auf den rechtsgeschäftlichen Verkehr und dessen Bedürfnisse des Verkehrsschutzes reduziert.[55] Dies ist unter der Geltung des § 199 Abs. 1 Nr. 2 Alt. 2 BGB noch bemerkenswerter. Denn es handelt sich um eine Norm, die durch ihren expliziten Einschluss grob fahrlässiger Unkenntnis einer sorgfaltsbasierten Wissenszurechnung offen stünde. Jedenfalls beim Verjährungsbeginn deliktsrechtlicher Ansprüche behördlicher Träger vertritt der BGH mithin eine geradezu ins Dogmatische gesteigerte ordnungssystematische Kontextualität der Wissenszurechnung, wobei nicht nur eine gespaltene Rechtsprechung, sondern auch eine Entfernung vom Gesetzeswortlaut in Kauf genommen werden.

cc) Bilanz: Wissenssorgfalt nur im rechtsgeschäftlichen Verkehr

Die jüngere Rechtsprechungsentwicklung des BGH lässt einen restriktiven Umgang mit seinen eigenen, aus dem Gleichstellungsprinzip gewonnenen allgemeinen Grundsätzen der Wissenszurechnung in deliktsrechtlichen Kontexten erkennen. Diese sind zwar nicht ausdrücklich derart verfestigt und gesichert, dass eine sorgfaltsgetragene Wissenszurechnung zu Lasten juristischer Personen des Privatrechts pauschal nur im Vertragsrecht statthaft wäre: Sowohl die Rechtsprechung zu § 826 BGB als auch diejenige zu §§ 852 Abs. 1 a. F. und 195, 199 Abs. 1 Nr. 2 BGB betreffen Spezialfragen der Wissenszurechnung. Sie werfen das allgemeinere Problem der Wissenssorgfalt außerhalb des rechtsgeschäftlichen Verkehrs jedoch immerhin auf.[56] Ungeklärt ist im Übrigen, welche Rolle bei der zweiten Rechtsprechungslinie die öffentlich-rechtliche Trägerschaft der darin klagenden Sozialträger spielt: Immerhin fußt diese Linie auch auf dem

---

[53] BGH NJW 1974, 319 (juris-Rn. 26).

[54] BGH NJW 1992, 1755, 1756 (juris-Rn. 13).

[55] Ausdrücklich: BGH NJW 1996, 2508, 2510 (juris-Rn. 27); NJW 2001, 2535, 2536 (juris-Rn. 15); NJW 2012, 1789, 1790 f. (Rn. 14).

[56] Besonders deutlich: BGH WM 2016, 1975, 1978 (Rn. 23).

Bestreben, die innere Verwaltungsorganisation zu schützen,[57] was sich nicht bruchlos in das Privatrecht übertragen lässt. Trotz allem wird jedoch eine ordnungssystematische Sensibilität und Kontextualität der Wissenszurechnung deutlich: Im Vertragsrecht gelten zu Lasten der juristischen Person strengere Grundsätze der Wissenszurechnung als im Deliktsrecht, in dem jedenfalls grundsätzlich – dies zeigen die angeführten Beispiele – auf die zurechnungsweise Einforderung von Wissenssorgfalt sogar gänzlich verzichtet wird.

5. Aktuelle Entwicklungen im Schrifttum

Die dogmengeschichtliche Entwicklung der Wissenszurechnung ist im deutschen Recht vor allem praxisgetrieben und korreliert deshalb stark mit der Judikatur des BGH einerseits und mit der wirtschaftsrechtlichen Beratungspraxis andererseits.[58] Die jüngsten Debatten[59] haben zwei diskussionsbedürftige Anregungen ergeben, die im Folgenden detaillierter zu würdigen sind: Die *erste* ist rechtsdogmatischer Natur und stellt die Figur der Wissensverantwortung grundlegend in Abrede. Die *zweite* drängt mit institutionenökonomischen Argumenten in die entgegengesetzte Richtung und strebt eine strikte Wissenszurechnung im Unternehmen an.

a) Verschuldensaversivität der Wissensnorm (Grigoleit)

aa) Position

Der rechtsdogmatische Kern der namentlich von *Grigoleit* vertretenen Lehre von der Verschuldensaversivität der Wissensnorm besteht darin, dass jede Norm, deren Tatbestand positives Wissen voraussetzt (Wissensnorm im engeren Sinne), damit zugleich eine „negative Regelungsanordnung" trifft, dass bloße Sorgfaltsobliegenheiten zur Konstituierung von Wissen nicht hinreichen.[60] Für eine solche Informationssorgfalt bestehe vielmehr erst dann Raum, wenn die gegebene Norm alternativ ein Wissenmüssen genügen lässt.[61] Zudem basierten Wissensnormen auf einer Einheit von Handeln und Wissen.[62] Sie erlaubten also auch unter diesem Aspekt keine Zurechnung des Wissens nicht handelnder

[57] BGH NJW 1974, 319 (juris-Rn. 26).

[58] Zutreffende Beobachtung bei *Spindler*, ZHR 181 (2017), 311, 312.

[59] Den älteren Diskussionsstand würdigt instruktiv: *Heidrich*, Das Wissen der Bank, 2002, 57ff.

[60] *Grigoleit*, ZHR 181 (2017), 160, 170, 178, 195f. In der Problemstellung bereits ähnlich: *Römmer-Collmann*, Wissenszurechnung innerhalb juristischer Personen, 1997, 156ff.

[61] *Grigoleit*, ZHR 181 (2017), 160, 170, 172f.

[62] *Grigoleit*, ZHR 181 (2017), 160, 177, 184f., 187f.: Keine Zurechnung des Wissens geschäftsferner Organmitglieder.

Personen – handlungsfernen Wissens –, wie es für die Konstruktion des Wissens juristischer Personen essentiell ist. Deshalb seien das Gleichstellungsprinzip der Rechtsprechung und das damit zusammenhängende Institut der Wissensverantwortung abzulehnen.[63] Letzteres mache in einem „Akt methodischer Alchemie [...] aus Wissenmüssen Wissen und aus Fahrlässigkeit Vorsatz".[64]

bb) Kritik

Ein „normativer Kontrast" zwischen Normen, die Wissen, und solchen, die daneben auch Wissenmüssen genügen lassen, ist nicht zu leugnen.[65] Insofern ist die Kritik *Grigoleits* an der Figur der Wissensverantwortung durchaus berechtigt. Daraus folgt jedoch *nicht* seine weitergehende These, dass dieser Kontrast allein durch ein streng konträres Verhältnis der beiden Begriffe im Sinne einer Verschuldensaversivität des Wissensbegriffs aufzulösen wäre. Vielmehr ist dem Verzicht auf die Alternative des Wissenmüssens lediglich die Aussage zu entnehmen, dass *nicht pauschal und umstandslos jede* Sorgfaltspflichtverletzung zur Konstruktion von „Wissen" oder „Kenntnis" herangezogen werden kann. Tatsächlich belegt dies die Rechtspraxis selbst, soweit sie etwa das „bewusste Sich-Verschließen"[66] oder „Angaben ins Blaue"[67] der Kenntnis gleichstellt. Diese Erweiterungen lassen sich gerade nicht zu bloßen Maßstäben der Beweiswürdigung marginalisieren.[68] Denn die Rechtsprechung formuliert hier keinen Anscheinsbeweis oder einen sonstigen Beweiswürdigungsgrundsatz, sondern einen materiell-rechtlichen Ober- und Schlusssatz: Der Sich-Verschließende kann etwa „den Gutglaubensschutz für sich nicht mehr in Anspruch nehmen"[69] oder der ins Blaue Zusichernde „handelt bereits [...] arglistig."[70] Anderenfalls läge nicht nur eine kaum revisionsrechtlich zu überprüfende Tatfrage,[71] sondern zugleich ein prozessrechtlich zu qualifizierender Grundsatz vor, der also nicht der *lex causae*, sondern streng der *lex fori* unterfiele.

Ganz allgemein zieht die Rechtsordnung aus der Erforderlichkeit von Wissen und Willen nicht den Umkehrschluss der Unerheblichkeit des Verschuldens: Weder bei wegen Erklärungsfahrlässigkeit zugerechneten Willenserklärun-

---

63 *Grigoleit*, ZHR 181 (2017), 160, 189ff.

64 *Grigoleit*, ZHR 181 (2017), 160, 196.

65 *Grigoleit*, ZHR 181 (2017), 160, 173 und öfter. Vgl. bereits *Buck-Heeb*, Wissen und juristische Person, 2001, 55ff.

66 *Gursky*, in: Staudinger BGB (2013), § 892 Rn. 162; *Kohler*, in: MüKo BGB, 7. Auflage 2017, § 892 Rn. 48.

67 BGHZ 63, 382, 387f.; Siehe auch: *Armbrüster*, in: MüKo BGB, 7. Auflage 2015, § 123 Rn. 15 mwN.

68 So aber *Grigoleit*, ZHR 181 (2017), 160, 175f.

69 OLG Hamm NJW-RR 1993, 1295, 1298.

70 BGH NJW 1975, 642, 645.

71 Vgl. *Krüger*, in: MüKo ZPO, 5. Auflage 2016, § 546 Rn. 15; *Koch*, in: Saenger ZPO, 7. Auflage 2017, § 546 Rn. 13ff.

gen[72] noch bei der Rückabwicklung von Verträgen gemäß §§280 Abs. 1, 249, 311 Abs. 2, 241 Abs. 2 BGB wegen „fahrlässiger Irreführung“[73] wird eine solche Verschuldensaversivität herrschend angenommen.

Das Dogma von der Verschuldensaversivität der Wissensnorm ist nach dem Gesagten nicht schlüssig begründet. Ebenso wenig taugt es zur rechtsrealistischen Beschreibung der Rechtsprechung: *Grigoleit* erhebt den Vorwurf, die vom BGH angeführte Begründung, mit der er in der bereits zitierten Prospekthaftungsentscheidung zu § 826 BGB[74] eine Wissenszurechnung abgelehnt hat, sei in Zusammenschau mit anderen Entscheidungen zur arglistigen Täuschung[75] „nicht stichhaltig“.[76] Dies wäre tatsächlich dann der Fall, wenn man das in der arglistigen Täuschung und der sittenwidrigen vorsätzlichen Schädigung gleichermaßen liegende Unwerturteil in das Zentrum der Betrachtung stellte. Indes übersieht diese Überlegung die ordnungssystematische Differenzierung, auf der die unterschiedliche Behandlung beider Fallgruppen aus der Binnenperspektive des BGH beruht: Die Wissenszurechnung scheiterte in der Prospekthaftungsentscheidung nicht an der fehlenden Ähnlichkeit von arglistiger Täuschung und sittenwidriger vorsätzlicher Schädigung, sondern daran, dass jene in einem rechtsgeschäftlichen, diese jedoch in einem deliktsrechtlichen Kontext stand.[77] Somit liegt die *ratio decidendi* der BGH-Judikatur nicht in der unschlüssigen Unterscheidung von arglistiger Täuschung und sittenwidriger Schädigung, sondern in der kohärenten Differenzierung zwischen rechtsgeschäftlicher und deliktsrechtlicher Wissenszurechnung. Mit ihren Einwänden geht die Lehre von der Verschuldensaversivität der Wissensnorm folglich nicht nur am Gesetz, sondern auch an der BGH-Rechtsprechung vorbei, obwohl sie den Anspruch hat, beides miteinander in sich zu integrieren.

b) Strikte Wissenszurechnung (Wagner)

aa) Position

Die Lehre von der strikten Wissenszurechnung, die in Deutschland namentlich von *Wagner* aufgegriffen wurde, versucht, institutionenökonomische Erkenntnisse fruchtbar zu machen. Ihr Bestreben geht dahin, einen Ordnungsrahmen bereitzustellen, der die Handelnden zu einem gesamtgesellschaftlich wohlfahrts-

[72] Zu solchen normativen Willenserklärungen im Detail: *Thomale*, Leistung als Freiheit, 2012, 68ff.

[73] *Armbrüster*, in: MüKo BGB, 7. Auflage 2015, § 123 Rn. 91 mwN; *Singer/Finckenstein*, in: Staudinger BGB (2017), § 123 Rn. 104 mwN.

[74] BGH WM 2016, 1975.

[75] Siehe insbesondere zu § 463 Satz 2 BGB a.F.: BGH, Urteil v. 10. Dezember 2010 – Az. V ZR 203/09.

[76] *Grigoleit*, ZHR 181 (2017), 160, 166.

[77] Eine solche Differenzierung befürwortet *Grigoleit*, ZHR 181 (2017), 160, 186f. an anderer Stelle selbst, nämlich eine Orientierung an § 831 BGB.

steigernden Verhalten anreizt.[78] Der juristischen Person als Zurechnungssubjekt (Prinzipal) müssten „wirksame Anreize vermittelt werden [...], für die Weitergabe des Wissens innerhalb der Organisation zu sorgen."[79] Dazu müsse die Umgehungsstrategie der gezielten Kenntnisvermeidung verhindert werden.[80] Zu diesem Zweck sei jedoch die Wissensverantwortung im Sinne des Gleichstellungsprinzips ungeeignet:

Erstens sei die Wissenszurechnung als Rechtsfolge von Sorgfaltspflichtverletzungen systemfremd. Vielmehr kenne das deutsche Recht insoweit nur Schadenersatzansprüche.[81] *Zweitens* folge aus einer strikten, verschuldensunabhängigen Wissenszurechnung derselbe Handlungsanreiz wie aus einer entsprechenden Obliegenheit zur *knowledge governance*.[82] Dieser werde lediglich verschieden vermittelt: Während der Prinzipal im ersten Fall einen Anreiz erhalte, unternehmenseigene Informationen weiterzuleiten, um durch Kontrolle *de facto* Wissenshaftung zu unterbinden, gibt ihm das zweite, verschuldensabhängige Modell lediglich die Möglichkeit, dasselbe mit Wirkung *de iure* zu tun. Darüber hinaus reize jedoch die strikte Haftung den Prinzipal zusätzlich dazu an, auch sein Aktivitätsniveau zu optimieren.[83] Deshalb sei grundsätzlich in der juristischen Person eine strikte Wissenszurechnung, also die Zurechnung des Wissens *aller* Unternehmensbeteiligten zu befürworten.[84]

Differenzierter sei hingegen die Vorsatzhaftung des Prinzipals zu beurteilen: Deren Sinn liege nicht in der Verhaltenssteuerung, weil sich die Vorsatzhaftung durch bloße Untätigkeit vermeiden lasse.[85] Vielmehr manifestiere sich darin eine nur begrenzt rational auflösbare Haftungsbeschränkung, mit der das Zivilrecht etwa auf Situationen reagiere, in denen dem Schaden eines Putativschadenersatzgläubigers kein volkswirtschaftlicher Schaden entspreche, mithin ein bloßer „Umverteilungsschaden" angefallen sei.[86] Bei der Vorsatzhaftung sei

---

[78] Insbesondere geht es nicht um rein distributive Effekte, vgl. *Wagner*, ZHR 181 (2017), 203, 249ff.

[79] *Wagner*, ZHR 181 (2017), 203, 260.

[80] *Wagner*, ZHR 181 (2017), 203, 260 im Anschluss an *DeMott*, Duke Journal of Comparative International Law 13 (2003), 291, 315ff.

[81] *Wagner*, ZHR 181 (2017), 203, 261: „Die Verletzung von Sorgfaltspflichten wird im deutschen Recht durch Schadenersatzansprüche sanktioniert (§§276, 280, 823 BGB), nicht hingegen durch Zurechnung von Wissen."

[82] *Wagner*, ZHR 181 (2017), 203, 256f., 262.

[83] *Wagner*, ZHR 181 (2017), 203, 257f. im Anschluss an die seit Jahrzehnten gefestigte Ansicht der ökonomischen Theorie zur Gefährdungshaftung. Vgl. statt aller: *Schäfer/Ott*, Ökonomische Analyse des Zivilrechts, 5. Auflage 2012, 234ff. mwN.

[84] Siehe auch: *Wagner*, in: MüKo BGB, 7. Auflage 2017, § 826 Rn. 37ff.

[85] *Wagner*, ZHR 181 (2017), 203, 264.

[86] *Wagner*, ZHR 181 (2017), 203, 265. Vgl. im kapitalmarktrechtlichen Kontext: *Wichmann*, Haftung am Sekundärmarkt für fehlinformationsbedingte Anlegerschäden, 2017, 132 mwN. in Fn. 47 zur US-amerikanischen Debatte.

deshalb nur eine zurückhaltende Wissenszurechnung in Fällen des bewussten Sich-Verschließens angezeigt.[87]

bb) Kritik

Die interdisziplinäre Offenheit der Lehre von der strikten Wissenszurechnung ist zu begrüßen. Dennoch sind hinsichtlich ihres selektiven Umgangs mit der Institutionenökonomie Bedenken angebracht:

So hat sich etwa in der ökonomischen Analyse der Grundsatz etabliert, dass Schäden und andere Kosten demjenigen rechtlich aufzuerlegen sind, der sie mit dem geringsten Aufwand vermeiden kann. Dieser Grundsatz des *cheapest cost avoider*[88] ließe sich möglicherweise analog auf den *cheapest knowledge bearer* übertragen.[89] Wissen und Wissenshaftung sollten danach demjenigen zugewiesen werden, der am einfachsten wissensgerecht handeln und eine solche Wissenshaftung vermeiden oder durch Versicherung etc. effizient bewältigen kann. Hieraus ergibt sich jedoch bereits der erste Fundamentaleinwand gegen die Lehre von der strikten Wissenszurechnung: Aus ökonomischer Sicht geht es eben nicht allein oder auch nur in erster Linie um einen *effektiven* Handlungsanreiz, sondern vielmehr einen solchen, der zugleich volkswirtschaftlich *effizient* ist.[90] Letzteres ist nicht hinreichend dargetan. Die strikte Wissenszurechnung setzt etwa im Vergleich zur verschuldensabhängigen Wissensverantwortung tendenziell einen Anreiz zur Verringerung des eigenen Aktivitätsniveaus. Unternehmen werden sich, ausgehend von der derzeitigen Rechtslage, „gesundschrumpfen" müssen, bis sie im marginalen Gleichgewicht von Wissensorganisationskosten und Wissenshaftungskosten ihre optimale Größe erreichen. Dabei gehen jedoch auch die arbeitsteiligen Synergiegewinne verloren, die das Privileg der Wissenssegmentierung bisher erlaubt.[91] Möglicherweise wird sogar ein Anreiz zur Einstellung jeglicher Kontrolle gesetzt, nämlich dann, wenn dies die Aufdeckung eines Fehlverhaltens durch Dritte wahrscheinlicher macht (sog. *liability enhancement effect*).[92] Darunter leidet zugleich die unternehmensinterne Glaubwürdigkeit jeder behaupteten, etwa verdeckt betriebenen Controlling-Maßnahme: Die Angestellten werden denken, dass sie nur zur Abschreckung offiziell angekündigt, aber zum Zwecke der Kosteneinsparung tat-

[87] *Wagner*, ZHR 181 (2017), 203, 267. Weniger deutlich: *ders.*, in: MüKo BGB, 7. Auflage 2017, § 826 Rn. 37 ff.

[88] Grundlegend: *Calabresi*, The Costs of Accidents, 1970, 135 ff.; Dazu instruktiv: *Schäfer/Ott*, Ökonomische Analyse des Zivilrechts, 5. Auflage 2012, 252 ff.

[89] Ausdrücklich für eine Wesensähnlichkeit von Mitarbeiterhaftung und Wissenszurechnung: *Wagner*, ZHR 181 (2017), 203, 260, 262.

[90] Mit *Eidenmüller*, Effizienz als Rechtsprinzip, 4. Auflage 2015, 55 lässt sich auch präzisierend von „Wirtschaftlichkeit" sprechen. Auf diese für rechtswissenschaftliche Zwecke in weiten Teilen lediglich terminologische Kontroverse kommt es vorliegend nicht an.

[91] *Arlen/Kraakman*, New York University Law Review 72 (1997), 687, 709 f. und öfter.

[92] *Arlen/Kraakman*, New York University Law Review 72 (1997), 687, 707 f.

sächlich nicht durchgeführt wird.[93] Hinzu kommt, dass die strikte Haftung die Suche nach dem optimalen Sorgfaltsniveau dezentralisiert, indem sie eine rechtliche und insbesondere gerichtliche Befassung mit den im einzelnen angebrachten Wissenssorgfaltsanforderungen verhindert und dies vielmehr dem individuellen Unternehmen überlässt. Der Deutsche Corporate Governance Kodex und andere Entwicklungen vermitteln jedoch den umgekehrten Eindruck, dass gerade in der zentralisierten Bestimmung solcher Maßstäbe ein um die Zahl und Größe aller davon profitierenden Unternehmen skalierter Wohlfahrtsgewinn liegt.[94] Diese Konsequenzen scheinen noch nicht hinreichend qualitativ durchdacht und in ihrer quantitativen Bedeutung zu unerforscht, um ein belastbares ökonomisch-analytisches Urteil in dieser Frage zu fällen.

Die dogmatische These der Systemfremdheit von Wissenszurechnung wegen Sorgfaltspflichtverletzung[95] kann ebenso wenig überzeugen: Das deutsche Recht kennt eine ganze Reihe von Vorschriften, die an sorgfaltswidrige Unkenntnis Rechtsfolgen jenseits eines Schadenersatzanspruchs knüpfen. So verlieren etwa der Irrtumsanfechtungsgegner gemäß § 122 Abs. 2 BGB seinen nach Abs. 1 bestehenden Schadenersatzanspruch und der Anfechtungsbetroffene gemäß § 142 Abs. 2 BGB seinen guten Glauben, wenn sie sorgfaltswidrigerweise die Anfechtbarkeit nicht kannten.[96] Entsprechend kann eine Leistung ihre Erfüllungswirkung verlieren (§ 851 BGB), das mit einem Stellvertreter abgeschlossene Geschäft als schwebend unwirksam angesehen werden (§ 173 BGB und § 54 Abs. 3 HGB), eine abgetretene Forderung aus Scheingeschäft trotz Urkundenvorlegung nichtig bleiben (§ 405 Halbs. 2 Alt. 2 BGB) oder ein grundsätzlich angeordneter gutgläubiger Fahrniserwerb entfallen (§ 932 Abs. 2 BGB). In diesen Vorschriften führt die fahrlässige oder grob fahrlässige Unkenntnis exakt dieselben, nicht schadenersatzförmigen Rechtsfolgen herbei wie die Kenntnis. Ein weiteres, besonders aussagekräftiges Beispiel bietet der Verjährungsbeginn. Denn Art. 10 Abs. 1 der Produkthaftungsrichtlinie[97] und der ihn umsetzende § 12 Abs. 1 ProdHaftG, der formuliert: „[…] Kenntnis erlangt hat oder hätte erlangen müssen", sowie der Übergang von § 852 Abs. 1 BGB a. F. zu §§ 195, 199 Abs. 1 Nr. 2 BGB[98] beruhen ausdrücklich auf dem Rechtsgedanken, die recht-

---

[93] *Arlen/Kraakman*, New York University Law Review 72 (1997), 687, 712 ff.

[94] Vgl. *Kornhauser*, California Law Review 70 (1982), 1345, 1351. Zweifel auch bei *Schäfer/Ott*, Ökonomische Analyse des Zivilrechts, 5. Auflage 2012, 236 f.

[95] *Wagner*, ZHR 181 (2017), 203, 261.

[96] Im Falle des § 142 Abs. 2 BGB wird freilich nach ganz herrschender Ansicht der sich aus dem Wortlaut ergebende Gutgläubigkeitsmaßstab der jeweils einschlägigen Erwerbsnorm angepasst. Im Liegenschaftserwerb führt dies etwa dazu, dass gemäß der Wertung des § 892 Abs. 1 Satz 1 Halbs. 2 Alt. 2 BGB dem Anfechtungsgegner nur positive Kenntnis schadet. Siehe zum Ganzen: *Busche*, in: MüKo BGB, 7. Auflage 2015, § 142 Rn. 21 f. mwN.

[97] Richtlinie 85/374/EWG vom 25. Juli 1985 zur Angleichung der Rechts- und Verwaltungsvorschriften der Mitgliedstaaten über die Haftung für fehlerhafte Produkte.

[98] Siehe dazu bereits oben 16 f.

liche Kategorie des zurechenbaren Wissens im weiteren Sinne durch ein Wissenssorgfaltselement zu erweitern.[99] Dieselbe Tatbestandsstruktur findet sich außerhalb des Kernzivilrechts in analoger Form, so etwa in § 45 Abs. 2 Satz 3 Nr. 3 Halbs. 1 SGB X oder § 48 Abs. 2 Satz 3 Nr. 3 VwVfG. Die sorgfaltswidrige Unkenntnis wird hier der Kenntnis gleichgestellt, also in zurechnungserweiternder Hinsicht genau das per gesetzlicher Anordnung vollzogen, was im Rahmen der verschuldensabhängigen Wissensverantwortung qua richterlicher Rechtsfortbildung geschieht.

Zum Widerspruch gegen die Lehre der strikten Wissenszurechnung fordert schließlich ihre Behandlung der Vorsatzhaftung heraus. Zum Beispiel will nicht einleuchten, warum die zivilrechtliche Vorsatzhaftung nicht als Teil des verhaltenssteuernden Gesamtregimes einer Rechtsordnung aufzufassen sein soll. Denn auch das Unterlassen eines Vorsatzdelikts erzeugt Kosten, nämlich idiosynkratische Opportunitätskosten. Wenn also pauschal behauptet wird, eine „Räuberbande" müsse „nicht Ressourcen aufwenden, um den Schaden abzuwenden, sondern sie [spare] Ressourcen, wenn sie von weiteren Raubzügen absieht",[100] dann unterschlägt dies ihren entgangenen Gewinn, das Raubgut. Zwar mag man der Ansicht sein, dieser Anreiz werde in Teilen bereits durch das Strafrecht, insbesondere die Verfalleinziehung[101] gemäß § 73 Abs. 1 StGB, bewältigt. Doch lässt sich schlechterdings nicht bestreiten, dass auch die zivilrechtliche Vorsatzhaftung zur deliktsrechtstypischen Internalisierung externer Kosten einerseits (Ausgleichsfunktion) und zur zusätzlichen Sanktionierung und Disinzentivierung (Verhaltenssteuerungsfunktion) des vorsätzlichen Verstoßes mit beiträgt.[102] Im Gegenteil besteht *gerade* bei gesellschaftsschädlichen Vorsatzhandlungen ohne gesamtgesellschaftlichen Nutzen ein grundsätzlich unbegrenzter Spielraum bei der Festlegung des ersatzfähigen Schadens, da es pauschal darum geht, die entsprechende Verhaltensweise zu verhindern: Die zivilrechtliche Schadenersatzhaftung für Raubzüge kann gar nicht zu hoch angesetzt werden, weil dem durch sie disinzentivierten Verhalten kein volkswirtschaftlicher Gegenwert entspricht.[103]

---

[99] Besonders deutlich: BT-Drs. 14/6040, S. 108.

[100] *Wagner*, ZHR 181 (2017), 203, 264.

[101] Gemeint ist der bis zum 1.7.2017 in § 73 StGB a. F. als „Verfall" sondergeregelte Fall, dass der Täter oder Teilnehmer „durch eine rechtswidrige Tat oder für sie etwas erlangt" und das Gericht ihm diese Vorteile als spezifisch strafrechtliche Nebenfolge entzieht.

[102] Ähnlich etwa: *Oechsler*, in: Staudinger BGB (2014), § 826 Rn. 12 ff.

[103] Vgl. *Easterbrook/Fischel*, University of Chicago Law Review 52 (1985), 611, 621 f. zum Schadenersatz im Kapitalmarktrecht. Dazu auch: *Wichmann*, Haftung am Sekundärmarkt für fehlinformationsbedingte Anlegerschäden, 2017, 140 f., 161.

c) Gesamtbewertung

Die dargestellten aktuellen Ansätze haben die Debatte um die Wissenszurechnung in Unternehmen mit ihren Anregungen zur dogmatischen Schlüssigkeit einerseits und zur interdisziplinären Offenheit andererseits wesentlich bereichert. Dennoch geben sie keinen Anlass, von der herrschenden Herangehensweise im Sinne einer auf der Gleichstellungsthese beruhenden Wissensverantwortung, die kontextabhängig und normspezifisch differenziert, abzurücken.

IV. Das publikationspflichtige Wissen bei Schadenersatz wegen pflichtwidrig unterlassener Ad-hoc-Publizität

1. Ausgangspunkte: Art. 17 MarktmissbrauchsVO und §§ 26, 97, 98 WpHG

Die Pflicht zur Ad-hoc-Publizität ergibt sich seit dem 3. Juli 2016 aus Art. 17 der MarktmissbrauchsVO.[1] Daran knüpft das WpHG in seiner seit dem 3. Januar 2018 gültigen Fassung mit § 26 an. Neben vorwiegend technischen Durchführungsbestimmungen wird dessen Kernregelung in § 26 Abs. 3 WpHG formuliert: „Verstößt der Emittent gegen die Verpflichtungen [...] nach Artikel 17 Absatz 1, 7 oder 8 der Verordnung (EU) Nr. 596/2014, so ist er einem anderen nur unter den Voraussetzungen der §§ 37b und 37c zum Ersatz des daraus entstehenden Schadens verpflichtet. Schadensersatzansprüche, die auf anderen Rechtsgrundlagen beruhen, bleiben unberührt."

Die „§§ 37b und 37c", auf welche die Vorschrift verweist, existieren jedoch nicht mehr. Deshalb dürften die bis zum 2. Januar 2018 gültigen §§ 37b und 37c WpHG gemeint sein, die sich heute nahezu wortgleich in §§ 97, 98 WpHG wiederfinden. Dieses Redaktionversehen ist nicht das einzige auf dem Feld der Ad-hoc-Publizität. Auch die Regelung des Art. 17 MarktmissbrauchsVO bedurfte in ihrer deutschen Fassung des Abs. 1 tiefgreifender Berichtigungen, um überhaupt einen grammatikalisch korrekten Sinn zu ergeben.[2]

Somit liegen zum derzeitigen Zeitpunkt Normen vor, die *erstens* auf Grund handwerklicher Mängel nicht voll operabel sind. *Zweitens* ergibt ein Textvergleich der Art. 17 MarktmissbrauchsVO sowie der §§ 26, 97, 98 WpHG weitestgehende Identität mit den §§ 15, 37b, c WpHG in ihrer früheren Fassung. Da schließlich *drittens* die Art. 17 MarktmissbrauchsVO und §§ 26, 97, 98 WpHG noch keine erhebliche Anwendungspraxis aufweisen, umgekehrt jedoch die §§ 15, 37b, c WpHG a. F. laufende Verfahren und den rechtswissenschaftlichen Diskurs prägen, entfaltet die Untersuchung ihr Argument zunächst auf Grundlage der früheren Normen[3] (IV. und V.). Erst in einem zweiten Schritt werden

[1] Zum zeitlichen Anwendungsbereich siehe: Art. 39 Abs. 2 MarktmissbrauchsVO.

[2] Die ursprüngliche Fassung lautete: „Emittenten geben der Öffentlichkeit Insiderinformationen, die unmittelbar den diesen Emittenten betreffen, so bald wie möglich bekannt." Siehe dazu unten S. 76 ff.

[3] Zugrunde gelegt wird die letzte Fassung vor Inkrafttreten der WpHG-Änderungen

die durch Inkrafttreten der MarktmissbrauchsVO bewirkten Rechtsänderungen analysiert. Dabei zeigt sich, dass diese Novelle Schadensersatzfragen und die damit verbundenen Wissenszurechnungsprobleme unberührt lässt (VI.).

Die Beurteilung der Wissenszurechnung bei Schadenersatz wegen pflichtwidrig unterlassener Ad-hoc-Publizität gemäß §§ 15, 37b WpHG a. F. nimmt ihren Anfang bei der Tatsache, dass sich diese Normen an den „Emittenten" richten (2.). Der Umkehrschluss aus der Mitteilungspflicht einzelner Vorstandsmitglieder[4] gegenüber dem Emittenten im Fall von Eigengeschäften legt nahe, dass der minimale Zurechnungstatbestand von konstruktivem Emittentenwissen das Wissen des *Gesamtvorstands* erfordert (3.). Eine personal erweiterte Wissenszurechnung würde voraussetzen, dass die betreffenden Personen die Stellung eines faktischen Wissensorgans einnähmen. Dies ist etwa hinsichtlich des für den Geschäftsbereich Finanzen und Controlling zuständigen Vorstandsmitglieds, nicht jedoch hinsichtlich sonstiger Beschäftigter der Fall (4.). Daneben hängt die Zurechnung des Wissens sonstiger Mitarbeiter entscheidend davon ab, ob das Gleichstellungsprinzip im spezifischen Kontext der kapitalmarktrechtlichen Ad-hoc-Publizität eine solche gebietet. Dies ist abzulehnen (5.). Somit ist im Ergebnis ausschließlich das Wissen des Gesamtvorstands und faktischer Wissensorgane wie etwa des für Ad-hoc-Mitteilungen sonderzuständigen Einzelvorstands entscheidend (6.).

2. Der „Emittent" als Adressat der Veröffentlichungspflicht aus § 15 WpHG a. F.

Mit der Wahl des Emittenten als persönlichem Normadressaten zielt § 15 WpHG a. F. auf die juristische Person als selbständiges Rechtssubjekt.[5] Dies wird schon im systematischen Kontext zu § 15a WpHG a. F. deutlich, der die

aufgrund des Inkrafttretens der MarktmissbrauchsVO. Das bedeutet in concreto für § 15 WpHG, dass nachfolgend die vom 20.1.2007 bis 1.7.2016 gültige Fassung untersucht wird (folgend: § 15 WpHG a. F.). In Bezug auf § 37b WpHG ist die vom 10.07.2015 bis 02.01.2018 gültige Fassung heranzuziehen (folgend: § 37 WpHG a. F.). Bei § 37c WpHG wird in der Folge auf die vom 10.07.2015 bis zum 01.07.2016 gültige Fassung abgestellt (folgend: § 37c WpHG a. F.). Zum Fassungsvergleich siehe ferner Anhang III – V und sogleich im Text. Weitere mit dem Zusatz „a. F." gekennzeichnete Normen des WpHG entstammen demselben Geltungszeitraum.

[4] Ohne Beschränkung der Allgemeinheit dient im Folgenden das Beispiel der Aktiengesellschaft insbesondere mit ihrem geschäftsführenden Kollegialorgan „Vorstand" als Paradigma eines Emittenten.

[5] Dazu zuletzt: OLG Braunschweig, NZG 2016, 465; *Stübinger*, Teilnehmerhaftung bei fehlerhafter Kapitalmarktinformation in Deutschland und den USA, 2015, 82 ff. Die damit verbundene Ausnahme der Vorstands- und Aufsichtsratsmitglieder als Außenhaftungssubjekte beklagt etwa *Weitnauer*, DB 2003, 1719. Eine Rechtfertigung liefert: *Casper*, in: Schulze (Hrsg.), Compensation of Private Losses, 2011, 91, 104 ff. *Locus classicus* des Streits ist die persönliche Reichweite der Prospekthaftung auf dem Primärmarkt, dazu zuletzt mustergül-

Mitteilungspflicht von „Personen, die Führungsaufgaben wahrnehmen", regelt. Hier richtet sich der Gesetzgeber direkt an eine bestimmte Klasse von Mitarbeitern des Emittenten. Dies beruht auf Art. 6 Abs. 4 der Marktmissbrauchsrichtlinie (MarktmissbrauchsRiLi).[6] Im Umkehrschluss bedeutet also der Ansatz des § 15 WpHG a. F. beim Emittenten keine summarische Bezugnahme auf die dort leitend tätigen, beschäftigten, oder sonstwie damit verbundenen Personen. Vielmehr geht es um den Emittenten selbst, als juristische Person.[7]

3. Minimalzurechnung: Kenntnis des Gesamtvorstands von der Insidertatsache

Unter welchen Umständen und nach welchen Maßstäben dem Emittenten die zur sinnfälligen Auferlegung einer Veröffentlichungspflicht erforderliche Kenntnis der Insiderinformation konstruktiv zugerechnet wird, regeln MarktmissbrauchsRiLi und WpHG nicht ausdrücklich. Immerhin lässt jedoch § 15a WpHG a. F. einen bedeutsamen Rückschluss auf das der deutschen Richtlinienumsetzung implizit zugrunde gelegte Zurechnungsleitbild zu, wie folgend näher darzulegen ist.

Zu den mitteilungspflichtigen Personen, die Führungsaufgaben wahrnehmen, zählen nach natürlichem Wortsinn jedenfalls auch die Mitglieder des Vorstands, denen als Gesamtorgan gemäß § 76 AktG die Leitung der Aktiengesellschaft aufgetragen ist.[8] Art. 6 Abs. 4 MarktmissbrauchsRiLi verlangt bei Eigengeschäften von Personen, die Führungsaufgaben wahrnehmen, lediglich die Mitteilung an „die zuständige Behörde". Darüber ist der deutsche Umsetzungsgesetzgeber hinausgegangen, indem er nach § 15a Abs. 1 Satz 1 WpHG a. F. zusätzlich die Mitteilung an den Emittenten selbst verlangt. Art. 19 Abs. 1 der neuen MarktmissbrauchsVO dehnt diese deutsche überschießende Umsetzung nun auch unionsweit verbindlich aus, indem er festgelegt, dass Eigengeschäfte „dem Emittenten […] *und* der […] zuständigen Behörde" zu melden sind.[9]

---

tig: *Schroeder*, Der persönliche Anwendungsbereich der Prospekthaftung nach dem WpHG und dem VermAnlG, 2017, 197 ff.

[6] Richtlinie 2003/6/EG vom 28. Januar 2003. Siehe auch Erwägungsgrund 26.

[7] Dies hält auch *Ihrig*, ZHR 181 (2017), 381, 388, 407 in der Sache fest, wenngleich ausschließlich mit der haftungserweiternden Stoßrichtung, das Emittentenwissen nicht auf das Vorstandswissen zu beschränken. *De lege ferenda* für eine Erweiterung: *Baums*, ZHR 167 (2003), 139, 146.

[8] Die MarktmissbrauchsVO definiert nun in Art. 3 Nr. 25 lit a) „eine Person […], die einem Verwaltungs-, Leitungs- oder Aufsichtsorgan dieses Unternehmens angehört." Damit schließt sie Vorstandsmitglieder ein. Dass der europäische Gesetzgeber mit der MarktmissbrauchsVO in diesem Punkt eine inhaltliche Änderung gegenüber der früheren MarktmissbrauchsRiLi vornehmen wollte, lässt sich dem Entstehungsprozess der Verordnung, soweit ersichtlich, nicht entnehmen.

[9] Hervorhebung des Verfassers.

Der Mitteilungspflicht gegenüber dem Emittenten liegt ein restriktives Wissenszurechnungsverständnis zugrunde: Das Wesen einer Mitteilung besteht in der Informationsübermittlung. Es erscheint, jedenfalls bei formlosen Erklärungen,[10] sinnwidrig, die Mitteilung eines Sachverhalts zu verlangen, der dem Erklärungsempfänger bereits als bekannt unterstellt wird. Reichte also das Wissen eines Vorstandsmitglieds aus, um zugleich das Wissen des Emittenten zu begründen, wäre eine Mitteilung gegenüber demselben überflüssig. Im Umkehrschluss gehen sowohl der deutsche Umsetzungsgesetzgeber der MartkmissbrauchsRiLi als auch der EU-Gesetzgeber seit Erlass der MarktmissbrauchsVO bei objektiv historischer Auslegung davon aus, dass das Wissen eines Vorstandsmitglieds um ihre individuellen Eigengeschäfte der Aktiengesellschaft als solcher – allgemeiner gesprochen: dem Emittenten das Wissen um die Eigenschäfte seiner Vertretungsorgane – *nicht* automatisch zuzurechnen ist. Dieses restriktive Wissenszurechnungsverständnis, dass die Kenntnis eines einzelnen Vorstandsmitglieds nicht ausreicht, um automatisch zugleich die entsprechende Kenntnis des Emittenten zu begründen, ist denkvorläufig auch der Emittentenverantwortung für fehlerhafte Ad-hoc-Publizität zugrunde zu legen. Es ergibt sich nicht allein aus der außensystematischen Nähe von § 15 und § 15a Abs. 1 Satz 1 WpHG a. F. respektive Art. 17 Abs. 1 und 19 Abs. 1 MarktmissbrauchsVO, sondern wird zudem durch die tatsächliche Verknüpfung beider Vorschriften nahegelegt: Tätigen Vorstandsmitglieder Eigengeschäfte, kann dies je nach Umständen und Umfang seinerseits eine ad-hoc-publizitätspflichtige Insiderinformation begründen. Nun erschiene es sinnwidrig, den Emittenten hinsichtlich eines identischen Sachverhalts für die Zwecke des § 15a WpHG a. F. und Art. 19 Abs. 1 MarktmissbrauchsVO als mitteilungsbedürftigen Unwissenden, für die Zwecke des § 15 WpHG a. F. und Art. 17 Abs. 1 MarktmissbrauchsVO jedoch kraft automatischer Zurechnung als Wissenden zu behandeln. Dieser These steht nicht entgegen, dass im Wege normspezifischer Wissenszurechnung auch abweichende Bewertungen desselben Sachverhalts unter dem Aspekt verschiedener normativer Zurechnungszusammenhänge statthaft sind. Denn vorliegend geht es allein darum, das „Mindestwissen" zu ermitteln, das dem Emittenten *a priori* ohne Ansehung tatsachen- und normspezifischer Kontexte zuzurechnen ist.

Im Grundsatz, also unter dem Gesichtspunkt eines automatisch zurechenbaren Mindestwissens, reicht somit allein das Wissen des Vorstands als Gesamtorgan zur Begründung einer Veröffentlichungspflicht nach § 15 WpHG a. F. und einer darauf aufbauenden Schadenersatzpflicht des Emittenten nach § 37b WpHG a. F. hin. Somit bezeichnet „Wissen des Emittenten" gemäß §§ 15, 37b

[10] Der Formzweck des Beweisführungs- und Transparenzinteresses mag im Einzelfall Abweichungen von diesem Grundsatz gebieten. Siehe etwa zu Eigengeschäften eines Alleingesellschafter-Geschäftsführers mit seiner GmbH: § 35 Abs. 3 Satz 2 GmbHG, erläutert in BT-Drs. 8/3908, S. 74 re. Sp.

WpHG a.F. im Ausgangspunkt den dem Vorstand der emittierenden Aktiengesellschaft als Gesamt- und Leitungsorgan tatsächlich verfügbaren Kenntnisstand.

4. Zurechnung von Mitarbeiterwissen nur im Falle eines „faktischen Wissensorgans"

Das Gesellschafts- und Insolvenzrecht kennt Fälle, in denen ein Nichtorgan wie ein Organ behandelt wird, weil es ähnlich einem Organ Einfluss auf die Gesellschaft nimmt.[11] Dies setzt ein nach außen hervortretendes Handeln voraus, das im Gesamterscheinungsbild demjenigen eines Organs gleichkommt.[12] Diese rechtliche Operation lässt sich methodisch als teleologische Extension beschreiben: Um den Normzweck etwa der Insolvenzverschleppungshaftung zu erfüllen, ist es erforderlich, den Kreis der haftungsrelevanten Personen weiter zu ziehen als ihr persönlicher Anwendungsbereich bei streng wortlautorientierter Betrachtung hergäbe.[13]

Auch bei der Erfüllung kapitalmarktrechtlicher Pflichten besteht das Bedürfnis, jedenfalls Delegationsakte des Gesamtvorstands durch eine entsprechende organähnliche Zurechnungserweiterung nachzuvollziehen:[14] Wenn der Gesamtvorstand die Wahrnehmung der kapitalmarktrechtlichen Ad-hoc-Publizitätsverantwortung etwa, wie üblich, an eine sogenannte Clearing-Stelle delegiert und ein bestimmtes Vorstandsmitglied zum Sonderverantwortlichen für diesen Bereich bestimmt, übernimmt das bestimmte Vorstandsmitglied insoweit die Rolle eines faktischen Wissensorgans. Das bedeutet, dass das Vorstandsmitglied für die Zwecke der Veröffentlichungspflichten und der darauf bezogenen Wissenszurechnung als faktischer Gesamtvorstand der Aktiengesellschaft behandelt werden kann. Im Gegensatz zur üblichen Rechtfertigungsgrundlage der faktischen Organstellung etwa bei der Begründung von Insolvenzverschleppungsdelikten oder sonstiger Organhaftung lässt sich die faktische Wissensorganstellung nicht mit der Eigenverantwortung des faktischen Organs selbst begründen.[15] Denn schließlich gehen die Wirkungen der Wis-

---

[11] Siehe allgemein: *K. Schmidt*, Gesellschaftsrecht, 4. Auflage 2002, 419f.; *Spindler*, in: MüKo AktG, 4. Auflage 2014, § 93 Rn. 18 mwN.; *Fleischer*, in: MüKo GmbHG, 2. Auflage 2016, § 43 Rn. 220ff. alle mwN. Im kapitalmarktrechtlichen Kontext vgl. *Hellgardt*, Kapitalmarktdeliktsrecht, 2008, 474f., 480.

[12] BGHZ 150, 61, 69f. (juris-Rn. 25f.).

[13] Knapp und instruktiv: *Fleischer*, in: MüKo GmbHG, 2. Auflage 2016, § 43 Rn. 226; *Grigoleit*, Gesellschafterhaftung für interne Einflussnahme im Recht der GmbH, 2006, 117.

[14] In eine ähnliche Richtung, allerdings allgemeiner: *Hellgardt*, Kapitalmarktdeliktsrecht, 2008, 474f., 480.

[15] Vgl. BGHZ 104, 44, 47f. (juris-Rn. 6): „Der Grund für die Haftung des tatsächlichen Geschäftsführers liegt letztlich darin, daß derjenige, der ohne dazu berufen zu sein, wie ein

senszurechnung hier allenfalls mittelbar, im Regresswege, zu Lasten des faktischen Organwalters, sondern vielmehr primär zu Lasten der Emittentengesellschaft. Die für die faktische Organschaft typische Übernahmeverantwortung[16] liegt vielmehr in dem Delegationsakt selbst: Indem der Gesamtvorstand die Kapitalmarkt-Compliance einem Einzelmitglied überträgt, macht er sich dessen Tun und Unterlassen jedenfalls insoweit zu eigen, als gemäß dem Rechtsgedanken des § 166 Abs. 1 BGB das Wissen des Einzelmitglieds als Wissen des Gesamtvorstands gilt.

Nach dem Gesagten lässt sich also das Wissen des sonderzuständigen Vorstandsmitglieds zunächst dem Gesamtvorstand und konsekutiv der Aktiengesellschaft respektive dem Emittenten insgesamt zurechnen. Darüber hinaus besteht jedoch keine Rechtfertigung, weitere Mitarbeiter der Clearing-Stelle oder sonstige Beteiligte als faktische Wissensorgane zu behandeln. Denn die Tätigkeit eines faktischen Organs muss derjenigen des eigentlichen Organs so nah und verwandt sein, dass sie einander funktional äquivalent sind. Sonst höbe die Figur des faktischen Organs jegliche Unternehmensverfassungsordnung aus den Angeln. Deshalb lässt sich eine faktische Organstellung des zuständigen Vorstandsmitglieds, das immerhin sogar zugleich Anteil am eigentlich zuständigen Kollegialorgan hat, rechtfertigen. Zusätzliche Erweiterungen wären hingegen lediglich fiktiv[17] und sind deshalb nicht angezeigt.

5. Wissenszurechnung gemäß dem Gleichstellungsprinzip

Im Folgenden ist der Frage nachzugehen, ob dem Emittenten im Rahmen der §§ 15, 37b WpHG a. F. neben dem Wissen des Gesamtvorstands und über die Figur des faktischen Wissensorgans hinaus weiteres Mitarbeiterwissen gemäß dem obenstehend skizzierten Gleichstellungsprinzip zugerechnet werden kann. Dies hängt angesichts der Normspezifität der Wissenszurechnung von der teleologischen Struktur und Rechtsnatur der §§ 15, 37b WpHG a. F. ab.

a) Regelungszweck der §§ 15, 37b WpHG a. F.

aa) Verhinderung von Insiderhandel als primärer Regelungszweck

Gemäß der Normspezifität der Wissenszurechnung ist zunächst die *ratio legis* der Ad-hoc-Publizität und der an sie geknüpften Schadenersatzhaftung zu ermitteln. Die MarktmissbrauchsRiLi spricht selbst in den Erwägungsgründen 2

Geschäftsführer handelt, auch die Verantwortung eines Geschäftsführers tragen und wie ein solcher haften muß, wenn nicht der Schutzzweck des Gesetzes gefährdet werden soll."

[16] Begriff nach *Fleischer*, in: MüKo GmbHG, 2. Auflage 2016, § 43 Rn. 225.

[17] Vgl. BGHZ 132, 30, 38.

und 24 von einer Förderung der „Marktintegrität", die mit der Ad-hoc-Publizität verfolgt werde.[18] In der Literatur ist eine dreifache Schutzzweckbestimmung verbreitet: Die Ad-hoc-Publizität soll *erstens* die Markttransparenz erhöhen, *zweitens* die Gleichbehandlung der Marktteilnehmer gewährleisten und *drittens* den Insiderhandel einschränken.[19] Darauf aufbauend sollen §§ 37b und 37c WpHG a. F. deshalb eine Schadenersatzhaftung statuieren, damit einerseits die Schäden der fehlinformierten Anleger ausgeglichen, andererseits jedoch auch die Einhaltung der Ad-hoc-Publizität inzentiviert und das Marktvertrauen der Allgemeinheit zusätzlich gestärkt werden.[20]

Diese verbreiteten Formulierungen des behaupteten Regelungszwecks der §§ 15, 37b WpHG a. F. sind in einem Grade unbestimmt, dass sie kaum zu einer deduktiven Lösung konkreter Fragestellungen wie derjenigen der Wissenszurechnung herangezogen werden können. Insbesondere differenzieren sie nicht zwischen normativ positivierten Regelungszwecken und lediglich angestaffelten Motiven, Regelungsreflexen und Verhaltenserwartungen: Ein Gesetz mag mit der Hoffnung auf die Erreichung gewisser Gestaltungsziele wie etwa Markteffizienz[21] verbunden sein, ohne dass diese – insbesondere in Zusammenschau mit etwaig entgegenstehendem Wortlaut, Geschichte und Systematik – zu einer teleologischen Auslegung im klassischen Sinne herangezogen werden können.

Deshalb lohnt ein genaueres Hinsehen: § 15 WpHG a. F. findet sich im Abschnitt 3 „*Insider*überwachung" und spricht von „*Insider*-Informationen". Diese Wortwahl ist nicht willkürlich, sondern stellt einen direkten Zusammenhang zum Insiderhandel her: Dessen Verbot ist in unmittelbarer Nachbarschaft, nämlich in § 14 WpHG a. F., geregelt. Zudem nimmt § 15 WpHG a. F. in seinem

---

[18] Ähnlich vage: *Roýe/Fischer zu Cramburg*, in: Heidel Aktienrecht und Kapitalmarktrecht, 4. Auflage 2014, § 15 WpHG Rn. 1; *Voß*, in: Just et al. WpHG, 1. Auflage 2015, § 15 Rn. 14; *Sethe*, in: Assmann/Schneider, WpHG, 6. Auflage 2012, § 37c Rn. 9 ff.; *Zimmer/Kruse*, in: Schwark/Zimmer, Kapitalmarktrechts-Kommentar, WpHG, 4. Auflage 2010, § 15 Rn. 6 ff.; *Weichert*, Der Anlegerschaden bei fehlender Kapitalmarktpublizität, 2008, 96; *Wichmann*, Haftung am Sekundärmarkt für fehlinformationsbedingte Anlegerschäden, 2017, 149.

[19] *Pfüller*, in: Fuchs WpHG, 2. Auflage 2016, § 15 Rn. 53 f. Siehe auch: BT-Drucks. 15/3174, S. 34 f. Im Grundsatz zustimmend, aber für eine weitere, funktionale Lesart, die den Erhalt „eines kompetitiven Marktes für Informationshändler" in den Vordergrund stellt: *Klöhn*, in: Kölner Kommentar zum WpHG, 2. Auflage 2014, § 15 Rn. 5 ff. im inhaltlichen Anschluss an: *Coffee*, Virginia Law Review 70 (1984), 717; *Goshen/Parchomovsky*, Duke Law Journal 55 (2006), 711. So jetzt auch: *Thelen*, ZHR 182 (2018), 62, 66.

[20] *Fuchs*, in: Fuchs WpHG, 2. Auflage 2016, Vor §§ 37b, 37c Rn. 5 f.; *Hopt/Voigt*, in: Hopt/Voigt (Hrsg.), Prospekt- und Kapitalmarktinformationshaftung, 2005, 9, 107 f. sprechen noch allgemeiner von dem Zweck, „unangemessen[e] Marktpreise" zu verhindern.

[21] *Klöhn*, in: Kölner Kommentar zum WpHG, 2. Auflage 2014, Vor § 15 Rn. 40 spricht zutreffend von einem „Fernziel". *Bartmann*, Ad-hoc-Publizität im Konzern, 2017, 34 ff., 281 bemüht sich um Präzisierung und formuliert das Ziel „fundamentalwerteffizienter Kapitalmärkte", ohne dass dies jedoch die Zweck-Mittel-Relation erhellte, mit welchem Instrument genau diese Fundamentalwerteffizienz zu fördern sei.

Abs. 3 Satz 1 und Abs. 4 Satz 3 auf die Gefahr des Insiderhandels Bezug. Denn Abs. 3 Satz 1 stellt die darin geregelte Publizitätsbefreiung unter den Vorbehalt, dass „der Emittent die Vertraulichkeit der Insiderinformation gewährleisten kann“. Hinzu kommt die Klarstellung in Abs. 4 Satz 3, die Börsengeschäftsführung dürfe eine ihr vorab mitgeteilte Insiderinformation „nur zum Zweck der Entscheidung verwenden, ob die Ermittlung des Börsenpreises auszusetzen oder einzustellen ist“. Beide Regelungen unterstreichen den außensystematischen Kontext des § 15 WpHG a. F. mit § 14 WpHG a. F.: Die primäre, gesetzlich positivierte Funktion der Ad-hoc-Publizität besteht in der Vorbeugung gegenüber Insiderhandel durch die prophylaktische Allzugänglichmachung von Insiderinformationen.[22] Denn Insiderhandel erzeugt eine Informationsasymmetrie zwischen dem Insiderhändler und den anderen Marktteilnehmern, die weder einsehen können, auf Grundlage welcher Sonderinformation ein Insiderhändler agiert, noch, ob und wie viele Insiderhändler in welchem Volumen überhaupt am Sekundärmarktgeschehen teilnehmen. So führt die bloße Möglichkeit des Insiderhandels *a limine* zum Zusammenbruch des Sekundärmarktes insgesamt, weil sich lautere Marktteilnehmer aus Angst, übervorteilt zu werden, vom Markt zurückziehen, sodass im Ergebnis sogar ausschließlich Insiderhändler verbleiben.[23] Dieser Niedergang macht überdies nicht einmal zwingend vor solchen Unternehmen halt, die eine sorgfältige Ad-hoc-Publizität und damit Insiderhandelsprävention betreiben. Denn Anleger vermögen *ex ante* zwischen falschen und richtigen Informationen nicht hinreichend zu unterscheiden.[24] Somit beruht das allgemeine Marktvertrauen ganz überwiegend und wesentlich darauf, dass die Marktpreisbildung unbeeinflusst von Insiderhandel geschieht. Dies hat der EuGH mit Blick auf die MarktmissbrauchsRiLi hervorgehoben: Das Anlegervertrauen, dessen Stärkung sich die Richtlinie gemäß ihren Erwägungsgründen 2 und 12 verschreibe, „beruht insbesondere darauf, dass die Anleger einander gleichgestellt und u. a. vor der unrechtmäßigen Verwendung von Insider-Informationen geschützt werden.“[25] Mit dieser Priori-

---

[22] Vgl. zu Abs. 3 Satz 1: BT-Drucks. 15/3174, S. 35 re. Sp.: „Entscheidend mit Blick auf die effektive Bekämpfung von Insiderkriminalität ist jedoch, dass der Emittent wirksame Vorkehrungen trifft, um zu verhindern, dass andere Personen als solche, deren Zugang zur jeweiligen Insiderinformation für die Wahrnehmung ihrer Aufgaben beim Emittenten unerlässlich ist, Zugang zu diesen Informationen erhalten.“ Deutlich auch: *Parmentier*, WM 2013, 970, 976.

[23] Ökonomisch gesprochen droht ein sogenannter „market of lemons“ im Sinne von *Akerlof*, Quarterly Journal of Economics 84 (1970), 488. Vgl. instruktiv: *Mülbert*, Aktiengesellschaft, Unternehmensgruppe und Kapitalmarkt, 1996, 111; *Merkt*, Unternehmenspublizität, 2001, 306 ff.

[24] *Baums*, ZHR 167 (2003), 139, 144 mwN. in Fn. 24 zur vor allem US-amerikanisch geprägten Debatte.

[25] EuGH, Urteil v. 28. Juni 2012 – C-19/11 – Geltl, Rn. 33. Zuvor siehe bereits: EuGH, Urteil v. 23. Dezember 2009 – C-45/08 – Spector Photo Group, Rn. 47; Urteil v. 7. Juli 2011 – C-445/09 – IMC Securities, Rn. 27.

sierung der Insiderhandelsbekämpfung stimmt auch die deutsche Gesetzesbegründung überein, die ausführt, mit § 15 Abs. 1 WpHG a. F. solle der „Kreis der potentiellen Insider möglichst klein gehalten werden und der Zeitraum, in dem Insiderwissen missbräuchlich ausgenutzt werden kann, möglichst verkürzt werden."[26] Genau dadurch soll § 15 WpHG a. F. die von der Marktmissbrauchs-RiLi in den Vordergrund gestellte Marktintegrität stärken. Dass damit zugleich *unter anderem* die Gleichbehandlung der Marktteilnehmer gewährleistet wird, indem Insiderhändler aus dem Markt gedrängt respektive auf eine Stufe mit sonstigen Marktteilnehmern gestellt werden, ist eine Konsequenz der Insiderhandelsbekämpfung, bildet aber keinen selbstständigen Regelungszweck der Norm.[27] Genauso wenig geht es um allgemeine Markttransparenz. Diese wird nämlich ganz vorwiegend durch Berichtspflichten und Rechnungslegung, also bilanzrechtliche Regelpublizität gewährleistet.[28] Das spezifische Bedürfnis einer Publizität *ad hoc*, also anlassbezogen und schnell, ergibt sich erst aus der Möglichkeit, dass Insider ihren Informationsvorteil opportunistisch zu Lasten der anderen Marktteilnehmer ausnutzen.[29]

bb) Informationspflicht als deliktsrechtliche Sonderpflicht

Liegt, wie gezeigt, der entscheidende normspezifische Regelungszweck des § 15 WpHG a. F. in der vorbeugenden Eindämmung von Insiderhandel, schließt sich die weitere Frage an, wie die Haftung aus §§ 15, 37b WpHG a. F. ordnungssystematisch zu rubrizieren ist.

Das ganz überwiegende Schrifttum entnimmt § 37b WpHG a. F. eine Deliktshaftung.[30] Dem ist im Ergebnis zuzustimmen. Denn die schadenersatzbewehrte

[26] BT-Drucks. 15/3174, S. 35 li. Sp. Siehe auch: BGH NZG 2013, 708, 713: „Die Pflicht zur unverzüglichen Veröffentlichung schützt das Interesse an der Funktionsfähigkeit der Märkte und soll dem Insider-Handel entgegenwirken." Dieses proaktive Transparenzmodell ergänzt damit das Abschottungsmodell des § 14 Abs. 1 Nr. 2 WpHG a. F.: Entweder wissen alle Bescheid oder niemand. Siehe dazu bereits: *Claussen*, AG 1995, 163, 166.

[27] Zur kapitalmarktrechtlichen informationsbezogenen Dimension des Gleichbehandlungsgrundsatzes siehe: *Verse*, Der Gleichbehandlungsgrundsatz im Recht der Kapitalgesellschaften, 2006, 525 ff.; *Zetzsche*, Aktionärsinformation in der börsennotierten Aktiengesellschaft, 2006, 277 ff.

[28] Vgl. zu diesem übergeordneten Gesamtkontext instruktiv: *Möllers*, in: Möllers et al., Ad-hoc-Publizität, 2003, § 2.

[29] In diese Richtung auch Erwägungsgrund 49 der MarktmissbrauchsVO. Vgl. *Hellgardt*, Kapitalmarktdeliktsrecht, 2008, 255 f.; *Ihrig*, ZHR 181 (2017), 381, 384 bei und in Fn. 14.

[30] *Fuchs*, in: Fuchs WpHG, 2. Auflage 2016, §§ 37b, 37c Rn. 5; *Bruchwitz*, in: Just et al. WpHG, 1. Auflage 2015, §§ 37b, 37c Rn. 15; *Möllers/Leisch*, in: Kölner Kommentar zum WpHG, 2. Auflage 2014, §§ 37b, c Rn. 14 f.; *Sethe*, in: Assmann/Schneider, WpHG, 6. Auflage 2012, § 37c Rn. 17 ff.; *Hellgardt*, Kapitalmarktdeliktsrecht, 2008, 33 ff.; *Ihrig*, ZHR 181 (2017), 381, 393 f.; alle mwN. zu Gegenmeinungen. Der von *Casper*, in: Schulze (Hrsg.), Compensation of Private Losses, 2011, 91, 109 ff. beschrittene Ausweg, die Normen als Haftung *sui generis* einzuordnen, sollte vermieden werden, weil er auf der Auffassung beruht, die ordnungssystematische Qualifikation zeitige keine rechtspraktischen Konsequenzen. Dies mag unter

Pflicht des Emittenten zur Ad-hoc-Publizität bezieht sich – anders als etwa die Prospekthaftung, die den Emittenten deshalb trifft, weil er bei der Wertpapierplatzierung wie ein Verkäufer der eigenen Anteile auftritt[31] – auf den Sekundärmarkt. Dieser kann jedoch nicht adäquat als vertragliche Beziehung zwischen dem Emittenten und seinen Anlegern konstruiert werden. Denn der Emittent ist im Verhältnis zu Sekundärmarkttransaktionen zwischen einzelnen Anlegern lediglich Außenstehender, im Grundsatz[32] uninteressierter Dritter.[33] Dies spiegelt sich auch in der Ausgestaltung der Haftung nach § 37b WpHG a. F. wider: Ginge es um eine Haftung für die sachwalterähnliche Stellung des Emittenten als Garanten des Sekundärmarkts, müsste ein Schadenersatzanspruch auch dann gegeben sein, wenn ein Anleger wegen Publizitätsfehlern von einer Transaktion absieht. Geschützt wird jedoch nur der aktiv handelnde Anleger.[34] Diese Differenzierung folgt der Logik einer deliktsrechtlichen Sonderpflicht: Der Emittent eröffnet mit der Platzierung seiner Anteile einen „Markt" für alle, die mit diesen Anteilen handeln. Deshalb trifft ihn unter anderem die Sonderpflicht, durch anlassbezogene Marktinformation den Insiderhandel mit seinen Anteilen einzudämmen.[35] Er wird im Sinne einer mittelstrengen ECMH dazu herangezogen, die relative Informationseffizienz des Sekundärmarktes dadurch zu erhöhen, dass er bestimmte Informationen in diesen kontinuierlich durch mitteilungsförmige „Informationseingriffe" einspeist. Angesichts dieser fundamentalen Distanz zum eigentlichen sekundärmarktspezifischen Vertragsgeschehen nimmt nicht Wunder, dass die Haftung nach §§ 15, 37b WpHG a. F. typischerweise mit Ansprüchen aus § 826 BGB konkurriert.[36] Man könnte sie

---

anderem für die Frage der Anteilsinhaberschaft im Sinne der Norm zutreffen, dazu: *Florstedt*, AG 2017, 557, 565. Auf dem Gebiet der Wissenszurechnung ist jedoch, wie zu zeigen sein wird, das Gegenteil der Fall.

[31] Treffende Gegenüberstellung bei *Möllers/Leisch*, in: Kölner Kommentar zum WpHG, 2. Auflage 2014, §§ 37b, c Rn. 14. Siehe auch unten S. 111 f.

[32] Im Einzelfall mag der Emittent weitere Kapitalsammlungen vorbereiten, doch sind §§ 15, 37b WpHG a. F. insoweit nicht kontextsensibel ausgestaltet. Ausgeblendet werden muss auch die etwa auf Grund von anteils- oder anteilsderivatförmiger Bezahlung persönlich interessierte Unternehmensführung. Denn die Publizitätspflicht trifft nicht sie, sondern, wie bereits betont, den Emittenten. Siehe näher zu Residualinteressen des Emittenten: *Hellgardt*, Kapitalmarktdeliktsrecht, 2008, 134 ff.; *Wichmann*, Haftung am Sekundärmarkt für fehlinformationsbedingte Anlegerschäden, 2017, 135 f.

[33] *Baums*, ZHR 167 (2003), 139, 165 f.; *Hopt/Voigt*, in: Hopt/Voigt (Hrsg.), Prospekt- und Kapitalmarktinformationshaftung, 2005, 9, 115.

[34] Sog. Birnbaum-Rule im Anschluss an die US-amerikanische Entscheidung: Birnbaum v. Newport Steel Corp., 193 F.2d 461 (C.A.2 1952). Vgl. *Hopt/Voigt*, in: Hopt/Voigt (Hrsg.), Prospekt- und Kapitalmarktinformationshaftung, 2005, 9, 111 ff.; *Sethe*, in: Assmann/Schneider, WpHG, 6. Auflage 2012, § 37c Rn. 13 beide mwN.

[35] Zur ökonomischen Rechtfertigung dieser Maßnahme im Detail: *Baums*, ZHR 167 (2003), 139, 143 ff., 165.

[36] So bereits: BT-Drs. 14/8017, S. 94 li. Sp. zu § 37b Abs. 5 WpHG. Zu Einzelheiten siehe: *Kumpan*, in: Baumbach/Hopt, HGB, 37. Auflage 2016, § 37b WpHG, Rn. 8 mwN. Tatsächlich behandelte der BGH Schadenersatzklagen wegen fehlerhafter Ad-hoc-Publizität bis zum In-

durchaus als „durch Reduktion der subjektiven Merkmale aus [§ 826 BGB] gewonnen", gleichsam als „Kind des § 826" bezeichnen.[37] Auch prozessual wird sie gemäß § 32b ZPO deliktsrechtlich eingeordnet[38]: Sie ist Holz vom selben Stamm, eine Schadenersatzhaftung wegen Verletzung deliktischer Sonderpflichten.

cc) Abbau von Wissensvorsprüngen des Emittenten

Die dem Emittenten obliegende Sonderpflicht, durch prophylaktische Information den Insiderhandel in seinen eigenen Finanzinstrumenten einzudämmen, ist, für sich genommen, teleologisch unterbestimmt. Ihre genauere Reichweite ergibt sich erst aus einer normativen Betrachtung des Informationsgefälles zwischen Emittent und allgemeinen Marktteilnehmern, zu dessen Ausgleichung die Ad-hoc-Publizität dienen soll.

(1) § 15 Abs. 1 WpHG a. F.: „Unmittelbares Betreffen" als Filter

Für eine Ad-hoc-Publizität nach § 15 WpHG a. F. reicht nicht hin, dass eine Information überhaupt als Insiderinformation zu qualifizieren ist, also insbesondere, dass sie sich gemäß § 13 Abs. 1 Satz 1 WpHG a. F. auf den Emittenten oder das Finanzinstrument „bezieht". Dies wäre zu weitgehend, da bereits ein mittelbarer Bezug ausreicht[39] und diese „weite und konturenlose Formulierung"[40] auch durch teleologische Auslegung kaum zu präzisieren ist, weil aus der Perspektive der ökonomischen Insiderrechtstheorie der Sinn des allgemeinen Tatbestandsmerkmals ‚Emittentenbezug' weitestgehend ungeklärt erscheint.[41] Vielmehr verlangt § 15 Abs. 1 WpHG a. F. im Anschluss an Art. 6 Abs. 1 MarktmissbrauchsRiLi, dass die Insiderinformation den Emittenten „*unmittelbar* betrifft"[42], was gemäß § 15 Abs. 1 Satz 3 WpHG a. F. insbesondere

krafttreten der §§ 37 b, c WpHG a. F. neben § 823 Abs. 2 BGB i. V. m. § 400 Abs. 1 Nr. 1 AktG vor allem unter dem Gesichtspunkt der sittenwidrigen Schädigung gemäß § 826 BGB. Siehe etwa: BGHZ 160, 134; 160, 149; NJW 2004, 2668 (Infomatec-Entscheidungen); NZG 2005, 672 (EM.TV) sowie die insgesamt acht Entscheidungen in Sachen Comroad, dazu: *Möllers*, NZG 2008, 413. Einen Abriss einschließlich Sachverhaltsdarstellungen bietet: *Wichmann*, Haftung am Sekundärmarkt für fehlinformationsbedingte Anlegerschäden, 2017, 95 ff.

[37] Vgl. *Mertens*, AcP 178 (1978), 226, 233, der allerdings – chronologisch bedingt, die §§ 37b, c WpHG a. F. sind erst am 1. Juli 2002 in Kraft getreten – nur von anderen sonderprivatrechtlichen Haftungen spricht.

[38] BT-Drs. 15/5091, S. 33 f.; *Sethe*, in: Assmann/Schneider, WpHG, 6. Auflage 2012, § 37c Rn. 23 mwN. Siehe dazu: *Schmitt*, Die Haftung wegen fehlerhafter oder pflichtwidrig unterlassener Kapitalmarktinformationen, 2010, 185 ff., 196 ff.

[39] Art. 1 Nr. 1 MarktmissbrauchsRiLi formuliert „direkt oder indirekt". Ebenso nun Art. 7 Abs. 1 lit a) MarktmissbrauchsVO.

[40] *Mennicke/Jakovou*, in: Fuchs WpHG, 2. Auflage 2016, § 13 Rn. 104 im Anschluss an *Nerlich*, Die Tatbestandsmerkmale des Insiderhandelsverbots nach dem WpHG, 1999, 116.

[41] *Klöhn*, in: Kölner Kommentar zum WpHG, 2. Auflage 2014, § 13 Rn. 122.

[42] Identisch nun: Art. 17 Abs. 1 MarktmissbrauchsVO. Hervorhebung des Verfassers.

dann der Fall ist, wenn sich die Insiderinformation „auf Umstände bezieht, die in seinem [i.e. des Emittenten] Tätigkeitsbereich eingetreten sind." Damit wollte der Gesetzgeber die Ad-hoc-Publizitätspflicht des Emittenten begrenzen:[43] Aus der Gruppe der Insiderinformationen sollen diejenigen ausgeschieden werden, die nicht mitteilungspflichtig sind. Damit vollziehen das europäische und das deutsche Kapitalmarktrecht eine Verselbständigung der Ad-hoc-Publizitätspflicht von der allgemeinen Insiderinformationsdefinition und dem akzessorischen Insiderhandelsverbot nach § 14 WpHG a. F.[44]

(2) Keine Rechtfertigung durch ein fehlendes Informationsinteresse des Marktes oder Geheimhaltungsinteressen des Emittenten

Bei dem Tatbestandsmerkmal „unmittelbar betreffen" geht es *einerseits* nicht um ein fehlendes Informationsinteresse des Marktes. Denn diesen Fall greifen bereits die Kriterien der *„präzisen Information* über *nicht öffentlich bekannte* Umstände" gemäß der Definition von Insiderinformation nach § 13 Abs. 1 Satz 1 WpHG a. F. auf: Meinungen, Ansichten, Werturteile und bloße Börsengerüchte sind keine Informationen, die irgendein Schutzbedürfnis der Marktteilnehmer hervorrufen.[45] Ebenso wenig muss ein Markt über solche Informationen informiert werden, die ihm bereits zur Verfügung stehen. Dies gilt unabhängig davon, ob man „Markt" in personeller Hinsicht enger fasst und auf die Bereichsöffentlichkeit der professionellen Handelsteilnehmer beschränkt[46] oder verlangt, dass die Information darüber hinaus dem breiten Anlegerpublikum bekannt ist.[47] Denn jedenfalls entfällt der spezifische Wissensvorsprung potentieller Insider, der die Grundlage von Insiderhandel bildet und ohne den folglich, wie gezeigt,[48] kein Bedürfnis nach Ad-hoc-Publizität besteht.

Andererseits regelt das Kriterium des unmittelbaren Betroffenseins ebenso wenig den Konflikt zwischen einem etwaigen Geheimhaltungsinteresse des Emittenten und dem Informationsinteresse der Marktteilnehmer. Solche Zumutbarkeitserwägungen werden vielmehr im Selbstbefreiungstatbestand gemäß § 15 Abs. 3 WpHG a. F. angestellt und dort konzentriert.[49]

---

43 BT-Drs. 15/3174, S. 35 li. Sp.

44 Siehe auch Art. 2 f. MarktmissbrauchsRiLi und Art. 14 MarktmissbrauchsVO. Die genannte Verselbstständigung wird häufig unterschätzt, vgl. *Langenbucher*, NZG 2013, 1401, 1402, 1406.

45 BT-Drs. 12/6679, S. 46 re. Sp. Siehe auch: *Cahn*, ZHR 162 (1998), 1, 11 f.; *Mennicke/Jakovou*, in: Fuchs WpHG, 2. Auflage 2016, § 13 Rn. 14.

46 So der Bundesgesetzgeber, vgl. insbesondere BT-Drs. 12/7918, S. 101 re. Sp. und BT-Drs. 12/6679, S. 46 re. Sp.

47 Zur Debatte mit der methodisch fragwürdigen Behauptung, das deutsche Bereichsöffentlichkeitskonzept sei einerseits unionsrechtswidrig, andererseits jedoch wegen einer im Wortlaut nicht auffindbaren „eindeutigen Entscheidung des Gesetzgebers" hinzunehmen: *Klöhn*, in: Kölner Kommentar zum WpHG, 2. Auflage 2014, § 13 Rn. 125 ff.

48 Siehe oben S. 32 ff.

49 Siehe dazu näher unten S. 43 f.

(3) Verantwortungssphären nach dem Prinzip des cheapest information provider

Mit dem Tatbestandsmerkmal des unmittelbaren Betroffenseins werden Verantwortungssphären voneinander abgegrenzt. Aus diesem Vorverständnis des Gesetzgebers resultiert die Klarstellung, dass zwar typischerweise eine Unmittelbarkeit dann zu bejahen sei, wenn die Information im eigenen Tätigkeitsbereich wurzelt, dass jedoch, wie etwa bei Übernahmeangeboten,[50] im Einzelfall auch „von außen' kommende [...] Umstände"[51] eine veröffentlichungspflichtige Insiderinformation begründen können.[52] In gesetzessemantischer Hinsicht wird hier die Verantwortungssphäre des Emittenten zunächst realtypisch definiert und sodann normtypisch flexibilisiert und adaptiert. Die Regelungsabsicht dieses Vorgehens liegt darin, die Ad-hoc-Publizitätspflicht des Emittenten auf solche „inneren" Insiderinformationen zu beschränken, die ihm bei typisierender und generalisierender Betrachtung leichter zugänglich sind als den nicht im Insidersinne konfligierten, „außenstehenden" Normalmarktteilnehmern: Hinsichtlich solcher Insiderinformationen, die den Emittenten unmittelbar betreffen, ist er der *cheapest information provider* und folglich auch der *cheapest inside trading preventer.*[53] Er ist typischerweise derjenige, der überhaupt als erster Zugang zur Information erhält und dem diese oft sogar ohne großen Aufwand kraft seiner „natürlichen Nähe zum relevanten Geschehen" gleichsam mühelos zufällt.[54] Deshalb hat er dafür Sorge zu tragen, dass der Markt solche inneren Insiderinformationen erhält. Er korrigiert die relative Informationsineffizienz des Marktes durch einen mitteilungsförmigen Informationseingriff, sofern dies geringere Kosten verursacht, als der Markt selbst aufwenden müsste, um diese Informationen zu erheben.[55] Alle anderen Informationen hingegen sind – im übertragenen Sinne – von Emittent und Marktteilnehmern gleichweit entfernt.

---

[50] So das ausdrücklich angeführte Beispiel des Gesetzgebers, vgl. BT-Drs. 15/3174, S. 35 li. Sp. Zur Rechtslage seit Geltung der MarktmissbrauchsVO siehe: *Hopt/Kumpan*, ZGR 2017, 765, 814ff.

[51] BT-Drs. 15/3174, S. 35 li. Sp.

[52] Für eine instruktive Darstellung am Beispiel des Gesellschafterwechsels beim Emittenten siehe: *Ulmrich*, Investorentransparenz, 2013, 264ff.

[53] Vgl. oben S. 23ff. Den Begriff „cheapest information provider" verwendet bereits: *Köndgen*, in: Festschrift für Druey, 2002, 791, 796. *Klöhn*, NZG 2017, 1285, 1287 spricht mwN. in Fn. 21 inhaltsgleich vom „least cost information seeker". Siehe auch: *Baums*, ZHR 167 (2003), 139, 143; *Hopt/Voigt*, in: Hopt/Voigt (Hrsg.), Prospekt- und Kapitalmarktinformationshaftung, 2005, 9, 113f.; *Klöhn*, WM 2010, 1869, 1878.

[54] *Seibt*, ZHR 177 (2013), 388, 393. Zitat nach *Bartmann*, Ad-hoc-Publizität im Konzern, 2017, 281f.

[55] Grundlegend: *Gilson/Kraakman*, Virginia Law Review 70 (1984), 549; *dies.*, Virginia Law Review 100 (2014), 313. Auf deutsch im Überblick: *Wichmann*, Haftung am Sekundärmarkt für fehlinformationsbedingte Anlegerschäden, 2017, 59f., 162ff. Hier besteht eine unmittelbare theoretische Verknüpfung mit der ECMH, dazu oben S. 1 bei und in Fn. 1. Für eine weitgehende Emanzipation des Kapitalmarktrechts von derselben auf dem Gebiet der Marktmanipulation nun: *Bebchuk/Ferrell*, The Business Lawyer 69 (2014), 671.

Damit entfällt die informationsbezogene Sonderpflicht des Emittenten. Vielmehr liegen diese Informationen in der (Eigen-)Verantwortungssphäre des Marktes, dessen Aufgabe darin besteht, sie durch freien Recherche-, Bewertungs- und Prognosewettbewerb zu erheben und preisbildend zu verarbeiten.[56]

(4) Markteigenverantwortung als Grenze der Wissenszurechnung zu Lasten des Emittenten

Die gesellschaftsbezogene Zurechnung von Mitarbeiterwissen konstruiert eine unternehmensstrukturenübergreifende Verantwortungssphäre. Sie verhindert so nicht zuletzt Umgehungsszenarien, in denen eine Gesellschaft durch strategische Gestaltungen das Wissen des Gesamtvertretungsorgans oder seiner Mitglieder vermeidet. Auf diese Grundüberlegung lässt sich nicht nur eine verschuldensabhängige Wissensorganisationshaftung, sondern – je nachdem, ob auch das Aktivitätsniveau mitgesteuert werden soll oder nicht – auch eine verschuldensunabhängige Gefährdungshaftung stützen. Da auch das Kriterium des unmittelbaren Betreffens im Sinne des § 15 Abs. 1 WpHG a. F. auf die Konstituierung einer Wissensverantwortungssphäre abzielt, erscheint es im ersten Zugriff denkbar, auch das Wissen des Emittenten entsprechend normativ zu konstruieren.

An dieser Stelle liefert jedoch der dargestellte Ansatz beim Emittenten als *cheapest information provider* und *cheapest inside trading preventer* eine bedeutende Einschränkung: Es geht im Rahmen der Ad-hoc-Publizitätspflicht nicht allein um die Begründung, Behauptung und Durchsetzung einer Emittentenverantwortung, sondern um die Bestimmung und Begrenzung *seiner* Wissensverantwortungssphäre im Verhältnis zur Eigenverantwortung des Marktes. Beide stehen in einem dichotomen Verhältnis kommunizierender Röhren: Jede Insiderinformation gehört entweder in die Verantwortungssphäre des Emittenten oder in diejenige des Marktes; *tertium non datur.* Dies erlaubt einen erkenntnisstiftenden Perspektivenwechsel von der schlichten Betrachtung der Wissensmitteilungs*pflicht* des Emittenten zur Einbeziehung der Informations*berechtigung* der Sekundärmarktteilnehmer. Es gilt in Analogie zum schadensrechtlichen Bereicherungsverbot[57] zu vermeiden, dass die Ad-hoc-Publizitätspflicht zu einem Informationsvorsprung des Marktes gegenüber dem Emittenten führt. Der Wissensvorsprung des Emittenten ist abzubauen, nicht jedoch ein solcher des Marktes aufzubauen. Ebendiese Gefahr bestünde jedoch, würde das publikationspflichtige Wissen des Emittenten normativ so weit gefasst, dass etwa klagenden Anlegern ein Anspruch auf die Kenntnis solcher Insiderinfor-

[56] Diesen Vorgang beschreibt grundlegend: *Stigler*, The Journal of Political Economy 69 (1961), 213 ff.

[57] Dazu grundlegend und instruktiv: *Flume*, in: BeckOK BGB (Stand: 01.11.2017), § 249 Rn. 48 ff.

mationen eingeräumt würde, die den handelnden Organen des Emittenten selbst gar nicht operativ zur Verfügung steht. Die Ad-hoc-Publizitätspflicht und die in ihrem Rahmen vorzunehmende Zurechnung von Insiderwissen formulieren mithin ein Optimierungsproblem. Sie sind so auszugestalten, dass einerseits eine effektive Ad-hoc-Publizität gewährleistet ist, dass aber andererseits die Eigenverantwortung des Marktes erhalten bleibt. Dieses lokale Maximum ist gemeint, wenn der Begriff „unmittelbar betreffen" im Sinne des § 15 Abs. 1 WpHG a. F. so ausgelegt werden soll, dass ein Wissensvorsprung des Emittenten gegenüber dem Markt hinsichtlich solcher Insiderinformationen abzubauen ist, die er selbst mit dem geringsten Aufwand ermitteln und zur Verfügung stellen kann.

dd) Ergebnis

Der Regelungszweck der §§ 15, 37b WpHG a. F. besteht darin, Insiderhandel dadurch zu verhindern, dass den Emittenten eine deliktsrechtliche Sonderpflicht zur vorbeugenden Marktinformation trifft. Diese Informationspflicht findet ihre Grenze in der Eigenverantwortung des Marktes.

b) Trennung von § 15 WpHG a. F. und § 37b WpHG a. F.

Die bisherige Debatte hat sich mit der tatbestandlichen Struktur der Haftung aus §§ 15, 37b WpHG a. F. wenig auseinandergesetzt. Überwiegend werden beide Normen ausschließlich im Zusammenhang gesehen, also insbesondere die Ad-hoc-Publizitätspflicht aus § 15 Abs. 1 WpHG a. F. lediglich als pflichtbegründender Grundtatbestand der Schadenersatzhaftung gemäß § 37b WpHG a. F. behandelt. Die folgenden Erörterungen nehmen im Gegensatz dazu eine differenzierte Betrachtung vor. Auf deren Grundlage stellt sich die Frage der Wissenszurechnung als Merkmal des § 37b WpHG a. F., nicht jedoch des § 15 Abs. 1 WpHG a. F. dar.[58] Anders gewendet: § 15 Abs. 1 WpHG a. F. ist als kenntnis*unabhängige*, objektive Publizitätspflicht zu verstehen (aa), während § 37b Abs. 1 WpHG a. F. die *Kenntnis des Emittenten* als implizites Tatbestandsmerkmal voraussetzt (bb).

[58] Im Ergebnis wohl ähnlich: *Möllers/Leisch*, in: Kölner Kommentar zum WpHG, 2. Auflage 2014, §§ 37b, c Rn. 114 f. mwN. Dagegen: *Leyendecker-Langner/Kleinhenz*, AG 2015, 72, 76; *Habersack*, DB 2016, 1551; *Sajnovits*, WM 2016, 765 f.; *Pfüller*, in: Fuchs WpHG, 2. Auflage 2016, § 15 Rn. 326 ff. Davon unberührt bleibt die Frage, ob eine objektive Prüfungsfrist gewährt wird und wie großzügig diese beschaffen ist, siehe insofern zu Art. 17 MarktmissbrauchsVO, der in seiner ursprünglichen Fassung ebenfalls die Worte „so bald wie möglich" verwendet: *Klöhn*, AG 2016, 423, 430.

aa) Objektive Publizitätspflicht nach § 15 Abs. 1 WpHG a. F.

Insgesamt streiten fünf Gesichtspunkte für ein kenntnisunabhängiges Verständnis des § 15 Abs. 1 WpHG a. F., die folgend darzulegen sind.

(1) Objektivierte Wortwahl des WpHG

Sowohl die Legaldefinition von „Insiderinformation" in § 13 WpHG a. F. als auch die darauf beruhende, schadenersatzbewehrte Veröffentlichungspflicht nach §§ 15, 37b WpHG a. F. verwenden einen objektivierten Informationsbegriff: Entscheidend ist, dass sich eine Information auf den Emittenten oder die von ihm emittierten Papiere „bezieht", respektive, dass sie ihn „unmittelbar betrifft", was gemäß § 15 Abs. 1 Satz 3 WpHG a. F. „insbesondere" dann der Fall ist, „wenn sie sich auf Umstände bezieht, die in seinem Tätigkeitsbereich eingetreten sind."[59] Von Kenntnis ist hier nicht die Rede. Dies fällt besonders in Abgrenzung zu den Insiderverboten ins Gewicht, die – implizit oder explizit[60] – auf die konkrete Verfügbarkeit der Insiderinformation beim Normadressaten abstellen.[61]

(2) „Unverzüglich" im Sinne des § 15 Abs. 1 WpHG a. F. ist unionskonform als „sofort" auszulegen

Auch das Kriterium der Unverzüglichkeit im wortlautgemäßen Sinne der Norm impliziert nicht notwendig Kenntnis: Zwar scheint dies auf den ersten Blick durch die Legaldefinition in § 121 Abs. 1 BGB, „ohne *schuldhaftes* Zögern", nahegelegt zu werden.[62] Doch lässt sich dieser textliche Befund auch anders deuten. In der MarktmissbrauchsRiLi werden nämlich gemäß Art. 6 Abs. 1 die Worte „so bald als möglich", respektive „as soon as possible", „dès que possible" und „cuanto antes" gewählt.[63] Mit diesen Begriffen ist entsprechend Erwägungsgrund 24 gerade nicht „unverzüglich" im hergebrachten deutsch-bürgerlich-rechtlichen Sinne gemeint, sondern sie werden als Synonym zu „prompt", „rapide" und „rápida" gebraucht. Unverzüglichkeit setzt in *diesem* Sinne kein Verschulden voraus.[64] Dieser unionsrechtliche Wortsinn, der eine sofortige Pu-

---

[59] Zu dieser Entwicklung seit dem Anlegerschutzverbesserungsgesetz (2004) siehe: *Sethe*, in: Assmann/Schneider, WpHG, 6. Auflage 2012, § 15 Rn. 55; *Dirigo*, Haftung für fehlerhafte Ad-hoc-Publizität, 2011, 65 f.

[60] Deutlicher als § 14 WpHG a. F. formulieren nun Art. 8, 9 MarktmissbrauchsVO, dass es auf das Verfügen oder Besitzen der Insiderinformation ankommt.

[61] *Klöhn*, NZG 2017, 1285, 1286 f.

[62] OLG München, NZG 2015, 399 (juris-Rn. 510), dazu: *Buck-Heeb*, NZG 2016, 1125, 1131. So auch Nr. IV.6.3. Abs. 1 des Emittentenleitfadens der BaFin (Stand: 28. April 2009).

[63] Zur gleichrangigen Gültigkeit der einzelnen Sprachfassungen siehe Art. 55 EUV, Art. 342 AEUV und *Dörr*, in: Grabitz/Hilf/Nettesheim, Das Recht der Europäischen Union, 61. EL (April 2017), Art. 55 EUV Rn. 8 ff. mwN. Im Ergbnis ähnlich: *Lebherz*, Emittenten-Compliance, 2008, 87 ff.

[64] Unklar: *Klöhn*, NZG 2017, 1285, 1288, der einserseits betont, es handele sich nicht um

blikation ohne subjektiven Abweichungsspielraum meint, ist gemäß dem Anwendungsvorrang des Unionsrechts, der auch eine richtlinienkonforme Auslegung gebietet, zugleich für das Verständnis des § 15 Abs. 1 WpHG a. F. leitend.[65]

(3) Das Selbstbefreiungsprivileg nach § 15 Abs. 3 WpHG a. F. muss verdient werden

Für eine Subjektivierung des § 15 Abs. 1 WpHG a. F. könnte weiterhin § 15 Abs. 3 WpHG a. F. ins Feld geführt werden. Die darin geregelte Selbstbefreiungsmöglichkeit scheint nämlich logisch die Kenntnis des Emittenten hinsichtlich der Insiderinformation zu implizieren, über deren Veröffentlichung zu entscheiden ist.

Dieser Schluss ist gleichwohl nicht zwingend. Denn ebenso gut könnte Abs. 3 so zu verstehen sein, dass das Privileg der Selbstbefreiung nur demjenigen Emittenten ausnahmsweise zukommen kann, der sich über die ihm zurechenbaren Insiderinformationen in Kenntnis setzt. Das Selbstbefreiungsprivileg müsste also durch eine entsprechend gute *knowledge governance* verdient werden. Für diese Auslegung spricht der Primat der Insiderhandelsprävention, den ausgerechnet § 15 Abs. 3 Satz 1 a. E. selbst betont. Denn gerade dann, wenn sich der Emittent durch Unkenntnis von der Publikationspflicht nach § 15 Abs. 1 WpHG a. F. befreien könnte, würde ihm zugleich ein wesentlicher Anreiz genommen, „die Vertraulichkeit der Insiderinformation [zu] gewährleisten." Die neutrale Erfolgsorientierung des Selbstbefreiungsprivilegs entspricht zugleich der Rechtsprechung des BGH. Dieser vertritt die Ansicht, dass das Privileg im Wege rechtmäßigen Alternativverhaltens berücksichtigt werden kann. Gemeint sind namentlich Konstellationen, in denen der Emittent keine bewusste Aufschubsentscheidung trifft, die Voraussetzungen für einen Aufschub jedoch vorliegen.[66] Dieselbe Indifferenz gegenüber dem inneren Entscheidungsprozess, der zur Selbstbefreiung führt, muss auch zu Lasten des Emittenten ins Gewicht fallen, wenn er mangels hinreichender Wissensorganisation das Selbstbefrei-

ein Verschuldenselement, andererseits jedoch lediglich eine Veröffentlichung „ohne schuldhaftes Zögern" verlangen will. Ähnlich mehrdeutig bereits: *Klöhn*, in: Kölner Kommentar zum WpHG, 2. Auflage 2014, § 15 Rn. 100 im Anschluss an *Hellgardt*, Kapitalmarktdeliktsrecht, 2008, 258 mit der These, im Unverzüglichkeitskriterium liege kein Verschuldenselement, sondern vielmehr eine „Konkretisierung des Pflichteninhalts". Schon diese Terminologie verwirrt: Tatsächlich lieferte auch das klassische Unverzüglichkeitskriterium im Sinne des § 121 Abs. 1 BGB eine Konkretisierung des Pflichteninhalts, sofern mit der ganz herrschenden Meinung von einem objektiven Fahrlässigkeitsmaßstab ausgegangen würde. Unionsrechtlich vorgegeben ist gleichwohl eine *andere* Konkretisierung, die man auf deutsch besser mit „sofort" oder „schnellstmöglich" umschrieben hätte.

[65] Statt aller: *Ruffert*, in: Callies/Ruffert EUV/AEUV, 5. Auflage 2016, Art. 1 AEUV Rn. 24 sowie Art. 288 AEUV Rn. 77 ff. mwN. Insoweit zutreffend: *Bartmann*, Ad-hoc-Publizität im Konzern, 2017, 305.

[66] BGH NJW 2013, 2114, 2118 f. (Rn. 34). Anders noch IV.3. des Emittentenleitfadens der BaFin (Stand: 28. April 2009).

ungsprivileg nicht zu nutzen vermag: Das Selbstbefreiungsprivileg dient in erster Linie dem Vermögensschutz der Anleger[67] und ist damit streng ergebnisbezogen – die Aufschubsentscheidung wird weder zwingend vorausgesetzt noch sachgedanklich zwingend gewährleistet. Dieser teleologische Befund wird durch die Gesetzgebungsgeschichte bestätigt: Mit der Neufassung des § 15 Abs. 3 WpHG zum 30. Oktober 2004 wurde lediglich eine Deregulierungsidee verfolgt.[68] Zuvor erlaubte nämlich § 15 Abs. 1 Satz 5 WpHG in der bis zum 29.10.2004 gültigen Fassung Folgendes:

> „Die Bundesanstalt kann den Emittenten auf Antrag von der Veröffentlichungspflicht befreien, wenn die Veröffentlichung der Tatsache geeignet ist, den berechtigten Interessen des Emittenten zu schaden."

Dieses Verfahren wurde für zu aufwändig befunden. Deshalb wurde es im Rahmen des Anlegerschutzverbesserungsgesetzes (2004) abgeschafft und in die Eigenverantwortung des Emittenten gestellt. Die Anforderungen an die Selbstorganisation des Emittenten sollten also *steigen*.[69] Im Übrigen ist keine Rede davon, dass mit der Umstellung von Antragsbefreiung auf Selbstbefreiung eine Umwertung der subjektiven Voraussetzungen der Publikationspflicht einherginge. Auch die Selbstbefreiungsmöglichkeit nach § 15 Abs. 3 WpHG a. F. spricht somit nicht für, sondern gegen eine Subjektivierung der Ad-hoc-Publikationspflicht.[70]

(4) Bedeutung der objektiven Publizitätspflicht für die Ermächtigung der BaFin

Die Ad-hoc-Publizitätspflicht gemäß § 15 Abs. 1 WpHG a. F. stellt nicht lediglich einen Anknüpfungstatbestand für § 37b WpHG a. F. bereit. Sie bietet vielmehr zugleich mittelbar eine Ermächtigungsgrundlage für das „sonderpolizeirechtliche" Einschreiten der BaFin. Denn gemäß § 4 Abs. 2 Satz 1 WpHG a. F. „überwacht" diese „die Einhaltung der Verbote und Gebote dieses Gesetzes und kann Anordnungen treffen, die zu ihrer Durchsetzung geeignet und erforderlich sind." Zu den genannten Geboten gehört auch die Pflicht zur Ad-hoc-Mitteilung gemäß § 15 Abs. 1 WpHG a. F. Zusätzlich kann die Verletzung der-

---

[67] Präzisere Ausführungen bei: *Klöhn*, ZHR 178 (2014), 55, 73 ff.; *Ders./Schmolke*, ZGR 2016, 866, 873 ff. (zu Art. 17 Abs. 4 MarktmissbrauchsVO).

[68] BT-Drucks. 15/3174, S. 35 re Sp.: „Der Sinn und Zweck der Entscheidung über einen Veröffentlichungsaufschub [besteht darin], zur Deregulierung beizutragen und den Prüfungsaufwand der Bundesanstalt zu reduzieren."

[69] Vgl. BT-Drucks. 15/3174, S. 35 re Sp. wiedergegeben oben S. 34 in Fn. 22. Vgl. auch: *Claussen/Florian*, AG 2005, 745, 757; *Möllers*, WM 2005, 1393.

[70] Damit soll nicht die grundsätzliche Möglichkeit in Abrede gestellt werden, bestimmten Veröffentlichungspflichten unabhängig vom Selbstbefreiungsprivileg die negative Meinungsfreiheit des Emittenten entgegenhalten zu können, worauf *Pfisterer*, Unternehmensprivatsphäre, 2014, 220 f. zutreffend aufmerksam macht. Allein, in den hier interessierenden Konstellationen liegt eine solche Verteidigung fern.

selben die Gefahr der Marktmanipulation nach § 20a Abs. 1 Satz 1 Nr. 1 WpHG a. F. begründen.[71]

Der aufgezeigte sonderpolizeirechtliche Kontext, in dem § 15 Abs. 1 WpHG a. F. *auch* steht, spricht gegen eine subjektivierende Aufladung der in ihm statuierten Publizitätspflichten. Denn es geht insoweit nicht um die repressive Sanktionierung eines rechtswidrigen Zustands, sondern um seine präventive Beseitigung: Die objektive Verabsäumung der Ad-hoc-Mitteilung begründet aus einer *ex ante*-Sicht die konkrete Gefahr des Insider-Handels und der Marktmanipulation. Dieser Gefahr muss die BaFin im Interesse einer effektiven Marktaufsicht abhelfen dürfen,[72] gleichviel, ob die eigenen Versäumnisse zur Kenntnis des Emittenten gelangt oder überhaupt von ihm zu vertreten sind.

(5) Bedeutung der objektiven Publizitätspflicht für die Verfolgung akzessorischer Ordnungswidrigkeiten

Neben der soeben behandelten präventiven Bedeutung der Ad-hoc-Publizitätspflicht gemäß § 15 Abs. 1 WpHG a. F. ist auch ihre individualrepressive Dimension zu würdigen. Das WpHG definiert nämlich in § 39 a. F. bußgeldbewehrte Ordnungswidrigkeiten, die sich gegen einzelne Handelnde richten. Ordnungswidrig handelt nach § 39 Abs. 2 Nr. 5 lit. a) WpHG a. F. insbesondere, „[...] wer vorsätzlich oder leichtfertig entgegen § 15 Abs. 1 Satz 1 [...] eine Veröffentlichung nicht [...] oder nicht rechtzeitig vornimmt oder nicht rechtzeitig nachholt." Das Delikt kann im Grundsatz nur von dem Emittenten selbst begangen werden, weil er allein der Ad-hoc-Publizitätsverpflichtete ist. Gemäß § 9 OWiG wird diese ordnungswidrigkeitenrechtliche Verantwortung jedoch auf die kraft gesetzlicher oder gewillkürter Ermächtigung Handelnden umgewälzt.[73] Diese Struktur ist mit einer Subjektivierung der Publizitätspflicht kaum vereinbar. Vertritt man nämlich die Ansicht, dass das Wissen der mit der Ad-hoc-Publizität Betrauten dem Emittenten zugerechnet wird, ergibt die Tatbestandsvariante der Leichtfertigkeit keinen Sinn. Denn wenn diese Mitarbeiter wissentlich handelten, wäre bereits Vorsatz gegeben; hätten sie hingegen kein Wissen, wäre dem Emittenten kein solches Wissen zuzurechnen, und mit der Pflichtwidrigkeit der Nicht-Mitteilung nach § 15 Abs. 1 WpHG a. F. entfiele ebenso der objektive (!) Tatbestand des § 39 Abs. 2 Nr. 5 lit. a) WpHG a. F. Überhaupt kennt das Ordnungswidrigkeitenrecht eine von fremdem Vorsatz abhängige Ordnungswidrigkeit allein bei der Beteiligung gemäß § 14 OWiG, und dies zudem nur unter der Voraussetzung, dass der Beteiligte selbst vorsätzlich handelt.[74]

---

[71] Zur Verbindung zwischen §§ 15 und 20a WpHG a. F. siehe: *Zimmer/Kruse*, in: Schwark/Zimmer, Kapitalmarktrechts-Kommentar, WpHG, 4. Auflage 2010, § 15 Rn. 128 ff.

[72] Zu verwaltungsrechtlichen Einzelheiten siehe: *Schlette/Bouchon*, in: Fuchs WpHG, 2. Auflage 2016, § 4 Rn. 25 ff.

[73] Näher: *Waßmer*, in: Fuchs WpHG, 2. Auflage 2016, § 39 Rn. 323 ff.

[74] *Coen*, in: BeckOK OWiG (Stand: 01.01.2018), § 14 Rn. 12 ff., 43.

Somit erscheint es wortlautgetreuer und angesichts der dualen Tatbestandsstruktur der Ordnungswidrigkeit aus objektivem und subjektivem Tatbestand systemkohärent, § 39 Abs. 2 Nr. 5 lit. a) WpHG a. F. als objektiven Tatbestand zu verstehen. Entsprechend setzt die Norm zugleich die Objektivität des § 15 Abs. 1 WpHG a. F. voraus.

(6) Ergebnis

Die nähere Gesetzesexegese erhellt, dass § 15 Abs. 1 WpHG a. F. einen objektiven Begriff der Ad-hoc-Publizitätspflicht anordnet, der weder Kenntnis noch fahrlässige Unkenntnis des Emittenten voraussetzt. Diese objektive Publizitätspflicht ist *erstens* Anknüpfungspunkt für das sonderpolizeirechtliche Verwaltungshandeln der BaFin nach § 4 Abs. 2 Satz 1 WpHG a. F. . Sie liefert *zweitens* den objektiven Tatbestand von Ordnungswidrigkeiten nach § 39 Abs. 2 Nr. 5 lit. a) WpHG a. F. Schließlich formuliert sie *drittens* die Grundlage einer Haftung nach § 37b WpHG a. F. Diese dritte, privat*schadenersatzrechtliche* Dimension der Ad-hoc-Publizitätspflicht ist jedoch – wie folgend näher erörtert wird – *kenntnisabhängig.*

bb) Kenntnis als implizites Tatbestandsmerkmal des § 37b WpHG a. F.

(1) Keine Überforderung des ahnungslosen Emittenten ultra posse

Der zuvor geschilderten objektiven Auslegung der Ad-hoc-Publizitätspflicht gemäß § 15 Abs. 1 WpHG a. F. ist mit beachtlichen Gründen entgegengehalten worden, sie führe allzu weitgehende Haftungsfolgen herbei. Insbesondere könne bereits die objektive Ad-hoc-Publizitätspflicht nicht legitimerweise einem Emittenten auferlegt werden, der von der Insiderinformation keine eigene Kenntnis hat. Sonst verstoße man gegen den auch unionsrechtlich anerkannten Grundsatz des *ultra posse nemo obligatur.*[75]

Diese nachklassische Parömie[76] ist vorliegend aus mehreren Gründen von geringem Erkenntniswert: *Erstens* hat sie spätestens mit der Einführung des § 311a Abs. 1 BGB im Wege der Schuldrechtsmodernisierung sogar an ihrem einstigen *locus classicus* jede positivrechtliche Verbindlichkeit eingebüßt.[77] *Zweitens* geht es bei der Formulierung von Ad-hoc-Publizitätspflichten, wie gezeigt, auch um die Festlegung einer objektiven Verhaltenserwartung, die nicht nur an den Emittenten selbst, sondern insbesondere an die BaFin und die kraft gesetzlicher oder gewillkürter Ermächtigung handelnden Einzelpersonen gerichtet ist.

---

[75] *Ihrig*, ZHR 181 (2017), 381, 385 unter Berufung auf EuGH, Urteil v. 15. Juli 2010 – C-234/09 Tz. 34, wo es um die Anwendung von Zollvorschriften auf tatsächlich nicht vorhandene Waren geht. Gegen die Argumentation *Ihrigs* bereits im Zusammenhang mit Art. 17 Abs. 1 MarktmissbrauchsVO: *Klöhn*, NZG 2017, 1285, 1286 f.

[76] Vgl. *Celsus* (libr. oct. dig.), D. 50,17,185: *Impossibilium nulla obligatio est.*

[77] Vgl. *Ernst*, in: MüKo BGB, 7. Auflage 2016, § 311a Rn. 2 mwN.

Schließlich ist *drittens* die Ad-hoc-Publizitätspflichtigkeit *als solche*, die allein den Regelungsgegenstand des § 15 WpHG a. F. bildet, nicht der systematisch einschlägige Ort, um abstrakte und konkrete Zumutbarkeiten zu thematisieren. Dies hat vielmehr in der Schadenersatznorm selbst stattzufinden, mithin bei der Auslegung des § 37b WpHG a. F.

(2) Kein Einfluss des unionsrechtlichen effet utile

Die auf die Ad-hoc-Publizität bezogenen Fragen der Wissenszurechnung ergeben sich, wie gezeigt, nicht aus § 15 WpHG a. F., sondern aus der Schadenersatznorm des § 37b WpHG a. F. selbst. Die Reichweite dieses Tatbestands ist durch Auslegung auf autonom-deutscher Basis zu ermitteln. Dabei wird die Auslegung vom Unionsrecht zwar affiziert, aber nicht necessitiert. Denn die einschlägigen Unionsrechtsakte sehen keine zwingende zivilrechtliche Haftungssanktion vor:[78] Im Gegenteil verlangt Art. 14 Abs. 1 MarktmissbrauchsRiLi lediglich, sicherzustellen, dass „geeignete Verwaltungsmaßnahmen ergriffen oder im Verwaltungsverfahren zu erlassende Sanktionen verhängt werden können. Die Mitgliedstaaten sorgen dafür, dass *diese* Maßnahmen wirksam, verhältnismäßig und abschreckend sind."[79] Der Unionsgesetzgeber hat also von der Vorgabe einer zivilrechtlichen Sanktionierung abgesehen.

In der deutschen Literatur ist die Auffassung verbreitet, die Abwesenheit zivilrechtlicher Sanktionsvorgaben folge aus der Rechtsansicht der Kommission, keine Gesetzgebungskompetenz für den Erlass solcher Vorgaben zu haben, welche erst in späteren Rechtsakten aufgegeben worden sei.[80] Diese Vermutung ist wenig plausibel. Denn die Kompetenz zur Binnenmarktharmonisierung, auf der die MarktmissbrauchsRiLi beruht, schließt nach, soweit ersichtlich, allgemeiner Auffassung die Vereinheitlichung zivilrechtlicher Schadenersatzhaftung mit ein, wie etwa die ProdukthaftungsRiLi zeigt.[81] Die Kommission hatte jedoch von vornherein lediglich verwaltungsrechtliche Sanktionen im Auge. Dies belegt die für Art. 14 MarktmissbrauchsRiLi angeführte Begründung. Dort heißt es:

---

[78] *Möllers/Leisch*, in: Kölner Kommentar zum WpHG, 2. Auflage 2014, §§ 37b, c Rn. 18 ff. mwN.

[79] Hervorhebung des Verfassers.

[80] *Möllers/Leisch*, in: Kölner Kommentar zum WpHG, 2. Auflage 2014, §§ 37b, c Rn. 18 ff., insbes. bei Fn. 43; *Casper*, in: Schulze (Hrsg.), Compensation of Private Losses, 2011, 91, 93; *Koch*, in: Veil (Hrsg.), Europäisches Kapitalmarktrecht, 2. Auflage 2014, 377, 415 Rn. 115.

[81] Die MarktmissbrauchsRiLi gründete auf Art. 14, 95 EGV, die ProdukthaftungsRiLi auf Art. 100 EWG, welche jeweils eine Unionskompetenz zur Verwirklichung des Gemeinsamen Marktes respektive des Binnenmarktes enthalten. Siehe heute: Art. 26 i. V. m. 114 AEUV. So wurde etwa die Richtlinie 2014/104/EU vom 26. November 2014 über bestimmte Vorschriften für Schadenersatzklagen nach nationalem Recht wegen Zuwiderhandlungen gegen wettbewerbsrechtliche Bestimmungen der Mitgliedstaaten und der Europäischen Union auf Art. 103, 114 AEUV gestützt.

„Grundsätzlich ist es in einem integrierten Finanzmarkt nicht hinzunehmen, dass rechtswidriges Verhalten in einem Land schwer, in einem anderen leicht und in einem dritten gar nicht geahndet wird. Gemäß dem EG-Vertrag ist die Gemeinschaft jedoch nicht dafür zuständig, Sanktionen zu harmonisieren. Jedoch ist es sowohl sinnvoll als auch gemeinschaftsrechtskonform, dass die Richtlinie die Mitgliedstaaten grundsätzlich verpflichtet, für den Verstoß gegen aufgrund der Richtlinie erlassene Vorschriften Sanktionen vorzusehen und zu verhängen.“[82]

Hier werden zwar Bedenken gegenüber einer möglichen Kompetenzüberschreitung der EG geäußert, doch knüpfen sich diese, wohl unter Subsidiaritätsgesichtspunkten, an die Ausgestaltung und Reichweite verwaltungsrechtlicher Sanktionen. Ein strafrechtliches Mindestsanktionsniveau gegen Insidergeschäfte ist in einer separaten Richtlinie festgeschrieben.[83] Zivilrechtliche Durchsetzungsmechanismen sind hingegen nicht einmal im Ansatz thematisiert. Dies hat sich in der MarktmissbrauchsVO nicht geändert, die in Art. 30 f. Mindestsanktionsvorgaben ausschließlich auf dem Gebiet des Verwaltungsrechts errichtet. Dass darin in erster Linie eine politische Präferenz zum Ausdruck kommt, ergibt ein Seitenblick auf andere Instrumente des Unionskapitalmarktrechts: So enthält etwa das Prospektrecht zugleich zivil- und verwaltungsrechtliche Umsetzungsvorgaben[84], das Regelpublizitätsrecht neuerdings eine dezidierte zivilrechtliche Sanktion,[85] während die Transparenzrichtlinie (TransparenzRiLi)[86] offener formuliert, die Mitgliedstaaten hätten sicherzustellen, dass „bei Verstößen gegen die gemäß dieser Richtlinie erlassenen Vorschriften gegen die verantwortlichen Personen zumindest geeignete Verwaltungsmaßnahmen ergriffen oder zivil- und/oder verwaltungsrechtliche Sanktionen verhängt werden können.“[87] Offensichtlich ging und geht der Unionsgesetzgeber davon aus, dass die

[82] Vorschlag für eine Richtlinie des Europäischen Parlaments und des Rates über Insider-Geschäfte und Marktmanipulation (Marktmissbrauch), vom 30.5.2001, KOM(2001) 281 endgültig, Seite 11.

[83] Richtlinie 2014/57/EU vom 16. April 2014 für strafrechtliche Sanktionen bei Marktmanipulation.

[84] Art. 6, 25 Richtlinie 2003/71/EG vom 4.11.2003 betreffend den Prospekt, der beim öffentlichen Angebot von Wertpapieren oder bei deren Zulassung zum Handel zu veröffentlichen ist (ProspektRiLi) und Art. 11, 38 f. Verordnung (EU) 2017/1129 vom 14.6.2017 über den Prospekt, der beim öffentlichen Angebot von Wertpapieren oder bei deren Zulassung zum Handel an einem geregelten Markt zu veröffentlichen ist (ProspektVO).

[85] Vgl. Art. 1 Nr. 8 Richtlinie 2006/46/EG vom 14. Juni 2006 zur Änderung der Richtlinien des Rates 78/660/EWG über den Jahresabschluss von Gesellschaften bestimmter Rechtsformen, 83/349/EWG über den konsolidierten Abschluss, 86/635/EWG über den Jahresabschluss und den konsolidierten Abschluss von Banken und anderen Finanzinstituten und 91/674/EWG über den Jahresabschluss und den konsolidierten Abschluss von Versicherungsunternehmen.

[86] Richtlinie 2004/109/EG vom 15. Dezember 2004 zur Harmonisierung der Transparenzanforderungen in Bezug auf Informationen über Emittenten, deren Wertpapiere zum Handel auf einem geregelten Markt zugelassen sind.

[87] Art. 28 Abs. 1 TransparenzRiLi. Der gerne stattdessen in den Vordergrund gestellte Art. 7 regelt lediglich die erreichbaren Haftungssubjekte, klärt aber nicht die Natur dieser

effektive Um- und Durchsetzung bestimmter kapitalmarktrechtlicher Pflichten nicht zwingend von der Verfügbarkeit privatrechtlicher Rechtsbehelfe abhängt. Dem steht nicht entgegen, dass *im Allgemeinen* die Durchsetzung unionsrechtlicher Verhaltensvorgaben durch die Verfügbarkeit zivilrechtlicher Haftung verbessert wird.[88] Denn dieser Gemeinplatz wird durch die spezielle Sanktionsarchitektur des Kapitalmarktsekundärrechts verdrängt. Folglich lässt sich aus dem Grundsatz des *effet utile* als solchem keine Schadenersatzpflicht ableiten.[89]

Der *effet utile* der Ad-hoc-Publizitätspflichten kann daher grundsätzlich erst recht nicht für eine strenge Wissenszurechnung im Rahmen einer mitgliedstaatlich statuierten Schadenersatzhaftung ins Feld geführt werden:[90] Die Ad-hoc-Publizitätspflichten als solche bleiben, wie gezeigt, von Fragen der Wissenszurechnung ohnehin unberührt.[91]

Lediglich falls und insoweit ihre effektive Durchsetzung *erstens* von der Verfügbarkeit zivilrechtlicher Schadenersatzansprüche überhaupt und *zweitens* in einem bestimmten, durch restriktive Wissenszurechnungsmaßstäbe zu weitreichend beschränkten Umfang abhinge, wäre der unionsrechtliche *effet utile* gefährdet. Dies ist jedoch nicht zu erkennen. Keinen tragfähigen Einwand begründet insoweit die rechtsvergleichende Tatsache, dass etwa in Österreich, den Niederlanden und anderen Mitgliedstaaten zivilrechtliche Schadenersatzklagen wegen unterlassener oder fehlerhafter Ad-hoc-Publizität zumindest theoretisch, als „law in the books“, anerkannt sind.[92] Denn *gerade* vor dem Hintergrund dieser vorhandenen Lösungsvielfalt hält der EU-Gesetzgeber auch in der MarktmissbrauchsVO an dem Grundsatz fest, dass die Vorhaltung zivilrechtli-

---

Haftung. Siehe auch Erwägungsgrund 17 Satz 2, wonach Mitgliedstaaten „das Ausmaß der Haftung frei bestimmen können.“

[88] So etwa: EuGH, Urteil v. 17. September 2002 – C-253/00 – Muñoz, Rn. 30f.

[89] Ähnlich bereits: *Brellochs*, Publizität und Haftung von Aktiengesellschaften im System des Europäischen Kapitalmarktrechts, 2005, 92ff.; *Verse*, RabelsZ 76 (2012), 893, 907f.; *Kalss/Oppitz/Zollner*, Kapitalmarktrecht, Band I, 2. Auflage 2015, § 20 Rn. 4f. Für einen *effet-utile*-Ansatz hingegen: *Hellgardt*, AG 2012, 154, 156f.; *Seibt*, ZHR 177 (2013), 424f. Unentschlossen: *Veil*, in: Veil (Hrsg.), Europäisches Kapitalmarktrecht, 2. Auflage 2014, 59, 81 Rn. 59 und 165, 182f. Rn. 35f. Siehe aber früher noch *ders.*, ZBB 18 (2006), 162, 169.

[90] So aber: *Ihrig*, ZHR 181 (2017), 381, 386ff., der sich deshalb in unnötige Widersprüche verstrickt, wenn er aaO., 388ff., 392 im Rahmen der vermeintlichen Unionsrechtsanwendung autonom deutsche Grundsätze der Wissenszurechnung anzuwenden gedenkt. Ebenso kritikwürdig, wenn auch der Ansicht von *Ihrig* entgegengesetzt, ist die Überlegung von *Klöhn*, NZG 2017, 1285, 1287ff.: Weil er den unionsrechtlichen pflichtbegründenden Tatbestand nicht gedanklich von dem nationalen zivilschadenersatzrechtlichen Haftungstatbestand trennt, muss er – in sich schlüssig, aber beruhend auf einer mE unzutreffenden Prämisse – in der Anwendung deutscher Wissenszurechnungsregeln eine unzulässige Einschränkung von Unionsrecht durch nationales Recht erkennen.

[91] Siehe oben S. 42ff.

[92] Siehe dazu unten S. 90–107.

cher Rechtsbehelfe gegen die Verletzung der Ad-hoc-Publizitätspflicht in den alleinigen Beurteilungsspielraum der Mitgliedstaaten gestellt wird.[93]

(3) Schadenersatzpflicht wegen Publizitätsverstoßes setzt Kenntnis des Emittenten voraus

Das soeben geschilderte Problem einer Überforderung des Emittenten mit Publizitätspflichten jenseits seiner eigenen Kenntnis der veröffentlichungspflichtigen Insiderinformation hat, wie gezeigt, weder mit dem *ultra posse*-Einwand noch mit § 15 WpHG a. F. und dessen unionsrechtlichen Wurzeln zu tun. Dennoch formuliert der Überforderungseinwand eine Prämisse, die § 37b WpHG a. F. implizit zugrunde liegt: Die Pflicht zum Schadenersatz wegen unterlassener unverzüglicher Veröffentlichung von Insiderinformationen setzt auf Seiten des Emittenten die Kenntnis ebendieser Informationen voraus.[94] Diese Voraussetzung ergibt sich neben dem bereits dargestellten ökonomischen Prinzip des *cheapest information provider* und dem Verbot einer Überkompensation des Wissensvorsprungs zwischen Emittent und Markt[95] aus einer commutativen Gerechtigkeitsbetrachtung der Rechtsbeziehung zwischen anspruchsberechtigtem Anleger und anspruchsverpflichtetem Emittenten:

Der Emittent ist verpflichtet, den Anlegern Insiderinformationen mitzuteilen. Schon der Begriff der *Mit-teilung* bezieht seine Überzeugungskraft aus der Idee des Teilens eigener Information mit den Anlegern, also aus der Herstellung eines Informationsgleichgewichts. Die Pflicht zur Teilung von Wissen, das dem Emittenten selbst nicht zur Verfügung steht, überzöge diesen Ausgleichsgedanken und ist deshalb abzulehnen.

Diese restriktive Auslegung entspricht nicht zuletzt der Einwendung der Anlegerkenntnis gemäß § 37b Abs. 3 WpHG a. F.: Dort ist die rechtshindernde Einwendung formuliert, dass Ansprüche gemäß Abs. 1 dann nicht bestehen, wenn der Putativgläubiger die Insiderinformation kennt. Damit wollte der Gesetzgeber eine *lex specialis* zum allgemeinen Mitverschulden gemäß § 254 BGB schaffen.[96] Wie die *Mit*-teilung ist auch das *Mit*-verschulden ausgleichend gemeint. Das Mitverschulden übernimmt eine „spiegelbildlich[e] Funktion […] zur Haftungsbegründung", wie sich insbesondere an der richterrechtlichen Fortbildung

[93] Freilich ist plausibel, dass die general-präventive Wirkung der Ad-hoc-Publizitätspflicht durch die Verfügbarkeit von *private law enforcement* gestärkt wird, zumal es Staatsanwaltschaften und der BaFin möglicherweise an den personellen Ressourcen fehlt, um eine lückenlose Überwachung zu gewährleisten, vgl. *Lebherz*, Emittenten-Compliance, 2008, 424 ff. mit der Diskussion der Statistik für das Jahr 2006. Im vorliegenden Kontext ist allein bedeutsam, dass diese Stärkung eine *überschießende* Umsetzung der unionsrechtlichen Vorgaben darstellt. Siehe zu diesem Phänomen knapp und instruktiv: *Habersack*, in: MüKo AktG, 4. Auflage 2016, Einleitung Rn. 94 mwN. Zur ökonomischen Analyse siehe unten S. 80 ff.

[94] Im Ergebnis richtig: *Ihrig*, ZHR 181 (2017), 381, 385 f. mwN. in Fn. 22.

[95] Siehe oben S. 39 ff.

[96] BT-Drs. 14/8017, S. 94 li. Sp.

des § 254 Abs. 2 Satz 2 BGB zur Berücksichtigung der Mitwirkung Dritter ablesen lässt.[97] Wenn § 37b Abs. 3 WpHG a. F. im Wege des Mitverschuldens die Kenntnis des Anlegers als Ausschlussgrund genügen lässt, setzt er demnach implizit die Kenntnis des Emittenten als haftungsbegründenden Umstand voraus: Die Kenntnis, von der § 37b Abs. 3 WpHG a. F. spricht, ist geteilte Kenntnis, „Mit-kenntnis", von Emittent und Anleger. Folglich kommt eine Haftung gemäß § 37b WpHG a. F. allgemein nur dann in Betracht, wenn der Emittent die veröffentlichungspflichtige Insiderinformation kennt.

Für diese kenntnisvoraussetzende Auslegung spricht jedenfalls im Ergebnis – gleichviel, welchen methodischen Standpunkt man zum gesetzeshermeneutischen Wert der Rechtsvergleichung einnimmt –, auch ein Seitenblick auf die USA: Deren Regelung stand für den deutschen § 37b WpHG a. F. Pate. Unterlassene Ad-hoc-Mitteilungen werden nach der US-Regelung jedoch nur bei subjektiver Kenntnis mit privatrechtlichen Schadenersatzansprüchen sanktioniert.[98]

c) Kenntnis als anspruchsbegründendes Merkmal gemäß § 37b Abs. 1 WpHG a. F.

aa) Umsetzungsvarianten: Tatbestandsbegründung vs. Einwendung fehlenden Verschuldens

Um die, wie gezeigt, implizit vorausgesetzte Kenntnis des Emittenten von der publizitätspflichtigen Insiderinformation zu implementieren, kommen im Wesentlichen zwei Wege in Betracht: Entweder ist die Kenntnis gemäß § 37b Abs. 1 WpHG a. F. anspruchsbegründende Tatbestandsvoraussetzung des Unterlassens, „unverzüglich eine Insiderinformation zu veröffentlichen, die [den Emittenten] unmittelbar betrifft", oder sie begrenzt vielmehr die Einwendung des fehlenden Verschuldens aus § 37b Abs. 2 WpHG a. F. Im letzteren Fall wäre die Kenntnis lediglich von mittelbarer Bedeutung, falls und soweit nämlich die Unkenntnis dazu führte, dass die objektive Verletzung der Ad-hoc-Veröffentlichungspflicht nicht auf Vorsatz oder grober Fahrlässigkeit beruht.

bb) Rechtspraktische Konsequenzen

(1) Maßstab der Wissenszurechnung

Die praktische Spitze der beiden Implementierungsvarianten liegt zunächst im Zurechnungsmaßstab: Während § 37b Abs. 1 WpHG a. F. als Wissensnorm

---

[97] Zitat nach *Schiemann*, in: Staudinger BGB (2017), § 254 Rn. 107. Siehe auch: RGZ 62, 346, 349 f.; 75, 257, 259; BGHZ 1, 248, 250 ff. (juris-Rn. 4); 3, 46, 49 ff. (juris-Rn. 7 ff.); *Oetker*, in: MüKo BGB, 7. Auflage 2016, § 254 Rn. 137. Grundlegend dazu: *Looschelders*, Die Mitverantwortlichkeit des Geschädigten im Privatrecht, 1999, 200 ff. und 502 ff.

[98] Siehe dazu unten S. 90 ff. und 110 f.

konstruierbar ist, die ausschließlich positive Kenntnis genügen lässt,[99] steht die Frage der Wissenszurechnung nach § 37b Abs. 2 WpHG a. F. ausdrücklich in einem Wissenssorgfaltskontext, nämlich dem der groben Fahrlässigkeit.

Diese theoretische Option, § 37b Abs. 1 WpHG a. F. als „Wissensnorm im engeren Sinne“ (nach dem Ansatz von *Grigoleit*)[100] zu verstehen, dürfte jedoch keine praktische Wirksamkeit entfalten. Dies liegt einerseits an den theoretischen Einwänden gegen die gesamte Konzeption, die bereits oben dargelegt worden sind.[101] Auch die Rechtsprechung ist dieser Figur deshalb bisher nicht gefolgt. Darüber hinaus erscheint fraglich, ob sich – hypothetischerweise – § 37b Abs. 1 WpHG a. F. überhaupt als Wissensnorm im engeren Sinne eignen könnte. Denn die Begriffe Wissen oder Kenntnis tauchen darin nicht auf. Im Gegenteil enthält sie dasselbe Unverzüglichkeitskriterium, an das die ganz überwiegende Meinung im Schrifttum seit jeher wissenssorgfaltsgetragene Zurechnungserwägungen knüpft.[102]

(2) Darlegungs- und Beweislast

Unterschiede zwischen den beiden Umsetzungsalternativen ergeben sich zudem im Hinblick auf die Darlegungs- und Beweislast: Während eine anspruchsbegründende Kenntnis des Emittenten nach § 37b Abs. 1 WpHG a. F. im Grundsatz vom Putativgläubiger darzulegen und zu beweisen wäre, läge bei der Einwendungslösung nach § 37b Abs. 2 WpHG a. F. die Darlegungs- und Beweislast bei dem Emittenten, zu zeigen, dass ihn mangels Kenntnis kein Verschulden am Publizitätsverstoß trifft.

Soweit jedoch die Anspruchsbegründungslösung dem Putativgläubiger und sachverhaltstypischen Kläger die Darlegungs- und Beweislast aufbürdet, gehört die Frage der Kenntnis und die Einhaltung der Wissenssorgfalt durch den Emittenten nicht in den Kenntnis-, Wahrnehmungs- oder Verantwortungsbereich des Putativgläubigers und ist zugleich für den Emittenten erkennbar und durch ihn beherrschbar.[103] Deshalb wird dem Emittenten hier wohl eine sekundäre Behauptungslast zur Substantiierung seiner Nichtwissensbehauptung aufzuerlegen sein.[104] Eine Erklärung mit Nichtwissen gemäß § 138 Abs. 4 ZPO ist dem

[99] So im Ergebnis offenbar: *Ihrig*, ZHR 181 (2017), 381, 385 f.

[100] Siehe oben S. 19 ff.

[101] Siehe oben S. 20 f.

[102] *Leyendecker-Langner/Kleinhenz*, AG 2015, 72, 76; *Habersack*, DB 2016, 1551; *Sajnovits*, WM 2016, 765 f.; *Pfüller*, in: Fuchs WpHG, 2. Auflage 2016, § 15 Rn. 326 ff.

[103] Vgl. BT-Drs. 14/8017, S. 93 re. Sp., wo bereits die Beweislastumkehr des Abs. 2 entsprechend motiviert wird.

[104] Details bei *Pfeiffer*, ZIP 2017, 2077 ff. Zur Rechtsfigur vgl. allgemein: *Prütting*, in: MüKo ZPO, 5. Auflage 2016, § 286 Rn. 103; *Stadler*, in: Musielak/Voit ZPO, 14. Auflage 2017, § 138 Rn. 10; beide mwN.

Emittenten allerdings eröffnet, soweit diese nicht das Wissen des Gesamtvorstands oder eines faktischen Wissensorgans betrifft.[105]

(3) Ergebnis

Zusammengefasst bleibt von den aufgezeigten rechtspraktischen Unterschieden beider Implementierungsvarianten immerhin die Frage der Darlegungs- und Beweislast übrig. Diese ist von zentraler praktischer Bedeutung, weshalb die Alternative zwischen der Anspruchsbegründungs- und der Einwendungslösung weder unter rechtsdogmatischen noch unter rechtspraktischen Gesichtspunkten dahinstehen kann.

cc) Kenntnis als Vorbedingung des präsumptiven Handlungsunrechts der Mitteilungsunterlassung gemäß § 37b Abs. 1 WpHG a. F.

(1) Subjektiv-objektive Sinneinheit der Nichtveröffentlichung trotz Kenntnis

Zur systemkohärenten Einordnung der Kenntnisvoraussetzung ist das deliktsrechtliche Bauprinzip des § 37b WpHG a. F. bedeutsam.[106] Aus dieser Perspektive formuliert Abs. 1 Pflichtverletzung und Schadenersatzrechtsfolge, Abs. 2 betrifft das Verschulden der Pflichtverletzung auf Schuldnerseite, Abs. 3 das Mitverschulden der Schadensentstehung auf Gläubigerseite. Aus der Bejahung des Abs. 1 folgt die – durch die Absätze 2 und 3 widerlegliche, aber im Grundsatz statuierte – Grundannahme der Schadenersatzpflicht wegen Verletzung einer deliktsrechtlichen Sonderpflicht. Diese Sonderpflicht besteht in objektiver Hinsicht darin, Insiderinformationen unverzüglich zu veröffentlichen.

Das Unterlassen der Veröffentlichung als solches trägt jedoch das für die deliktsrechtliche Pflichtverletzung typische präsumptive Handlungsunrecht nicht in sich. Anders als die Rechtsgutsverletzung in §§ 823 Abs. 1, 833, 836 BGB, die Schutzgesetzverletzung in § 823 Abs. 2 BGB und die widerrechtliche Rechtsgutsverletzung durch den Verrichtungsgehilfen in § 831 BGB[107] spricht das abstrakte Unterlassen der Veröffentlichung einer Insiderinformation nicht im Zweifel für eine sanktionswürdige Handlung. Vielmehr muss eine Verkehrssicherungspflicht und eine zumindest abstrakte Abwendungsmöglichkeit des Erfolges durch den Emittenten begründet werden.[108] Im konkreten Fall der Ad-hoc-Publizität illustriert dies insbesondere der systematische Vergleich von § 37b WpHG a. F. mit § 37c WpHG a. F.:[109] Beide sehen dieselbe Rechtsfolge, nämlich einen Anspruch der Anleger auf Schadenersatz, vor. Dabei beruht § 37c

[105] Ganz überwiegende Meinung, vgl. statt aller *Fritsche*, in: MüKo ZPO, 5. Auflage 2016, § 138 Rn. 30 mwN. in Fn. 121.

[106] Siehe dazu bereits obenS. 35 ff.

[107] Herrschend wird ein objektiv widerrechtliches Gehilfendelikt verlangt. Zur Genese und Kritik dieser Auslegung siehe: *Wagner*, in: MüKo BGB, 7. Auflage 2017, § 831 Rn. 29 ff.

[108] Vgl. *Spindler*, in: Beck-OGK BGB (01.05.2017), § 823 Rn. 74.

[109] Zur Anspruchskonkurrenz zwischen beiden Ansprüchen siehe: *Bachmann*, JZ 2012,

WpHG a.F. auf einem eindeutig identifizierbaren, präsumptiv rechtswidrigen Tun, der Veröffentlichung unwahrer Insiderinformationen.[110] Das tatbestandsgemäße Unterlassen im Sinne des § 37b WpHG a.F. ist hingegen, für sich genommen, der manifesten, aktiven Störung des Sekundärmarktes durch falsche Ad-hoc-Mitteilungen nicht gleichwertig. Dies zeigt die Wertungsparallele zum Betrug durch Unterlassen gemäß §§ 263, 13 StGB: Hier ist anerkannt, dass die sonderzuverantwortende Nichtaufklärung eines Irrtums bei weitem nicht ausreicht, um die Modalitätenäquivalenz zu einer aktiven Täuschung herzustellen.[111] Zugleich handelt es sich bei der aktiven Veröffentlichung unwahrer Insiderinformationen nach § 37c WpHG a.F. um ein verhaltensgebundenes Delikt, dessen Gleichwertigkeit mit einem bloßen Unterlassen gemäß § 37b WpHG a.F. auch nach allgemeiner Strafrechtsdogmatik im Rahmen des § 13 Abs. 1 a.E. StGB besonders begründungsbedürftig wäre.[112]

Das Handlungsunrecht ergibt sich im Rahmen des § 37b WpHG a.F. folglich erst aus der Nichtveröffentlichung *trotz Wissens*, also aus einer subjektiv-objektiven Sinneinheit von einem durch subjektive Kenntnis gefärbten objektiven Unterlassen. Hier kommt die bereits angesprochene Verwandtschaft des § 37b Abs. 1 WpHG a.F. mit § 826 BGB zum Vorschein: Ähnlich wie die sittenwidrige Schädigung ist auch die unterlassene Publikation subjektiv ergänzungsbedürftig und stellt deshalb nur im Lichte entsprechender Kenntnis des Emittenten ein *a limine* sanktionsbedürftiges Delikt dar. Dies spricht dafür, das Tatbestandsmerkmal der Kenntnis in § 37b Abs. 1 WpHG a.F. zu verorten.

(2) Spaltung von Ad-hoc-Publizitätspflicht und Kapitalmarktfehlinformationshaftung

Mit der soeben ermittelten Lösung entsteht eine Spaltung von der objektiven Ad-hoc-Publizitätspflicht gemäß § 15 Abs. 1 WpHG a.F. einerseits und von ihrer zivilrechtlich schadenersatzbewehrten Sonderpflicht und der an sie geknüpften Kapitalmarktfehlinformationshaftung gemäß § 37b Abs. 1 WpHG a.F. andererseits: Während jene rein objektiv zu bestimmen ist, setzt diese die Kenntnis des Emittenten voraus.

Diese Verselbständigung des § 37b Abs. 1 WpHG a.F. von § 15 Abs. 1 WpHG a.F. ist begründungsbedürftig. Denn *prima facie* hat der Gesetzgeber beide Normen aneinander orientiert.[113] Zu bedenken ist jedoch *erstens*, dass dieser Wille nur bedingten Niederschlag im Gesetzeswortlaut gefunden hat. Denn im Gegensatz zu § 37c Abs. 1 WpHG a.F. erfolgt in § 37b Abs. 1 WpHG a.F. kein

---

578, 579f.; *Wichmann*, Haftung am Sekundärmarkt für fehlinformationsbedingte Anlegerschäden, 2017, 110f., 118ff. mwN.

[110] Siehe näher unten S. 63ff.

[111] *Freund*, in: MüKo StGB, 3. Auflage 2017, § 13 Rn. 207.

[112] Statt aller: *Stree/Bosch*, in: Schönke/Schröder StGB, 29. Auflage 2014, § 13 Rn. 4 mwN.

[113] BT-Drs. 14/8017, S. 93 re. Sp.

ausdrücklicher Verweis auf § 15 Abs. 1 WpHG a. F., wenngleich dessen Tatbestand in weiten Teilen wortgleich wiedergegeben wird.[114] Hinzu kommt *zweitens* die unterschiedliche Provenienz beider Vorschriften: Während § 15 Abs. 1 WpHG a. F. aus der Umsetzung der MarktmissbrauchsRiLi herrührt, handelt es sich bei § 37b Abs. 1 WpHG a. F. um autonom deutsches Recht. Entscheidend dürfte jedoch *drittens* sein, dass der Gesetzgeber das Problem der Kenntnis des Emittenten von einer ihn unmittelbar betreffenden Insiderinformation, soweit ersichtlich, nicht bedacht hat. Zugleich ergibt hingegen, wie gezeigt,[115] die systematische Auslegung im Zusammenhang mit § 37b Abs. 3 WpHG a. F., dass der Gesetzgeber zumindest implizit die Kenntnis des Emittenten im spezifischen Kontext des Schadenersatzanspruchs vorausgesetzt hat. Die hier vorgenommene deliktsrechtssystematische Rubrizierung der Kenntnis des Emittenten als ungeschriebenes Tatbestandsmerkmal in § 37b Abs. 1 WpHG a. F. darf sich deshalb als anerkanntermaßen zulässige Rechtsfortbildung *praeter legem* verstehen, als Rechtsfortbildung mit dem Gesetz über das Gesetz hinaus,[116] und ist insoweit auch methodisch gerechtfertigt.

(3) Innere Konkordanz des § 37b WpHG a. F.

Gegen das ungeschriebene Tatbestandsmerkmal der Kenntnis ist eingewandt worden, dass „sich § 37b Abs. 2 WpHG, soweit er allgemein von der ‚Unterlassung' spricht, ersichtlich auf sämtliche Tatbestandsmerkmale des § 15 Abs. 1 WpHG erstreckt und damit auch den Fall erfasst, dass der Emittent die Information zwar nicht kannte, aber hätte kennen müssen."[117] Im Lichte der vorangegangenen Untersuchung ist diese „Abbildthese" richtigerweise auf § 37b Abs. 1 WpHG a. F. zu beziehen.[118] Jedoch vermag sie auch insoweit nicht zu überzeugen:

Erstens ist festzuhalten, dass das Unterlassen der unverzüglichen Veröffentlichung einer Insiderinformation auch durch andere Sachverhalte als durch die fehlende Kenntnis derselben entschuldigt werden kann. In Betracht kommen etwa entschuldbare Fehleinschätzungen der Bedeutung der Insiderinformation

---

114 Dies offenbart einen Unterschied zur aktuellen Gesetzesfassung. Denn sowohl § 97 WpHG als auch § 98 WpHG verweisen auf Art. 17 MarktmissbrauchVO. Damit ist das ausgeführte Wortlautargument nicht ohne Weiteres auf das aktuell geltende Recht übertragbar. Am Ergebnis ändert dies freilich nichts. Denn auch ohne das Wortlautargument sprechen die besseren Gründe für eine Spaltung von Pflicht und Schadenersatzhaftung. Siehe dazu ferner unten S. 75 ff.

115 Siehe oben S. 50 f.

116 Vgl. *Larenz/Canaris*, Methodenlehre der Rechtswissenschaft, Studienausgabe, 3. Auflage 1995, 252.

117 *Habersack*, DB 2016, 1551, bei Fn. 37. Vgl. auch die von einer ähnlichen Annahme getragenen Bedenken von *Reichert/Weller*, ZRP 2002, 49, 55.

118 Dasselbe gilt für *Leyendecker-Langner/Kleinhenz*, AG 2015, 72, 76, insofern sie die positive Kenntnis des zuständigen Organs als Tatbestandsvoraussetzung des § 15 Abs. 1 WpHG a. F. verlangen.

(z. B. ob deren Kursrelevanz) oder nicht zu vertretende Verzögerungen der Veröffentlichung,[119] wie sie insbesondere auch dann auftreten können, wenn der Emittent sein Selbstbefreiungsprivileg nach § 15 Abs. 3 WpHG a. F.[120] falsch einschätzt. Dem § 37b Abs. 2 WpHG a. F. ist somit ein konstitutiver Anwendungsbereich auch dann gesichert, wenn man, wie hier, die Kenntnis der Insiderinformation als Tatbestandsmerkmal des § 37b Abs. 1 WpHG a. F. ansieht. Freilich ergibt die Beziehung des § 37b Abs. 2 WpHG a. F. auf dieses Kenntnismerkmal keinen Sinn: Hat der Emittent keine Kenntnis, fehlt es nach hier vertretener Ansicht bereits an einem präsumptiv sanktionsbedürftigen Handlungsunrecht, sodass für eine Entschuldigung desselben weder Raum noch Notwendigkeit bestehen. Jedoch ist insoweit *zweitens* die eingangs geäußerte Prämisse angreifbar: Warum soll § 37b Abs. 2 WpHG a. F. mit dem „unschuldigen" Wort der „Unterlassung" zwingend auf den gesamten Tatbestand des § 37b Abs. 1 WpHG a. F. Bezug nehmen?[121] Die Unterlassung im Sinne des Absatzes 2 bezeichnet nach natürlichem Wortverständnis vielmehr allein den objektiven Teil des deliktsähnlichen Grundtatbestands gemäß Absatz 1. Der subjektive Teil, die Kenntnis des Emittenten von der Insiderinformation, bleibt also außen vor.

Mithin fügt sich § 37b Abs. 1 WpHG a. F. auch unter der Annahme, dass er die Kenntnis des Emittenten voraussetzt, bruchlos in den Systemzusammenhang mit der verschuldensbezogenen Entlastungsmöglichkeit gemäß § 37b Abs. 2 WpHG a. F. ein.

d) § 37b Abs. 1 WpHG a. F. erlaubt kein konstruktives Wissen wegen Missachtung der erforderlichen Wissenssorgfalt

Die vorangegangenen Erörterungen werfen die Frage auf, welche Anforderungen § 37b Abs. 1 WpHG a. F. an die von ihm tatbestandlich vorausgesetzte Kenntnis des Emittenten von der Insiderinformation stellt. Genauer gesagt geht es darum, ob neben dem Wissen des Gesamtvorstands oder demjenigen eines faktischen Wissensorgans, wie etwa das für eine Clearing-Stelle zuständige Vorstandsmitglied, auch das Wissen sonstiger Mitarbeiter nach den Grundsätzen über die Wissenssorgfalt zuzurechnen ist.

---

119 Dazu ausführlich: *Möllers/Leisch*, in: Kölner Kommentar zum WpHG, 2. Auflage 2014, §§ 37b, c Rn. 189 ff.

120 Dazu siehe oben: S. 43 f.

121 Zur Begründung dieser These beruft sich *Habersack*, DB 2016, 1551 in Fn. 37 auf *Möllers/Leisch*, in: Kölner Kommentar zum WpHG, 2. Auflage 2014, §§ 37b, c Rn. 172 ff. Dort wird in der Tat auch die nicht grob fahrlässige Unkenntnis als Entschuldigungsgrund aufgeführt. Doch geschieht dies nicht auf Grundlage einer Reflexion über die Frage, ob die Kenntnis nicht bereits haftungsbegründendes Tatbestandsmerkmal sein könnte, trägt also die geltend gemachte „Abbildthese" gerade nicht.

aa) Fortgeltung, aber Unschlüssigkeit des Gleichstellungsprinzips

Mancherorts wird behauptet, das aus dem allgemeinen Recht der Wissenszurechnung bekannte Gleichstellungsprinzip sei im Rahmen der Ad-hoc-Publizität nicht anwendbar. Dieser mit Formulierungen wie „passt [...] von vornherein nicht"[122] oder „offensichtlich deplatziert"[123] bisher eher apodiktisch vorgetragene Einwand beruht auf einer zutreffenden Beobachtung: Natürliche Personen kommen prinzipiell nicht als Emittenten und damit ebenso wenig als Ad-hoc-Publizitätsverpflichtete in Betracht. Es erscheint also bereits rein begriffslogisch ausgeschlossen, die Wissenszurechnung zu Lasten des Emittenten auf eine Gleichstellungserwägung hinsichtlich natürlicher und juristischer Personen zu stützen. Vielmehr dürfte ein wörtlich genommenes Gleichstellungsprinzip sogar *gegen* eine Wissenszurechnung ins Feld zu führen sein: Formal beruht das Gleichstellungsprinzip nämlich auf der Ausdehnung anthropomorph geprägter Normen auf den in teleologischer Hinsicht atypischen Fall der juristischen Person. Hier soll insbesondere analog § 166 Abs. 2 BGB ein strategisches Verhalten des wirtschaftlich Betroffenen unterbunden werden, durch die Zwischenschaltung des fiktiven Rechtssubjekts der juristischen Person ungebührliche Vorteile zu erhalten. Beides ist vorliegend nicht gegeben: Ad-hoc-Publizitätspflichten treffen die juristische Person des Emittenten bereits *ab initio*, müssen also nicht erst im Wege teleologischer Extension auf diesen erstreckt werden. Entsprechend entfällt auch das Umgehungsargument. Denn durch Bildung einer Gesellschaft und deren Notierung auf dem Kapitalmarkt versuchen die Gesellschafter in ihrer Eigenschaft als wirtschaftliche Eigentümer des Emittenten gerade nicht, einer bestehenden Verantwortung zu entgehen, sondern nehmen diese vielmehr erst originär auf sich.

Der soeben dargestellte Einwand hängt entscheidend von der Prämisse ab, dass das Gleichstellungsargument formal als Gleichstellung juristischer und natürlicher Personen zu verstehen sei. Diese Lesart deckt sich jedoch nicht mit derjenigen des BGH. Zudem ist ihr aus Sachgründen zu widersprechen:

Im Sinne der Rechtsprechung verschlüsselt das Gleichstellungsprinzip einen commutativen Gerechtigkeitsgedanken, der auf den rechtlichen Ausgleich der tatsächlichen Vorteile arbeitsteiligen Verhaltens abzielt.[124] Dieser Zusammenhang besteht auch hinsichtlich der Kenntnis des Emittenten von Insiderinformationen, die ihn unmittelbar betreffen. Denn je größer der Emittent beispielsweise ist, desto umfangreicher fallen *cum grano salis* auch seine arbeitsteiligen Vorteile aus.[125] Mit dem Wachstum des Emittenten erhöht sich allerdings zu-

---

[122] *Ihrig*, ZHR 181 (2017), 381, 390 in Fn. 42.

[123] *Klöhn*, NZG 2017, 1285, 1289.

[124] Siehe oben S. 11 ff.

[125] So die bis heute einflussreiche Theorie des Marginalgewinns unternehmerischer Integration, die eine optimale Unternehmensgröße wesentlich durch einen Kosten-Nutzen-Vergleich zwischen unternehmensinterner Generierung und unternehmensexterner Beschaffung

gleich die Wahrscheinlichkeit, Insiderinformationen, die ihn unmittelbar betreffen, zu generieren. Es entspricht daher durchaus der commutativen Logik des Gleichstellungsprinzips, zum Zwecke der Haftung für fehlerhafte Ad-hoc-Publizität Wissensorganisationspflichten zu statuieren, die einen Ausgleich für die größenspezifischen Vorteile des Emittentenunternehmens schaffen. Mit dieser Ausgleichsbetrachtung gehen zugleich eine Erweiterung und eine Beschränkung des dem Emittenten zurechenbaren Wissens einher.[126] Subsumabel wird das Gleichstellungs*prinzip* freilich erst dann, wenn es in *Regeln* übersetzt wird.[127] Diese sind, wie gezeigt, in ordnungssystematischer und normspezifischer Hinsicht kontextabhängig. Deshalb ist das Gleichstellungsprinzip zwar anwendbar, enthält aber vorliegend, für sich genommen, keine schlüssigen Aussagen zu Art und Umfang der Wissenszurechnung.

bb) Ordnungssystematische Differenzierung: Deliktscharakter verbietet Wissenssorgfalt

Unter dem Gesichtspunkt der ordnungssystematischen Differenzierung der Wissenszurechnung ist von zentraler Bedeutung, dass § 37b Abs. 1 WpHG a. F. eine Schadenersatzhaftung für die Verletzung deliktischer Sonderpflichten statuiert. Der Einwand, dass es auch im Rahmen der Ad-hoc-Publizität um den Schutz *eines* rechtsgeschäftlichen Kontextes geht, nämlich um denjenigen des Sekundärmarkts zwischen einzelnen Anlegern, greift nicht durch. Denn der Emittent wird als im rechtsgeschäftlichen Sinne unbeteiligter Dritter herangezogen, um die Effizienz dieses – für ihn fremden – Geschäftsverkehrs durch Information und die damit verbundene Eindämmung des Insiderhandels sicherzustellen. Eine wissenszurechnende Vertrauenshaftung im klassischen Sinne, dass eine Partei des Rechtsgeschäfts auf die Wissensorganisation der anderen Partei vertraut,[128] hat dabei keinen Platz. Das im Gleichstellungsprinzip verschlüsselte Ideal commutativer Gerechtigkeit gebietet hier deshalb keine sorgfaltsbasierte Wissenszurechnung.[129] Denn der Emittent nimmt an dem konkre-

---

von Produktionsmitteln erklärt. Siehe dazu: *Coase*, Economica 4 (1937), 386. Zur Rezeptionsgeschichte siehe: *Ulen*, The Journal of Corporation Law 18 (1993), 301, 302 f. und *Thomale*, Kapital als Verantwortung, Band I, 2018 (Im Erscheinen).

[126] Diese Zweiseitigkeit wird häufig übergangen, siehe etwa: *Grigoleit*, ZHR 181 (2017), 160, 190 ff. Tendenziell auch: *Wagner*, ZHR 181 (2017), 203, 208.

[127] Zur rechstheoretischen Unterscheidung von Prinzipien und Regeln siehe statt vieler nur: *Alexy*, Theorie der Grundrechte, 1994, 87 ff. mwN.

[128] So etwa *Grunewald*, in: Festschrift für Beusch, 1993, 301, 311 ff.; *Taupitz*, in: Karlsruher Forum, 1994, 16, 26. Zu dieser Rechtfertigungslinie der Wissenszurechnung allgemein kritisch: *Baum*, Die Wissenszurechnung, 1998, 210 ff., 356 f.; *Ihrig*, ZHR 181 (2017), 381, 393 f. bei und in Fn. 50; beide mwN.

[129] Dies verkennen weite Teile der Literatur, die ohne jede Differenzierung die allgemeinen Grundsätze des BGH zur Wissenszurechnung auf den Kontext der kapitalmarktrechtlichen Ad-hoc-Publizität erstrecken möchten. Vgl. statt vieler: *Zimmer/Grotheer*, in: Schwark/Zimmer, Kapitalmarktrechts-Kommentar, WpHG, 4. Auflage 2010, § 37c Rn. 54. Immerhin

ten Rechtsverkehr, dessen Schutz er garantieren soll, nicht selbst teil, sondern profitiert lediglich von der allgemeinen Existenz eines funktionierenden Kapitalmarkts an sich, das heißt: von der Verfügbarkeit des Kapitalmarkts als Institution.

Dies lässt sich auch anhand der Rechtsprechung des BGH belegen: Der BGH hat in seinen Entscheidungen zu § 852 Abs. 1 a. F. und §§ 195, 199 Abs. 1 Nr. 2 BGB, wie bereits dargestellt,[130] sogar bei formal vertragsrechtlichen Ansprüchen die Anwendung der Grundsätze der Wissenssorgfalt verneint, wenn „der Schutz des rechtsgeschäftlichen Verkehrs *nicht im Vordergrund* steht."[131] In der zitierten Entscheidung wurde das bereits deshalb abgelehnt, weil die streitgegenständlichen Haftungsansprüche aus einem Behandlungsvertrag mit deliktsrechtlichen Ansprüchen konkurrierten und somit der prozessuale Streitgegenstand insgesamt kein hinreichend rechtsgeschäftliches Gepräge aufweise.[132] Wenn nun im Falle der Ad-hoc-Publizität der hypothetisch mit Wissenssorgfalt belastete Emittent selbst in *überhaupt keinem* rechtsgeschäftlichen Kontext steht, sondern vielmehr lediglich zur Erleichterung eines für ihn fremden Rechtsverkehrs durch deliktsrechtliche Verkehrspflichten herangezogen wird, tritt dieser Rechtsverkehr erst recht in den Hintergrund. Deshalb ist im Einklang mit der Rechtsprechung des BGH festzuhalten: Der deliktsrechtliche Charakter der Haftung aus § 37b Abs. 1 WpHG a. F. verbietet eine Anwendung der Grundsätze zur wissenssorgfaltsbasierten Zurechnung von Kenntnis zu Lasten des Emittenten.

cc) Normspezifische Differenzierung: Subjektiv-objektive Sinneinheit verbietet transpersonale Wissenszusammenrechnung

(1) Grundsatz: Handlungsunrechtsbildendes Wissen nicht zusammenrechenbar

Die Haftung nach § 37b Abs. 1 WpHG a. F. setzt, wie gezeigt, deshalb die Kenntnis des Emittenten von der Insiderinformation voraus, weil nur die Nichtveröffentlichung trotz Wissens das deliktstypische präsumptive Handlungsunrecht aufweist.[133] Die zentrale Bedeutung des Emittentenwissens bei der Haftungsbegründung nach § 37b Abs. 1 WpHG a. F. ist im Rahmen der Anschlussfrage zu berücksichtigen, ob und inwieweit dieses Wissen auch durch Zusammenrechnung des tatsächlichen Wissens einzelner Mitarbeiter normativ

---

Bedenken äußernd, ohne diesen freilich nachzugehen oder nachzugeben: *Möllers/Leisch*, in: Kölner Kommentar zum WpHG, 2. Auflage 2014, §§ 37b, c Rn. 176 f.

[130] Siehe oben 16 ff.

[131] BGH NJW 2012, 1789, 1790 f. (Rn. 14). Hervorhebung des Verfassers.

[132] Dieses Detail wird im Schrifttum häufig verkannt, wenn etwa vergröbernd formuliert wird, die Rechtsprechung gelte bei Ansprüchen aus unerlaubter Handlung. Siehe etwa: *Piekenbrock*, in: BeckOGK BGB (Stand: 01.02.2018), § 199 Rn. 99; *Schwab*, JuS 2017, 481, 488 bei Fn. 64.

[133] Siehe oben S. 53 ff.

konstruiert werden kann. Wird nämlich bereits das objektive Tatgeschehen – hier die nicht unverzügliche Veröffentlichung – erst dadurch überhaupt zur widerrechtlichen Handlung, dass es in Kenntnis der eigentlich veröffentlichungsbedürftigen Insiderinformation geschieht, eignet es sich nicht zu einer Wissenszusammenrechnung über einzelne Mitarbeiter hinweg. Das subjektiv-objektive Sinneinheitsdelikt ist mehr als die Summe seiner Tatbestandsteile und kann eben deshalb nicht aus diesen Teilen beliebig zusammengesetzt gedacht werden.

(2) Mosaikverbot in § 826 BGB

Ebenso wie die ordnungssystematische Differenzierung anhand des Deliktscharakters der Haftung aus § 37b Abs. 1 WpHG a. F. lässt sich auch die soeben angeführte normspezifische Differenzierung anhand der BGH-Rechtsprechung belegen. Hinzuweisen ist zunächst auf die bereits genannte Prospekthaftungsentscheidung des BGH, in der er eine mosaikartige konstruktive Zusammenrechnung der subjektiven und objektiven Tatbestandsmerkmale des § 826 BGB ausdrücklich abgelehnt hat.[134] Auf die strukturelle Nähe von § 826 BGB und § 37b Abs. 1 WpHG a. F. ist bereits hingewiesen worden.[135] Eine bewusste Emanzipation des § 37b Abs. 1 WpHG a. F. von dem subjektiv-objektiv amalgamatischen Strukturprinzip des § 826 BGB hat, soweit ersichtlich, nicht stattgefunden; wie der Gesetzgeber überhaupt Fragen der Wissenszurechnung offenbar nicht hinreichend bedacht hat. Schon deshalb liegt es nahe, das zu § 826 BGB entwickelte „Mosaikverbot" auch auf § 37b Abs. 1 WpHG a. F. zu erstrecken.

(3) Zurechnungsgrenzen bei §§ 830, 831 BGB

Die Geltung des Mosaikverbots im Rahmen des § 37b Abs. 1 WpHG a. F. lässt sich zugleich auf die BGH-Rechtsprechung zur Haftung für Vorsatzdelikte des Verrichtungsgehilfen gemäß § 831 BGB stützen: § 831 BGB verbindet seiner Grundstruktur nach die objektiv rechtswidrige Rechtsverletzung des Verrichtungsgehilfen gemeinsam mit dem nach § 831 Abs. 1 Satz 2 BGB vermuteten Eigenverschulden des Verrichtungsherrn zu einem transpersonalen Kompositdelikt. Gemäß dieser Logik dürfte das Verschulden des Verrichtungsgehilfen keine Rolle spielen. Der BGH weicht von diesem Grundsatz jedoch dann ab, wenn „über das allgemeine Verschulden hinaus – wie etwa bei § 826 BGB – subjektive Elemente Voraussetzung der unerlaubten Handlung sind. In einem solchen Fall müssen diese Voraussetzungen auch in der Person des Verrichtungsgehilfen erfüllt sein."[136] Dieses Vorgehen ist *im Ergebnis* bereits durch den schlichten Sinnzusammenhang gerechtfertigt, dass etwaige tatbestandliche Vorsatzerforder-

---

134 BGH WM 2016, 1975. Siehe dazu oben S. 15 f.

135 Siehe oben S. 35 ff. und S. 53 f.

136 BGH NJW 2014, 1380, 1381 (Rn. 11). Zuvor schon ähnlich: BGH NJW 1956, 1715; WM 1989, 1047, 1050 (juris-Rn. 28); WM 2010, 928, 932 (Rn. 38).

nisse nicht bereits wegen des Einsatzes eines Verrichtungsgehilfen als solchen aufgehoben werden sollen.[137] *In der Begründung* bedient sich der BGH jedoch der aus seiner Prospekthaftungsentscheidung bekannten Figur des subjektiv-objektiven Sinnzusammenhangs, der sich nicht beliebig aus einzelnen tatsächlichen Elementen zu einer normativen Einheit konstruieren lasse: Die Rechtswidrigkeit *selbst* ist bei den hier gemeinten Delikten – neben § 826 BGB etwa auch § 823 Abs. 2 BGB in Verbindung mit Vorsatzdelikten des Strafrechts – „subjektiv ‚gefärbt'" und muss deshalb vereint in der Person des Verrichtungsgehilfen vorliegen.[138] Dies gilt für Mittäter im Sinne des § 830 Abs. 1 BGB ohnehin, da diese Norm strafrechtsakzessorisch dahingehend auszulegen ist, dass subjektive Merkmale auch bei jedem einzelnen Mittäter vollständig gegeben sein müssen.[139] Scheitert also die transpersonale Zusammenrechnung subjektiver Tatbestandelemente sogar zwischen Verrichtungsherr und Verrichtungsgehilfen respektive zwischen Mittätern, liegt sie erst recht dann fern, wenn die einzelnen Zurechnungssubjekte durch eine bloße Unternehmenszugehörigkeit verbunden sind.

(4) Ergebnis

In der Summe ergibt sich: Die subjektiv-objektive Sinneinheit der tatbestandsmäßigen Nichtveröffentlichung trotz Wissens nach § 37b Abs. 1 WpHG a. F. steht einer normativen transpersonalen Zusammenrechnung von Wissen einerseits und einer Veröffentlichungsunterlassung andererseits in der Person des Emittenten entgegen.

6. Zusammenfassung

Der Emittent ist *gemäß § 15 WpHG a. F.* unabhängig davon objektiv zur Ad-hoc-Publizität verpflichtet, ob er die veröffentlichungspflichtige Insiderinformation kennt oder nicht.

Dagegen ist eine zivilrechtliche Schadenersatzpflicht nach § 37b Abs. 1 WpHG a. F. lediglich dann begründet, wenn der Gesamtvorstand oder faktische Wissensorgane wie insbesondere ein für Ad-hoc-Mitteilungen sonderzuständiges Vorstandsmitglied Kenntnis von der Insiderinformation besitzen.

137 *Larenz/Canaris*, Lehrbuch des Schuldrechts, Band II/2, 13. Auflage 1994, 479.

138 Treffend: *Wagner*, in: MüKo BGB, 7. Auflage 2017, § 831 Rn. 30.

139 Allgemeine Ansicht, vgl. statt aller: *Joecks*, in: MüKo StGB, 3. Auflage 2017, § 25 Rn. 235. Zur Strafrechtsakzessorietät des § 830 BGB siehe: *Wagner*, in: MüKo BGB, 7. Auflage 2017, § 830 Rn. 9 mwN.

V. Nichtwissen als Einwendung gegen eine Haftung für unwahre Ad-hoc-Mitteilungen

Die Dogmatik des § 37c WpHG a. F.[1] unterschiedet sich von derjenigen des soeben untersuchten § 37b WpHG a. F. Die Beurteilung der Wissenszurechnung im Rahmen des § 37c WpHG a. F. darf, wie oben dargelegt,[2] von einer objektiven, also kenntnisunabhängigen Ad-hoc-Publizitätspflicht gemäß § 15 WpHG a. F. ausgehen. Erneut stellt sich jedoch die Frage, ob und, wenn ja, an welcher Stelle die Haftung nach § 37c WpHG a. F. die Kenntnis des Emittenten voraussetzt. Die Auslegung der Norm ergibt, dass Kenntnis hier – im Gegensatz zu § 37b Abs. 1 WpHG a. F. – nicht haftungsbegründend wirkt, sondern lediglich mittelbar als Entlastung vom Verschuldensvorwurf gemäß § 37c Abs. 2 WpHG a. F. angeführt werden kann (1.). Dieser veränderte systematische Kontext bedingt, dass sich der Emittent im Rahmen des § 37c Abs. 2 WpHG a. F. auch das Wissen, das bei sonstigen Mitarbeitern, die nicht faktische Wissensorgane sind, vorhanden ist, potentiell als eigenes zurechnen lassen muss, wenn ihn ein entsprechender Sorgfaltsverstoß trifft (2.). Der Maßstab dieser sorgfaltsbedingten Wissenszurechnung folgt aus der allgemeinen Verkehrsanschauung, die anhand einschlägiger Rechtserkenntnisquellen grob umrissen werden kann (3.). Im Ergebnis geht die Wissenszurechnung im Rahmen des § 37c WpHG a. F. über die bei § 37b WpHG a. F. statthafte Wissenszurechnung hinaus, indem sie nicht nur den Gesamtvorstand und faktische Wissensorgane, sondern auch den allgemeinen Mitarbeiterkreis *ratione personae* mit einschließt (4.).

---

[1] Zur der Untersuchung zugrundegelegten Fassung von § 37c WpHG siehe bereits oben S. 28 f. Fn. 3.

[2] Siehe oben S. 42 ff.

1. Unkenntnis als Entschuldigungsgrund

a) Präsumptiver Handlungsunwert der unwahren Ad-hoc-Mitteilung nach § 37c Abs. 1 WpHG a. F.

aa) Tun und Unterlassen

Der Gesetzgeber hat § 37c WpHG a. F. als „Pendant zu § 37b" angelegt.[3] In der Gesetzesbegründung lässt er sich sogar zu der Behauptung hinreißen, „die allgemeinen Anspruchsvoraussetzungen des Absatzes 1 entsprechen denjenigen des § 37b Abs. 1."[4] Inwieweit dies allerdings auch für das Merkmal der Emittentenkenntnis gilt, die der Gesetzgeber, wie bereits ausgeführt,[5] nicht bewusst reflektiert hat, ist damit nicht beantwortet. Beachtung verdienen die folgenden Ausführungen des Gesetzgebers zur Tathandlung des § 37c Abs. 1 WpHG a. F.:

> „Unterschiede [zwischen § 37b und § 37c] ergeben sich im Hinblick auf die Tathandlung. Während § 37b Sachverhalte erfasst, bei denen eine veröffentlichungsbedürftige potenziell kursbeeinflussende Tatsache nicht oder zu spät veröffentlicht wird, regelt § 37c den Fall, dass der Emittent in einer Mitteilung über kursbeeinflussende Tatsachen einen falschen Sachverhalt veröffentlicht."[6]

§§ 37b und 37c WpHG a. F. regeln also, grob gesagt, zwei gänzlich verschiedene Handlungsmodalitäten der Ad-hoc-Kommunikation: Während § 37b WpHG a. F. die *Unterlassung* von Kommunikation sanktioniert, welche erst durch das Versäumnis einer rechtzeitigen Mitteilung rechtswidrig und damit sanktionswürdig wird, geht es § 37c WpHG a. F. um ein *per se* sanktionswürdiges *Tun*, nämlich die Beeinflussung des Marktes durch unwahre und damit fehlleitende Ad-hoc-Mitteilungen.

bb) Unwahre Ad-hoc-Mitteilung spricht für sich

Der soeben beschriebene Wandel in der Handlungsmodalität beim Übergang von § 37b WpHG a. F. zu § 37c WpHG a. F. wirkt sich auch auf die Frage aus, inwieweit den jeweiligen tatbestandsmäßigen Handlungen ein präsumptiver Handlungsunwert im deliktsrechtlichen Sinne zukommt:

Im Rahmen des § 37b WpHG a. F. ergibt sich eine präsumptiv sanktionswürdige Unterlassung des Emittenten, wie gezeigt, erst aus der Nichtveröffentlichung *trotz Wissens*, also aus einer *subjektiv-objektiven Sinneinheit* von einem durch subjektive Kenntnis gefärbten objektiven Unterlassen.[7] Dies liegt darin begründet, dass das „nackte" Unterlassen einer Ad-hoc-Mitteilung als solches

---

[3] BT-Drs. 14/8017, S. 94 li. Sp.
[4] BT-Drs. 14/8017, S. 94 li. Sp.
[5] Siehe oben S. 54 f.
[6] BT-Drs. 14/8017, S. 94 li. Sp.
[7] Siehe oben S. 53 f.

nicht sanktionswürdig erscheint, sondern dass vielmehr die Kenntnis des Emittenten von der Insiderinformation hinzukommen muss, um den Deliktscharakter der ausgebliebenen Kommunikation zu begründen.

Die schädigende Handlung des § 37c WpHG a.F. ist deutlich konkreter: Durch eine Ad-hoc-Mitteilung nimmt der Emittent aktiv Einfluss auf das Sekundärmarktgeschehen. Die unmittelbare Sachnähe des Emittenten zu seinem eigenen Finanzinstrument und seine durch § 15 WpHG a.F. rechtsbewährte Sachwalterstellung für die rechtzeitige, gezielte und zutreffende Information der Anleger verleihen den Ad-hoc-Mitteilungen eine besondere Dignität. Deshalb formuliert § 15 WpHG a.F. nicht nur gemäß Absatz 1 ein selbstverständliches, dem Begriff der Information immanentes Wahrheitsgebot, sondern sichert dieses nach Absatz 2 zusätzlich durch ein Verwässerungsverbot und eine Pflicht zur unverzüglichen Berichtigung falscher Ad-hoc-Mitteilungen ab. Diesem umfassenden Transparenzziel zufolge soll der Anleger darauf vertrauen können, dass die *ad hoc* mitgeteilten Informationen „richtig und wichtig" für ihn sind.[8] Durch die Mitteilung einer unwahren Insiderinformation wird dieses Vertrauen enttäuscht und die Anlegerschaft zu ungewollten Anlageentscheidungen verleitet. Ein ähnliches Vertrauen kommt zwar auch abstrakt in Betracht, wenn der Emittent eine gebotene Mitteilung unterlässt. Doch ist dieses weniger substantiiert. Denn insbesondere für die Verzögerung eigentlich gebotener Ad-hoc-Mitteilungen gibt es eine Vielzahl denkbarer Gründe, etwa die Annahme oder Prüfung einer Selbstbefreiung gemäß § 15 Abs. 3 WpHG a.F. Die unterlassene Ad-hoc-Mitteilung lässt folglich kaum zwingende Rückschlüsse auf die Nichtexistenz einer hypothetischen Insiderinformation zu. Umgekehrt besteht jedoch eine konkrete gesetzliche Gewährleistung dafür, dass solche Informationen, die *ad hoc* mitgeteilt werden, wahr sind: Über Inhalt und Gründe einer ausgebliebenen Ad-hoc-Mitteilung lässt sich spekulieren, über die Wahrheit einer gegebenen Ad-hoc-Mitteilung hingegen nicht.

cc) Unwahre Mitteilung nach § 37c Abs. 1 WpHG a.F. bildet ein vollständiges, objektiv rechtswidriges Delikt

Veröffentlicht der Emittent ad hoc eine unwahre Insiderinformation, so stellt bereits dies allein, wie gezeigt, eine konkrete Verletzung des Anlegervertrauens dar. Damit ist zugleich die Markttransparenz konkret gefährdet und einer besonders perfiden Form des Insiderhandels Tür und Tor geöffnet: Insiderhandel auf Grundlage des Wissens um die Unwahrheit einer offiziellen Ad-hoc-Mitteilung. Das Instrument der Ad-hoc-Publizität, das eigentlich zur Bekämpfung des Insiderhandels konzipiert ist, katalysiert diesen vorliegend sogar, indem es die Anleger nicht lediglich passiv im Dunkeln lässt, sondern aktiv hinters Licht führt. Diese besondere Gefährlichkeit unwahrer Ad-hoc-Mitteilungen haftet

[8] Vgl. BT-Drs. 14/8017, S. 87; *Pfüller*, in: Fuchs WpHG, 2. Auflage 2016, § 15 Rn. 397.

ihnen *erstens* unabhängig davon an, ob der Emittent ihre Unwahrheit kennt oder nicht. *Zweitens* enttäuschen sie eine in tatsächlicher und normativer Hinsicht gesteigerte Vertrauenserwartung. Damit erreicht die Veröffentlichung einer unwahren Insiderinformation als objektiv rechtswidriges Tun auch ohne die entsprechende Kenntnis des Emittenten eine haftungsbegründende Verdichtung, die den typischen prämsumptiven Unwertgehalt eines Delikts erfüllt. Im Gegensatz zu § 37b Abs. 1 WpHG a. F. setzt also § 37c Abs. 1 WpHG a. F. nicht implizit die Kenntnis des Emittenten von der Mitteilung einer unwahren Insiderinformation voraus. Dies wird im Wortlaut der beiden Vorschriften dadurch abgebildet, dass nur § 37c Abs. 1 WpHG a. F. einen ausdrücklichen[9] Bezug auf § 15 WpHG a. F. enthält, der, wie gezeigt,[10] ebenso ein objektives Pflichtenprogramm statuiert.

b) Nicht grob fahrlässige Unkenntnis der Unrichtigkeit liefert einen Entschuldigungsgrund nach § 37c Abs. 2 WpHG a. F.

Soeben konnte gezeigt werden, dass die Kenntnis des Emittenten von der Unwahrheit der von ihm mitgeteilten Insiderinformation keine haftungsbegründende Tatbestandsvoraussetzung seiner Haftung nach § 37c Abs. 1 WpHG a. F. darstellt. Vielmehr bleibt es dem Emittenten überlassen, nach § 37c Abs. 2 WpHG a. F. auf Verschuldensebene den Entlastungsbeweis zu führen, dass er „die Unrichtigkeit der Insiderinformation nicht gekannt hat und die Unkenntnis nicht auf grober Fahrlässigkeit beruht." Die bereits zu § 37b Abs. 1 respektive Abs. 2 WpHG a. F. diskutierten Unterschiede zwischen der Anspruchsbegründungs- und der Verschuldenslösung[11] kommen hier in aller Deutlichkeit zum Vorschein:

Erstens obliegt dem Emittenten die ausdrückliche Wissenssorgfalt, die Unwahrheit der eigenen Mitteilung nicht grob fahrlässig zu verkennen. Bei § 37c Abs. 2 WpHG a. F. handelt es sich mithin sogar ausdrücklich um keine Wissensnorm im engeren Sinne. *Zweitens* trifft den Emittenten die Darlegungs- und Beweislast hinsichtlich seiner eigenen Unkenntnis von der Unrichtigkeit der mitgeteilten Insiderinformation. Somit erübrigen sich hier sekundäre Behauptungslasten. Die gesamte Darlegungs- und Beweislast liegt vielmehr allein beim Emittenten selbst.

---

[9] Siehe oben S. 54 f. Dieser Unterschied darf angesichts der aus den Gesetzesmaterialien ersichtlichen Intention, §§ 37b, c WpHG a. F. parallel zu strukturieren, nicht überbewertet werden. Immerhin bildet er ein im Gesetzeswortlaut kondensiertes Datum, das möglichst in eine dogmatische Rekonstruktion der beiden Normen integriert werden sollte.

[10] Siehe oben S. 42 ff.

[11] Siehe oben S. 51 ff.

2. Verschulden nach § 37c Abs. 2 WpHG a. F. durch wissenssorgfaltsbasierte Zurechnung von Mitarbeiterwissen

Die Deliktsnatur, welche der gesamten Ad-hoc-Publizitätshaftung nach §§ 37b, c WpHG a. F. gemein ist, spricht im Ausgangspunkt dagegen, in § 37c Abs. 2 WpHG a. F. gemäß dem Gleichstellungsprinzip eine wissenssorgfaltsbasierte Zurechnung von Mitarbeiterwissen vorzunehmen.[12] Dies hindert den Gesetzgeber freilich nicht daran, solches im Wege einer ausdrücklichen Korrektur dieses richterrechtlich entwickelten Grundsatzes anzuordnen. Genau dies ist in § 37c Abs. 2 WpHG a. F. geschehen:

a) § 37c Abs. 2 WpHG a. F. impliziert Wissensorganisationspflichten

Anders als § 37b Abs. 2 WpHG a. F., der allgemein von der „Unterlassung" spricht, die „nicht auf Vorsatz oder grober Fahrlässigkeit beruht", bezieht sich § 37c Abs. 2 WpHG a. F. ausdrücklich auf die grob fahrlässige Unkenntnis des Emittenten.

Die grob fahrlässige Unkenntnis des Emittenten muss freilich nicht begrifflich zwingend auf der emittenteninternen Aufspaltung von Wissen und einer Vernachlässigung korrespondierender Wissens*organisations*pflichten beruhen. Vielmehr können theoretisch auch allgemeine Wissens*beschaffungs*pflichten abseits der Obliegenheit, unternehmensinternes Wissen verfügbar zu halten, verletzt werden. Die zweite Alternative erscheint jedoch angesichts der Art des vorliegend sanktionierten Delikts zumindest untypisch: Ein Emittent, der selbst eine Ad-hoc-Mitteilung publiziert, kann die Unrichtigkeit dieser Erklärung nur dadurch grob fahrlässig verkennen, dass die Unwahrheit der Insiderinformation dem Gesamtvorstand und dem als Wissensorgan sonderzuständigen Vorstandsmitglied verborgen bleibt, diese jedoch trotzdem erreichbare Erkenntnisquellen grob fahrlässig unberücksichtigt lassen. Nach allgemeiner Verkehrsanschauung muss der Emittent dazu zuvörderst das in ihm selbst verfügbare Wissen erheben, weil überhaupt nur insofern ein Informationsgefälle zum Sekundärmarkt entsteht – allgemeine Wahrheitsforschung können im Zweifel Anleger mindestens ebenso gut selbst betreiben. Deshalb ist bei realistischer Betrachtungsweise festzuhalten: § 37c Abs. 2 WpHG a. F. setzt die Zurechenbarkeit von Mitarbeiterwissen voraus.[13]

Mit den ausdrücklich im deliktsrechtlichen Kontext angeordneten Wissenssorgfaltspflichten geht die Setzung des § 37c Abs. 2 WpHG a. F. in ihrer Klarheit deutlich über § 199 Abs. 1 Nr. 2 Alt. 2 BGB hinaus und ist deshalb auch anders

---

[12] Siehe oben S. 58 f.

[13] Im Ergebnis richtig: *Möllers/Leisch*, in: Kölner Kommentar zum WpHG, 2. Auflage 2014, §§ 37b, c Rn. 206.

zu behandeln.[14] Denn § 199 Abs. 1 Nr. 2 Alt. 2 BGB behält trotz der durch den BGH vorgenommenen teleologischen Reduktion in vorrangig rechtsgeschäftlichen Kontexten, für die er gleichermaßen gilt, einen konstitutiven Anwendungsbereich. § 37c Abs. 2 WpHG a. F. hingegen ist gerade und ausschließlich im Hinblick auf die deliktsrechtliche Pflicht zur wahrheitsgetreuen Ad-hoc-Kommunikation konzipiert. Eine teleologische Reduktion im Sinne der BGH-Rechtsprechung zu § 199 Abs. 1 Nr. 2 Alt. 2 BGB wäre eine Reduktion auf Null und verbietet sich schon deshalb, weil keine planwidrige verdeckte Regelungslücke ersichtlich ist.

b) Besondere Schwere des Falschmitteilungsdelikts gebietet Wissensorganisationspflicht

Die Abweichung des kapitalmarktrechtlichen Gesetzgebers in § 37c Abs. 2 WpHG a. F. vom allgemein-zivilrechtlichen Grundsatz, dass in deliktsrechtlichen Zusammenhängen keine Wissenszusammenrechnung von Mitarbeiterwissen wegen Wissenssorgfaltsverletzungen stattfindet, ist nicht völlig inkohärent. So setzt etwa das Delikt der unrichtigen Ad-hoc-Mitteilung gemäß § 37c Abs. 1 WpHG a. F., im Gegensatz zu § 826 BGB und § 37b WpHG a. F., wie gezeigt,[15] keine subjektiv-objektive Sinneinheit voraus, weshalb auch das Verbot der mosaikartigen Zusammenrechnung von Wissen hier nicht gilt. Entscheidungsleitend dürfte indes eine andere Steuerungsidee gewesen sein: Die Mitteilung unwahrer Insiderinformationen birgt erhebliche Gefahren für das Funktionieren des Sekundärmarktes, weil neben die aus § 37b WpHG a. F. bekannte abstrakte Gefahrenquelle der Platzierung als solche die zusätzliche, konkrete Gefahrenquelle der Fehlleitung durch die eigene unrichtige Mitteilung hinzutritt. Die von § 37c Abs. 2 WpHG a. F. statuierte Wissensorganisationspflicht sichert nun zunächst ab, dass die Verantwortung für die wissentliche Veröffentlichung unwahrer Insiderinformationen nicht durch strategische Wissensaufspaltung umgangen wird. Daneben stärkt sie allgemein die Richtigkeitswahrscheinlichkeit der Mitteilungen. Insofern kann die oben[16] diskutierte Frage dahinstehen, ob eher über rechtlich konkretisierte Sorgfaltsanforderungen oder über die mittelbaren Anreize einer strikten Wissenszurechnung die besten Verhaltenssteuerungsergebnisse zu erzielen sind. Denn auf ein Verschuldenserfordernis hat sich der Gesetzgeber aus nachvollziehbaren, deliktsrechtssystematischen Gründen festgelegt. Unter dieser Randbedingung setzt die Wissensorganisationspflicht offensichtlich stärkere Anreize als eine persönliche Beschränkung auf Vorstand und faktische Wissensorgane.

---

14 Vgl. oben S. 16 ff.
15 Siehe oben S. 63 ff.
16 Siehe oben S. 23 ff.

3. Art und Umfang der Wissenssorgfaltspflichten gemäß § 37c Abs. 2 WpHG a. F.

Im Folgenden ist zu entwickeln, nach welchem Maßstab sich der Emittent mit verschuldensbegründender und damit nach § 37c Abs. 2 WpHG a. F. einwendungsausschließender Wirkung das Wissen der in seinem Lager stehenden Personen zurechnen lassen muss. Die bereits dargelegte besondere Kontextsensibilität der Wissenszurechnung erlaubt zwar keine erschöpfende Bestimmung, doch lassen sich bestimmte Grundsätze aus dem Normzusammenhang erschließen:

a) Weiter persönlicher Anwendungsbereich

Oben konnte gezeigt werden, dass eine automatische Zurechnung des Wissens einzelner Mitarbeiter, sogar einzelner Vorstandsmitglieder, lediglich ausnahmsweise in Betracht kommt, wenn diese die Rolle eines faktischen Wissensorgans annehmen.[17]

Eine andere Frage ist, wessen Wissen einem Emittenten unter Anwendung des Gleichstellungsprinzips und der Wissensorganisationssorgfalt zugerechnet werden kann. Die Ausrichtung der Ad-hoc-Publizitätspflicht darauf, Insiderhandel zu verhindern,[18] spricht gegen eine apriorische Einschränkung des Personenkreises, dessen Wissen dem Emittenten *potentiell* zugerechnet werden kann:[19] Jedenfalls alle angestellten Mitarbeiter werden durch den Emittenten bestimmungsgemäß im eigenen Tätigkeitsbereich eingesetzt und geraten so zu potentiellen Insidern. Sie gehören zu der Gefahrenquelle „Insiderhandel“, die der Emittent in entscheidender Weise mit gesetzt hat, und für die er deshalb gemäß § 15 WpHG a. F. die Verantwortung zur Ad-hoc-Publizität trägt. Auszunehmen sind hingegen solche Personen, auf die der Emittent keinen organisatorischen Zugriff hat und die er somit nicht beherrschen kann. Ein paradigmatisches Beispiel bietet der selbständige, nicht betrieblich oder in sonstiger Weise eingegliederte Vertragspartner.[20]

b) Knowledge-governance-Pflichten und die haftungsbefreiende Wirkung ihrer Erfüllung durch ein Compliance-System

Führt ein Emittent vorsätzlich die eigene Unkenntnis von Insiderinformationen herbei, kann ihn diese Unkenntnis nach § 37c Abs. 2 Alt. 1 WpHG a. F. nicht entlasten. Dasselbe gilt für grobe Fahrlässigkeit. Grobe Fahrlässigkeit ist dem

[17] S. 29–32

[18] Siehe oben S. 32 ff.

[19] Im Ergebnis zutreffend: *Ihrig*, ZHR 181 (2017), 381, 391 bei und in Fn. 45.

[20] *Ihrig*, ZHR 181 (2017), 381, 392 f., 395, 406 f., 409.

Emittenten gemäß der Legaldefinition in § 45 Abs. 2 Satz 3 Nr. 3 Halbs. 2 SGB X dann vorzuwerfen, wenn er die verkehrserforderliche Sorgfalt in besonders schwerem Maße verletzt.[21] Dies wirft zwei Fragen auf: *Erstens* ist zu bestimmen, welche Wissensorganisationspflichten einem Emittenten gemäß der Verkehrsanschauung obliegen: Eine gefestigte Rechtsprechung besteht insoweit nicht. Deshalb sind sekundäre Rechtserkenntnisquellen heranzuziehen, die zumindest einen narrativen Wert[22] besitzen, der die Rechtsfindung und -erfindung beeinflussen kann (aa). *Zweitens* ist zu spezifizieren, worin die Grobheit, also das besonders schwere Verletzungsmaß einer solchen Wissensorganisationspflicht zu erkennen ist (bb). Erst daraus ergibt sich *drittens* die Exkulpationswirkung des § 37c Abs. 2 WpHG a. F. (cc).

aa) Wissensorganisationspflichten

(1) DCGK: Compliance Management System

Der Deutsche Corporate Governance Kodex hält den Vorstand zur Compliance an:

> „Der Vorstand hat für die Einhaltung der gesetzlichen Bestimmungen und der unternehmensinternen Richtlinien zu sorgen und wirkt auf deren Beachtung durch die Konzernunternehmen hin (Compliance). Er soll für angemessene, an der Risikolage des Unternehmens ausgerichtete Maßnahmen (Compliance Management System) sorgen und deren Grundzüge offenlegen."[23]

Es liegt nahe, diese Verhaltenserwartung *erstens* auch auf *knowledge governance* oder besser: *ad hoc knowledge management* zu erstrecken und *zweitens* diese zur Bestimmung der entsprechenden Verkehrsanschauung in Anbetracht der Emittentenpflichten heranzuziehen.[24] Konkret geht es um die Wissensorganisation im Hinblick auf die Abfrage und Verarbeitung kapitalmarktrelevanter Fragen.

(2) BaFin Emittentenleitfaden: Informationsweiterleitung und -bündelung

Über das gänzliche Fehlen eines auf Ad-hoc-Publizität ausgerichteten Compliance Management Systems hinaus sind seine genauen Voraussetzungen, die es erfüllen muss, um den Anforderungen der Verkehrsanschauung zu genügen,

---

[21] Vgl. statt vieler: *Lorenz*, in: BeckOK BGB (Stand: 1.2.2017), § 277 Rn. 2 mwN.

[22] Zum Begriff der narrativen Norm vgl. *Jayme*, Narrative Normen im Internationalen Privat- und Verfahrensrecht, 1993.

[23] 4.1.3 DCGK (7. Februar 2017). Zu internationalen soft-law-Instrumenten siehe: *Naumann/Siegel*, ZHR 181 (2017), 273.

[24] Statt vieler etwa *Klöpper*, in: Hauschka (Hrsg.), Corporate Compliance, 2. Auflage 2010, 281, 292 Rn. 24 nach Fn. 30, der von dem Vorstand die Einrichtung eines „Sicherungssystems" verlangt.

ungeklärt. Der Emittentenleitfaden enthält hierzu begrenzte, aber bemerkenswerte Ausführungen:

„Der Emittent ist verpflichtet, organisatorische Vorkehrungen zu treffen, um eine notwendige Veröffentlichung unverzüglich durchzuführen. Hierzu gehört u.a., dass bei vorhersehbaren Insiderinformationen Vorarbeiten geleistet werden, die eine zeitliche Verzögerung weitestgehend vermeiden. Wenn die Insiderinformation an einer Stelle des Unternehmens entsteht, die nicht berechtigt ist, über die Veröffentlichung zu entscheiden, muss durch die unternehmensinterne Organisation sichergestellt sein, dass die Information unverzüglich einer entscheidungsberechtigten Person oder Gremium zugeleitet wird. Dem Emittenten bleibt Zeit, mögliche Auswirkungen eines Ereignisses sorgfältig daraufhin zu prüfen, ob ein veröffentlichungspflichtiger Umstand vorliegt. Notfalls ist der Emittent angehalten, sich des Rates von Experten zu bedienen. Eine Grenze ist bei rechtsmissbräuchlichem Verhalten zu ziehen.“[25]

Deutlich wird die Verhaltenserwartung, erreichbare Information so sachgerecht zu bündeln, dass eine Bewertung ihrer Ad-hoc-Publikationspflichtigkeit stattfinden kann. Um diesen Aufwand in einem zumutbaren Rahmen zu halten, ist lediglich zu verlangen, dass solche Informationen weitergeleitet werden, denen aus einer objektivierenden Perspektive *ex ante*[26], gegebenenfalls in Zusammenschau mit anderen Informationen, ein erkennbares Insiderinformationspotential zukommt.[27] Weitere Zugeständnisse dürften bei privat erlangtem Wissen,[28] Vertraulichkeitskonflikten[29] und allgemeinen Zumutbarkeitsfragen wie etwa Informationsweiterleitung über eigene Krankheit oder Straftaten[30] statthaft sein.[31]

Dem Emittenten obliegt die Pflicht, ein Compliance Management System nicht nur *pro forma* einzurichten, sondern auch seine faktische Effektivität sicherzustellen. Dazu erscheint eine vorsorgliche Grobbestimmung insiderinformationsgeeigneter Unternehmensbereiche sachdienlich. In einem Compliance-Handbuch können die Kommunikationswege so festlegt werden, dass die relevanten Informationen in einer spezialisierten Compliance-Abteilung gebündelt werden. Dieses wäre dann hinreichend unternehmensbekannt zu machen, um

---

[25] Nr. IV.6.3. Abs. 2 des Emittentenleitfadens der BaFin (Stand: 28. April 2009).

[26] *Gasteyer/Goldschmidt*, AG 2016, 116, 121 f.

[27] Vgl. *Ihrig*, ZHR 181 (2017), 381, 393.

[28] *Ihrig*, ZHR 181 (2017), 381, 396 ff.

[29] *Ihrig*, ZHR 181 (2017), 381, 399.

[30] *Ihrig*, ZHR 181 (2017), 381, 400 ff.

[31] Genauere Angaben würden rechtstatsächliche und rechtssoziologische Untersuchungen über die Wirtschafts- und Branchenüblichkeit bestimmter Compliance Management Systeme erforderlich machen, um etwaige Handelsbräuche im Sinne des § 346 HGB oder sogar in der Entstehung befindliches Gewohnheitsrecht zu ermitteln. Aus positivistischer Sicht etwas ins Blaue hinein, wenn auch in der Sache weitgehend überzeugend, wirken daher die Präzisierungen von *Seibt/Cziupka*, AG 2015, 93. *Spindler*, ZHR 181 (2017), 311, 321 weist zutreffend auf die zeitliche Wandelbarkeit dieser Verkehrserwartungen gerade in Zeiten der Digitalisierung hin.

auf allen Unternehmensebenen einen funktionierenden Informationsfluss sicherzustellen.[32]

bb) Grobe Verletzung von Wissensorganisationspflichten

(1) Grobe Fahrlässigkeit im Allgemeinen

Grundsätzlich erfasst grobe Fahrlässigkeit lediglich Sonderfälle, die in Anbetracht ihrer Art und Schwere aus der allgemeinen Lebensführung herausstechen. Gemeint sind Sachverhalte, die so außergewöhnlich sind, dass insbesondere ein routinemäßig abgesenkter Sorgfaltsumfang in eigenen Angelegenheiten nach § 277 BGB nicht in Betracht kommt, was etwa Formulierungen in der Rechtsprechung erhellen, es bleibe „dasjenige unbeachtet [...], was im gegebenen Falle *jedem* hätte einleuchten müssen"[33] oder der Verletzer setze sich „über die Bedenken hinweg [...], die sich angesichts typischer Umstände oder deutlicher Vorzeichen [...] *jedem* aufdrängen mussten."[34] Die objektive Verletzung erscheint so schwerwiegend, dass weder klauselmäßige Haftungsfreizeichnung (§ 309 Nr. 7 BGB) noch gesetzliche Haftungsbeschränkung (etwa §§ 521, 599, 675v Abs. 2, 675z Satz 2 Halbs. 2 BGB) oder versicherungsgemäße Haftungsfreistellung (§§ 28 Abs. 2 Satz 2, 81 Abs. 2 VVG; § 110 Abs. 1 SGB VII; Art. 34 Satz 2 GG) unbeschränkt möglich sind.[35]

Charakteristisch ist zudem eine besondere subjektive Vorwerfbarkeit des außergewöhnlichen Sorgfaltsverstoßes, wenngleich dieses Moment eher nachgelagert im Rahmen der tatrichterlichen Würdigung als subjektiver Entschuldigungsgrund trotz objektiv qualifizierten Verstoßes zum Tragen kommt.[36] So fordert die Rechtsprechung etwa ausdrücklich eine „auch subjektiv schlechthin unentschuldbare Pflichtverletzung"[37] respektive einen „subjektiv nicht ent-

---

[32] Vgl. *Hellgardt*, Kapitalmarktdeliktsrecht, 2008, 479 f. Allgemein zur Compliance als Informationsmanagement: *Lebherz*, Emittenten-Compliance, 2008, 274 ff.

[33] Grundlegend: BGHZ 10, 14, 15 mwN. zur Reichsgerichtsrechtsprechung. Hervorhebung des Verfassers.

[34] BGH NJW 1974, 948, 949. Unterstreichung im Original, Hervorhebung des Verfassers.

[35] Der sachliche Hintergrund dieser Regelungen ist in einer Eindämmung des *moral hazard* zu sehen. Es soll also verhindert werden, dass der Freigezeichnete oder Versicherte eine effiziente Minimalsorgfalt außer Acht lässt. Die Kraft dieses institutionenökonomischen Moments wird besonders deutlich, wenn augenscheinlich umfassend formulierte gesetzliche Anordnungen für Fälle grober Fahrlässigkeit richterrechtlich korrigiert werden. So ist etwa anerkannt, dass die Befreiungswirkung nach §§ 793 Abs. 1 Satz 2, 808 Abs. 1 BGB bei grober Fahrlässigkeit nicht eintritt, vgl. statt aller: *Habersack*, in: MüKo BGB, 7. Auflage 2017, § 808 Rn. 14 f. Der Sache nach bereits *von Caemmerer*, RabelsZ 42 (1978), 5, 21, der jedoch im offensichtlichen Anschluss an *Jhering*, Das Schuldmoment im römischen Privatrecht, 1867, noch eine rechtskulturelle Deutung desselben Phänomens bevorzugt, nämlich den „Satz, dass schwer schuldhaftes Verhalten für den Täter nicht ohne Folgen bleiben soll."

[36] BGHZ 10, 14, 16; 119, 147, 151 f. Zu weiteren Einzelheiten vgl. instruktiv: *Grundmann*, in: MüKo BGB, 7. Auflage 2016, § 276 Rn. 95 ff., 104 ff.

[37] BSG NJW 1978, 1175, 1176.

schuldbaren Verstoß gegen die Anforderungen der im Verkehr erforderlichen Sorgfalt."[38] Die teilweise geforderte Ausnahme „größerer Unternehmen und Organisationen"[39] von diesem subjektiven Kriterium hat sich zurecht bisher nicht durchgesetzt: Sie widerspräche nicht nur der Gleichbehandlung der Rechtssubjekte[40], sondern beruht auf dem naturalistischen Denkfehler, der anthropomorph geprägte Begriff der Schuld vertrüge sich aus metaphysischen Gründen nicht mit juristischen Personen.[41] Richtigerweise mag es *Sach*-Bereiche geben, die einer strengen Subjektivierung des Fahrlässigkeitsvorwurfs entgegenstehen,[42] doch ist im Grundsatz auch bei juristischen Personen, wenngleich im Zurechnungswege analog § 31 BGB, die subjektiv-individuelle Vorwerfbarkeit gegenüber dem Handelnden zu verlangen.

(2) Grob fahrlässige Unkenntnis im Besonderen

Die spezifische Bedeutung des grob fahrlässigen Nichtwissens ist bisher, soweit ersichtlich, nicht dogmatisch herausgearbeitet worden.[43] Im Schrifttum überwiegen vereinzelte Aperçus, wie etwa, dass in §§ 851, 932 Abs. 2 BGB die bloße Verbreitung der Institute des Eigentumsvorbehalts und der Sicherungsübereignung keine strukturelle, grob fahrlässige Unkenntnis des Leistenden oder Erwerbers begründe.[44] Die Rechtsprechung formuliert:

---

[38] BGH NJW 2009, 1482, 1485. Dezidiert zustimmend: *Caspers*, in: Staudinger BGB (2014), § 276 Rn. 94.

[39] *Röhl*, JZ 1974, 521, 526; *Caspers*, in: Staudinger BGB (2014), § 276 Rn. 96.

[40] Der Begriff des Rechtssubjekts und der Person überhaupt, als Zusammenfassung von natürlicher und juristischer Person, ist als Gleichheitsbegriff konzipiert, hat also die grundsätzliche Funktion, Ungleichbehandlungen zu verhindern, vgl. *Radbruch*, Rechtsphilosophie, 4. Auflage 1950, 229; *Enneccerus/Nipperdey*, Allgemeiner Teil des Bürgerlichen Rechts, 15. Auflage 1959, Band I/1, 479 bei und in Fn. 16; *Rittner*, in: Festschrift für Hüffer, 2010, 843, 847. Zum Ganzen: *Thomale*, Rechtswissenschaft 2017, 25 ff.; *ders.*, Kapital als Verantwortung, Band I: Trennungsprinzip und nexus of contracts, 2018.

[41] So etwa *Caspers*, in: Staudinger BGB (2014), § 276 Rn. 96: „*Subjektive Vorwerfbarkeit* kann *sinnvollerweise* nur dort verlangt werden, wo es um die Haftung einer natürlichen Person geht." Hervorhebungen im Original. Siehe dazu: *Thomale*, Transnational Legal Theory 7 (2016), 155, 163 mwN.

[42] *Grundmann*, in: MüKo BGB, 7. Auflage 2016, § 276 Rn. 95 mwN. zur Rechtsprechung. Siehe auch *Oechsler*, in: MüKo BGB, 7. Auflage 2017, § 932 Rn. 46 zum gutgläubigen Fahrniserwerb.

[43] Zur groben Fahrlässigkeit allgemein vgl. zuletzt: *König*, Die grobe Fahrlässigkeit, 1998. Präjudizienbasiert zur grob fahrlässigen Unkenntnis im Rahmen des § 199 BGB: *Riedhammer*, Kenntnis, grobe Fahrlässigkeit und Verjährung, 2004, 75 ff. Das spezifisch kapitalmarktrechtliche Bedürfnis nach einer rechtssicheren Ausgestaltung dieses Maßstabs in der Haftung nach §§ 37b, c WpHG a. F. formuliert: *Wichmann*, Haftung am Sekundärmarkt für fehlinformationsbedingte Anlegerschäden, 2017, 141 ff. Die wertende Rechtfertigung dieses Verschuldensmaßstabs wird dabei überwiegend in einem Ausgleich für die Raschheit und Ungewissheit des ad-hoc-publizitätsbezogenen Entscheidungsprozesses gesehen, vgl. dazu: *Hopt/Voigt*, in: Hopt/Voigt (Hrsg.), Prospekt- und Kapitalmarktinformationshaftung, 2005, 9, 127 f.

[44] *Berger*, VersR 2001, 419, 420; *Wagner*, in: MüKo BGB, 7. Auflage 2017, § 851 Rn. 6.

„Grob fahrlässige Unkenntnis liegt vor, wenn dem Gläubiger die Kenntnis fehlt, weil er die im Verkehr erforderliche Sorgfalt in ungewöhnlich grobem Maße verletzt und auch ganz naheliegende Überlegungen nicht angestellt oder das nicht beachtet hat, was jedem hätte einleuchten müssen."[45]

Der Betroffene müsse es „versäumt haben, eine gleichsam auf der Hand liegende Erkenntnismöglichkeit wahrzunehmen."[46] Teilweise wird klarstellend hinzugefügt, dass dabei „auch subjektive, in der Person des Handelnden liegende Umstände zu berücksichtigen sind."[47] Am ausführlichsten ist ein früher Orientierungssatz des BGH zu § 366 HGB und § 932 Abs. 2 BGB:

„Damit jemandem eine grobe Fahrlässigkeit iS der BGB § 932, HGB § 366 zur Last gelegt werden kann, müssen ihm beim Erwerb der Sache Umstände bekannt gewesen sein, die mit *auffallender Deutlichkeit* dafür sprachen, daß der Veräußerer nicht Eigentümer bzw. nicht Verfügungsberechtigter war. Der Erwerber muß sich also in einer Lage befunden haben, in der es für ihn auch bei nur durchschnittlichem Merkvermögen und Erkenntnisvermögen nicht schwer war, zu der Erkenntnis zu gelangen, daß die veräußerte Sache dem Veräußerer nicht gehörte. Die ihm bekannten Umstände müssen somit derart gewesen sein, daß er zu dieser Erkenntnis *auch ohne ein besonders sorgfältiges und pflichtbewußtes Verhalten, insbesondere auch ohne besonders hohe Aufmerksamkeit und besonders gründliche* Überlegung hätte gelangen können."[48]

(3) Anwendung auf unternehmensinterne Wissensorganisation: Offensichtlich mangelhafte knowledge governance und Evidenzerlebnis

Die referierte Rechtsprechung erlaubt mehrere Rückschlüsse darauf, wie der Maßstab der grob fahrlässigen Unkenntnis auf unternehmensinterne Wissensorganisation anzuwenden ist.

Erstens genügt zur Begründung grob fahrlässiger Unkenntnis in objektiver Hinsicht nicht bereits die Tatsache als solche, dass Erkenntnismöglichkeiten sorgfaltswidrig ungenutzt oder erkenntnisstiftende Schlüsse sorgfaltswidrig unterblieben sind. Vielmehr müssen diese Erkenntnismöglichkeiten und Schlüsse ganz nahe und auf der Hand liegen, also sich bei objektivierender Betrachtung unschwer geradezu aufdrängen. In Fragen der unternehmensinternen Wissensorganisation bedeutet das, dass grundsätzlich nur die fehlende Implementierung irgendeines auf *knowledge governance* ausgerichteten Compliance Management Systems als grob fahrlässig zu qualifizieren ist. Denn dadurch werden grundsätzlich verfügbare Erkenntnisse „beiseite geschoben". Nicht hingegen wird ein perfektes oder auch nur der allgemeinen, marktüblichen Ver-

---

Jedenfalls im Handelsverkehr dürfte diese Auffassung nur schwer mit § 366 HGB zu vereinbaren sein, vgl. *Thomale*, WM 2007, 1916.

[45] BGH NJW 2009, 587, 588 (Rn. 14) zu § 199 BGB.

[46] BGH NJW 2010, 1195, 1197 (Rn. 17) zu § 199 BGB. In diese Richtung geht auch die Klarstellung des Gesetzgebers in BT-Drucks. 14/6040, 108 li. Sp., ganz naheliegende Überlegungen dürften auch nicht „beiseite geschoben" werden.

[47] BGH NJW 2005, 981, 982 (Rn. 16) zu Regressansprüchen aus §§ 27 Abs. 3, 670 BGB.

[48] BGH WM 1956, 884, 885. Hervorhebungen des Verfassers.

kehrsanschauung genügendes Compliance Management System verlangt. Zwar ist es fahrlässig, dieser Verkehrsanschauung nicht gerecht zu werden. Die spezifische *Grobheit* der Wissensorganisationspflichtverletzung wird hingegen erst erreicht, wenn das eingerichtete Compliance Management System entweder, wie gezeigt, ganz unterbleibt oder in für jeden unschwer erkennbarer Weise vollkommen ungenügend ist, um einen hinreichenden Informationsfluss sicherzustellen.

Neben dieser objektiven Dimension der grob fahrlässigen Unkenntnis ist *zweitens* in subjektiver Hinsicht ein besonderes Evidenzerlebnis erforderlich. Das handelnde Wissensorgan, sei es der Gesamtvorstand oder das für Ad-hoc-Publizität sonderzuständige Vorstandsmitglied, muss also ganz und gar offensichtliche Zeichen verkennen, dass ein anderer publizitätswürdiger Sachverhalt im Unternehmen vorliegt als derjenige, dessen Mitteilung veranlasst wird. Im Zweifel darf es bei Einrichtung eines Compliance Management Systems darauf vertrauen, dass keine weiteren Sondernachforschungen erforderlich sind. Um diesen Zweifel zu widerlegen, muss ihm der Sachverhalt in einer Weise zur tatsächlichen Kenntnis und zu tatsächlichem Bewusstsein gebracht werden, deren Verlässlichkeit diejenige des eigenen Compliance Management Systems so wesentlich und so offensichtlich übersteigt, dass ein beliebiger Dritter sicher der Alternativquelle eine größere Validität beigemessen hätte als der negativen Publizität des Compliance Management Systems.

cc) Exkulpationswirkung nach § 37c Abs. 2 WpHG a. F.

Die dargestellten Grundsätze zur grob fahrlässigen Unkenntnis gelten nach Auffassung der Rechtsprechung inhaltsgleich für alle Tatbestände der deutschen Rechtsordnung.[49] Sie sind mithin auch auf § 37c Abs. 2 WpHG a. F. zu übertragen. Verletzt der Emittent also mit seinem Compliance Management System die dargestellten Verkehrserwartungen (*supra* aa)) nicht oder nicht in qualifizierter Weise, muss ihm die Entschuldigung nach § 37c Abs. 2 WpHG a. F. selbst dann zustehen, wenn eine Insiderinformation „in seinem Unternehmen" grundsätzlich vorhanden war: Die pflichtgemäße oder nicht hinreichend pflichtwidrige *knowledge governance* im Abstrakten schließt die Wissenszurechnung im Konkreten aus.[50] Dasselbe gilt dann, wenn in subjektiver Hinsicht das konkrete Evidenzerlebnis des oder der Handelnden ausbleibt. Fehlt dem Emittenten danach zum Erklärungszeitpunkt[51] die konstruktive Kenntnis der

---

[49] BGH VersR 1959, 222, 223; VersR 1966, 1150. *Grundmann*, in: MüKo BGB, 7. Auflage 2016, § 276 Rn. 95 mwN. in Fn. 327.

[50] *Thomale*, AG 2015, 641, 650 f.; *Weller*, ZGR 2016, 384, 410 ff. Siehe auch speziell zur Frage konzernweiter *knowledge governance*: *Bartmann*, Ad-hoc-Publizität im Konzern, 2017, 312 ff.

[51] Allgemeines Koinzidenzprinzip. Vgl. statt vieler *Wagner*, in: MüKo BGB, 7. Auflage 2017, § 851 Rn. 6 bei und in Fn. 9.

wahren Insiderinformation, handelt er weder vorsätzlich noch grob fahrlässig, wenn er darauf beruhend eine objektiv unrichtige Ad-hoc-Mitteilung veröffentlicht.

4. Zusammenfassung

Der gemäß § 37c Abs. 1 WpHG a.F. präsumierten Schadenersatzhaftung des Emittenten für die Mitteilung unwahrer Insiderinformationen kann nach § 37c Abs. 2 WpHG a.F. die Einwendung des Nichtverschuldens entgegengehalten werden. Dies setzt zunächst voraus, dass der Emittent die Unrichtigkeit der Insiderinformation nicht kennt, dass also weder der Gesamtvorstand noch faktische Wissensorgane eine entsprechende Kenntnis haben. Darüber hinaus muss der Emittent darlegen und im Bestreitensfall beweisen, dass er die ihm obliegende Wissenssorgfalt, das bei sonstigen Mitarbeitern in seinem Unternehmen verfügbare Wissen zu speichern und operativ nutzbar vorzuhalten, nicht in grob fahrlässigem Umfang verletzt hat.

VI. Rechtslage seit Geltung der MarktmissbrauchsVO

Mit Erlass der MarktmissbrauchsVO sind keine konzeptionellen Änderungen des Insiderrechts und der Kapitalmarktinformationshaftung einhergegangen.[1] Eher erhärtet sich der Eindruck einer behutsamen Kapitalmarktrechtsreform in Permanenz,[2] an der sich nun auch der Unionsgesetzgeber beteiligt. Immerhin wird die oben am alten Regime der MarktmissbrauchsRiLi und dem WpHG a.F. entwickelte Position durch die inhaltlichen Änderungen der MarktmissbrauchsVO zusätzlich gestützt:

1. Ad-hoc-Publizität als Insiderhandelsprävention

Der Schutz vor Insiderhandel wird nun als Primärziel der Ad-hoc-Publizität dadurch verdeutlicht, dass Art. 1 MarktmissbrauchsVO den „gemeinsamen Rechtsrahmen für Insidergeschäfte" als vorrangigen Gegenstand der Verordnung bezeichnet. Die Ad-hoc-Publizitätspflicht, die sich nun aus Art. 17 ergibt, spricht weiterhin von der „Veröffentlichung von Insiderinformationen", welche nach Erwägungsgrund 49 in erster Linie Insidergeschäften vorbeugen soll.

2. Objektive Publizitätspflicht

Der Begriff der Insiderinformation bleibt gemäß Art. 7 von der Kenntnis des Emittenten unabhängig.

a) Unverzüglichkeit im unionsrechtlichen Sinne

Art. 17 Abs. 1, der die Ad-hoc-Publizitätspflicht regelt, formulierte in seiner ursprünglichen, am 12. Juni 2014 im Amtsblatt veröffentlichten Fassung die Veröffentlichungspflicht noch mit den Worten: „Emittenten geben der Öffentlich-

[1] Vgl. *Klöhn*, AG 2016, 423; *Buck-Heeb*, NZG 2016, 1125, 1132; *Wichmann*, Haftung am Sekundärmarkt für fehlinformationsbedingte Anlegerschäden, 2017, 167. Mit Einschränkungen auch: *Poelzig*, NZG 2016, 761, 763 ff.

[2] Zum Begriff vgl. das berühmte Dictum von *Zöllner*, AG 1994, 336 zur Aktienrechtsreform in Permanenz.

keit Insiderinformationen, die unmittelbar den diesen Emittenten betreffen, so bald wie möglich bekannt." Damit rückte die bis dahin in Art. 6 Abs. 1 MarktmissbrauchsRiLi enthaltene entsprechende Fassung „so bald als möglich" zu einer Verordnungssetzung auf, verdrängte also etwaig entgegenstehende mitgliedstaatliche Regelungen wie das Unverzüglichkeitskriterium des § 15 Abs. 1 WpHG a. F. nicht lediglich im Sinne des Anwendungs- und Interpretationsvorrangs, sondern mit unmittelbarer Wirksamkeit.

Mit Amtsblatteintragung vom 21. Dezember 2016 hat der Unionsgesetzgeber an dieser Formulierung mehrere Berichtigungen vorgenommen: *Erstens* wurde der Plural ‚Emittenten' in einen unbestimmten Singular ‚ein Emittent' geändert, *zweitens* wurde die agrammatikalische Doppelung „den diesen" in den entsprechenden Akkusativ Singular „diesen" aufgelöst, und *drittens* wurde „so bald wie möglich" durch „unverzüglich" ersetzt. Die berichtigte Fassung des Art. 17 Abs. 1 MarktmissbrauchsVO lautet demnach: „Ein Emittent gibt der Öffentlichkeit Insiderinformationen, die unmittelbar diesen Emittenten betreffen, unverzüglich bekannt."[3] Eine Änderung des Wortsinnes ist damit nicht bezweckt, da es sich um eine bloße Berichtigung handelt. Ebenso wenig kann jedoch mit der früheren Formulierung „so bald wie möglich" in Wahrheit ein „ohne schuldhaftes Zögern" im Sinne des deutschen § 121 Abs. 1 Satz 1 BGB gemeint gewesen sein. Denn die anderen, gleichrangig gültigen und verbindlichen Sprachfassungen[4] blieben unverändert, und auch sonst deutet nichts darauf hin, dass sich der Unionsgesetzgeber eine spezifisch deutsche bürgerlich-rechtliche Wortbedeutung zu eigen machen wollte. Somit ist „unverzüglich" in der berichtigten Verordnungsfassung autonom unionsrechtlich als „sofort" oder „baldmöglichst" im Sinne einer objektiven Publizitätspflicht auszulegen.[5]

b) Regelungsumgebung der Ad-hoc-Publizitätspflicht

Die MarktmissbrauchsVO enthält in Art. 17 Abs. 4 die Klarstellung, dass der Emittent von seiner Selbstbefreiungsmöglichkeit nur „auf eigene Verantwortung" Gebrauch machen kann und die Veröffentlichung gemäß Art. 17 Abs. 7, sobald er die Vertraulichkeit der Insiderinformation nicht mehr gewährleisten kann, „so schnell wie möglich" nachholen muss. In Art. 30 Abs. 1 lit. a) wird zudem statuiert, dass gegen eine Verletzung der Ad-hoc-Publizitätspflicht „ver-

---

[3] Berichtigung der Verordnung (EU) Nr. 596/2014 des Europäischen Parlaments und des Rates vom 16. April 2014 über Marktmissbrauch (Marktmissbrauchsverordnung) und zur Aufhebung der Richtlinie 2003/6/EG des Europäischen Parlaments und des Rates und der Richtlinien 2003/124/EG. 2003/125/EG und 2004/72/EG der Kommission, Amtsblatt der Europäischen Union, L 348/83–85 vom 21.12.2016.

[4] Siehe dazu oben S. 42 f.

[5] So im Ergebnis auch *Schäfer*, in: Marsch-Barner/Schäfer, Handbuch börsennotierte AG, 4. Auflage 2018, Rz. 15.21.

waltungsrechtliche Sanktionen und andere verwaltungsrechtliche Maßnahmen“ zur Verfügung stehen müssen. Wie schon nach § 4 Abs. 2 WpHG a.F. können damit nur präventive, sonderpolizeirechtliche Maßnahmen gemeint sein, die schlechterdings nicht von der subjektiven Kenntnis des Emittenten abhängen können.

c) Ergebnis

Die bereits nach bisheriger Rechtslage angezeigte objektive Deutung der Publizitätspflicht ist unter grammatischen und systematischen Gesichtspunkten auch seit Inkrafttreten der MarktmissbrauchsVO beizubehalten.

3. Keine zwingenden Aussagen zu zivilrechtlichem Schadenersatz und Wissenszurechnung

Wie schon die MarktmissbrauchsRiLi gibt auch die MarktmissbrauchsVO den Mitgliedstaaten nicht zwingend vor, ob und in welchem Umfang zivilrechtliche Schadenersatzansprüche gegen den Emittenten im Sinne der §§ 97, 98 WpHG zu gewähren sind. Da gleichzeitig die Publizitätspflicht als solche objektiv bestimmt wird, ist es kein Manko, sondern nur konsequent, dass die Verordnung keine ausdrücklichen Regeln zur Wissenszurechnung enthält:[6] Die MarktmissbrauchsVO formuliert einen *objektiven* Rechtsrahmen. Fragen der zivilrechtlichen Sanktionierung und der subjektiven Vorwerfbarkeit überlässt sie indes den Mitgliedstaaten.[7]

---

[6] Siehe aber Art. 19 Abs. 1 zu Eigengeschäften und die mittelbaren Ableitungen, die daraus getroffen werden können. Dazu näher oben S. 29ff. Grundlegend anderer Ansicht: *Klöhn*, NZG 2017, 1285.

[7] So auch: *Pietrancosta*, in: Ventoruzzo/Mock (Hrsg.), Market Abuse Regulation, 2017, Art. 17, Rn. B.17.102: “Civil liability rules lie beyond the realm of the Market Abuse Regulation, despite the major role they can play in this area.“

VII. Die Ad-hoc-Publizitätshaftung des gespaltenen Emittenten im Privatrechtsvergleich

Die vorgehend unternommene feindogmatische Erschließung der deutschen Privatschadenersatzlösung bei fehlerhafter Ad-hoc-Publizität samt ihren restriktiven Wissenszurechnungsmaßstäben verlangt aus zwei Gründen nach rechtsvergleichender Vergewisserung.

Erstens antwortet die deutsche Lösung auf ein generisches Steuerungsproblem, das an jedem Kapitalmarkt vorausgesetzt werden darf: Der Privatschadenersatzanspruch gegen den Emittenten ist ein Instrument, mit dem *ein* Anreiz zur Einhaltung der Ad-hoc-Publizitätspflicht geschaffen und zugleich eine Kompensation der von einer Pflichtverletzung betroffenen Anleger erreicht werden soll. Diese sozioökonomische Funktion mag nun vollkommener oder unvollkommener erreicht werden, sie kann in Teilen aber auch durch verwaltungsrechtliche oder strafrechtliche Sanktionen verwirklicht sein[1] und sie mag, sofern ein Privatschadenersatz im Grundsatz gewährt wird, an verschiedenen Tatbestandsmerkmalen und Instituten kalibriert werden.[2] Dennoch steht jedes kapitalmarktrechtliche Regime letztlich vor den oben behandelten Kernfragen im Umgang mit fehlerhafter Ad-hoc-Publizität: Haftet ein Emittent Anlegern privatrechtlich auf Schadenersatz und, wenn ja, für welche Insiderinformationen hat er dabei einzustehen, also welches Insiderwissen wird ihm als eigenes normativ zugerechnet. Eine rechtsvergleichende Umschau verspricht unter diesen Umständen nicht zuletzt, Inspiration für die Weiterentwicklung des deutschen Rechts zu liefern.[3]

Daneben ist *zweitens* hinsichtlich mitgliedstaatlicher Rechtsordnungen der europäische Kontext zu beachten, in dem der Privatschadenersatz steht. Das Unionssekundärrecht erzwingt, wie gezeigt, auch unter dem Gesichtspunkt

[1] So insbesondere der genuin unionsrechtliche Regulierungsansatz. Siehe dazu bereits oben S. 47ff.

[2] Zu den deutschen Debatten über Transaktions- versus Preiskausalität, Kursdifferenz- versus Vertragsabschlussschaden und zur Rolle des Prozess- und Beweisrechts instruktiv: *Wagner*, ZGR 2008, 495, 530ff.; *Wichmann*, Haftung am Sekundärmarkt für fehlinformationsbedingte Anlegerschäden, 2017, 32ff.; 112ff., 147ff.; 176ff.

[3] Dass die Reformüberlegungen andauern, belegt u. a. der offenbar nicht weiter verfolgte Diskussionsentwurf eines Gesetzes zur Verbesserung der Haftung für falsche Kapitalmarktinformationen (Kapitalmarktinformationenhaftungsgesetz – KaInHaG), abgedruckt in: NZG 2004, 1042.

seines *effet utile*, keine Bereitstellung von Schadenersatzansprüchen.[4] Dies kann jedoch nicht verhehlen, dass eine allzu disparate Beantwortung dieser Frage in den einzelnen Mitgliedstaaten die Kohärenz des EU-kapitalmarktrechtlichen Ordnungsrahmens gefährdet und zukünftigen Reformbedarf induzieren könnte.[5] Hinzu kommt die mögliche Ausbildung eines impliziten *acquis communautaire*, eines europäischen Kapitalmarktdeliktsrechts. Denn auch abseits sekundärrechtlicher Harmonisierung kann der schlichte Konvergenzdruck benachbarter Kapitalmarktrechtsordnungen zu einer Annäherung der nationalen Lösungen führen.

Folgend werden zunächst die institutionenökonomischen und rechtsdogmatischen Randbedingungen nationaler Lösungen skizziert (1.). Im Anschluss daran werden die Lösungstypen[6] der wirtschaftlich führenden Kapitalmarktplätze der Welt (2.) und ausgewählter Mitgliedstaaten der EU (3.) miteinander verglichen und zusammenfassend gewürdigt (4.). Auf dieser Grundlage ergeben sich Schlussfolgerungen für die Auslegung der §§ 97, 98 WpHG sowie für die Rechtsfortbildung des deutschen und unionseuropäischen Kapitalmarktrechts (5.).

1. Grundlagenungewissheit hinsichtlich der ökonomischen Rechtfertigung und rechtsdogmatischen Einpassung einer Schadenersatzpflicht de lege ferenda

a) Ökonomische Vorbehalte

aa) Bedenken des deutschen historischen Gesetzgebers: Sanierbarkeit und Kapitalschutz

Um den rationalen Lösungsraum möglicher Behandlungen der hier interessierenden Fragen abzustecken, ist zunächst abstrakt zu beurteilen, welche ökonomisch-pragmatischen Gründe *de lege ferenda* für und wider einen privaten Schadenersatz bei fehlerhafter Ad-hoc-Publizität sprechen. Hierfür bietet die deutsche Rechtsentwicklung einen hilfreichen Kontrasthintergrund:

Das WpHG formulierte von seiner Einführung bis zum 30.4.2002 in § 15 Abs. 6 noch ein ausdrückliches Schadenersatzverdikt:

---

[4] Siehe oben: S. 47 ff. und S. 78.

[5] Vorschlag für eine Richtlinie des Europäischen Parlaments und des Rates über Insider-Geschäfte und Marktmanipulation (Marktmissbrauch) vom 30.5.2001, KOM(2001) 281 endgültig, Seite 11: „Grundsätzlich ist es in einem integrierten Finanzmarkt nicht hinzunehmen, dass rechtswidriges Verhalten in einem Land schwer, in einem anderen leicht und in einem dritten gar nicht geahndet wird." Zum Projekt einer EU-Richtlinie für fehlerhafte Kapitalmarktinformationen siehe: *Möllers/Leisch*, in: Kölner Kommentar zum WpHG, 2. Auflage 2014, §§ 37b, c Rn. 77 ff.

[6] Begriff nach *Drobnig* in: Festschrift für Rheinstein, 1969, 221, 225.

„Verstößt der Emittent gegen die Verpflichtung nach Absatz 1, 2 oder 3, so ist er einem anderen nicht zum Ersatz des daraus entstehenden Schadens verpflichtet. Schadenersatzansprüche, die auf anderen Rechtsgrundlagen beruhen, bleiben unberührt."

Die Begründung fand der Gesetzgeber darin, „die Funktionsfähigkeit des Wertpapiermarktes" stelle „ein Schutzgut dar, welches ausschließlich dem öffentlichen Interesse dient."[7] Dies sollte § 15 Abs. 6 WpHG a.F. lediglich klarstellen. Die Steuerungsidee dieser Festlegung bestand in der Annahme, Ad-hoc-Publizitätshaftung trete vor allem dann ein, wenn Unternehmen „sich in wirtschaftlichen Schwierigkeiten befinden." Gerade dann bestehe jedoch das Mehrheitsinteresse der Anleger in der Sanierung des Unternehmens, die erschwert würde, wenn zu den Verbindlichkeiten noch Schadenersatzansprüche wegen fehlerhafter Ad-hoc-Publizität hinzukämen.[8] Umgekehrt wurde eine hypothetische Schadenersatzpflicht zudem lange als Schwächung der Kapitalerhaltung gemäß § 57 AktG und als Aufgabe des Vorrangs des Gläubigerschutzes vor dem Aktionärsinteresse angesehen.[9]

bb) Einseitiges Haftungssystem mit distributiven Verzerrungen

An die im deutschen Gesetzgebungsprozess geäußerten Bedenken anknüpfend ist auf zwei Strukturschwächen der Emittentenhaftung für fehlende Ad-hoc-Publizität hinzuweisen

(1) Haftung verfehlt schuldnerseitig die Profiteure der Fehlinformation

Zunächst handelt es sich um ein einseitiges Haftungssystem[10] in dem Sinne, dass es zwar gläubigerseitig den Ausgleich der von Fehlinformation konkret betroffenen Anleger im Auge hat, dazu jedoch schuldnerseitig nicht die eigent-

---

[7] BT-Drs. 12/7918, S. 102. Dazu: *Reichert/Weller*, ZRP 2002, 49, 53.

[8] BT-Drs. 12/7918, S. 102. Der vorangegangene Gesetzesentwurf der Bundesregierung enthielt den bezeichneten Absatz 6 noch nicht, ohne die Haftungsfrage allerdings ausdrücklich zu reflektieren, vgl. BT-Drs. 12/6679, S. 9 li. Sp., 48 f.

[9] Bericht der Regierungskommission Corporate Governance vom 14.8.2001, BT-Drs. 14/7515, Rn. 182. Der Gegenvorschlag bestand in einer sachlich über die Ad-hoc-Publizität hinausgehenden Haftung von Vorstands- und Aufsichtsratsmitgliedern, siehe: aaO., Rn. 187. Diskussion bei: *Reichert/Weller*, ZRP 2002, 49, 54 f.; *Brellochs*, Publizität und Haftung von Aktiengesellschaften im System des Europäischen Kapitalmarktrechts, 2005, 240 ff.; *Fleischer/Schneider/Thaten*, NZG 2012, 801; *Weller*, in: Festschrift für Hoffmann-Becking, 2013, 1341, 1359 f. mwN. Diese Einwände dürften in formaler, rechtsdogmatischer Hinsicht heute als widerlegt gelten, weil die Leistung von Anlegerschadenersatz, jedenfalls auf dem Sekundärmarkt, nicht *causa societatis* erfolgt, siehe dazu die österreichischen Leitentscheidungen OGH, Beschluss vom 30.3.2011 – 7 Ob 77/10i und Beschluss vom 15.3.2012 – 6 Ob 28/12d; beide mit umfangreichen Nachweisen. Immerhin formuliert der Einwand der Kapitalerhaltung jedoch ein distributives Unbehagen, das sich ökonomisch begründen lässt, dazu sogleich.

[10] Zum Begriff siehe näher: *Thomale/Hübner*, JZ 2017, 385, 393 ff., wo der umgekehrte Fall im Zentrum steht, dass etwa die breit diskutierte Compliance-Haftung des Vorstands für Rechtsverstöße deshalb einseitig bleibt, weil *gläubiger*seits nicht die Opfer des Fehlverhaltens

lichen Profiteure der gegenständlichen Sekundärmarkttransaktionen – die Geschäftsgegner der den Anlegerschaden begründenden Transaktionen, denen nämlich entsprechende Renditen zufallen – sondern den strukturell außenstehenden Emittenten heranzieht.[11]

(2) Quersubventionierung zu Gunsten kurzfristiger, unterdiversifizierter Anleger

Das aufgezeigte Auseinanderfallen von Sanktionsadressat und Profiteur bringt distributive Verzerrungen mit sich: Setzt man den Emittenten wirtschaftlich in eins mit seinen Aktieneigentümern,[12] so bewirkt eine Emittentenhaftung für Anlegerschäden wegen fehlerhafter Ad-hoc-Publizität eine Umverteilung von passiven, längerfristig orientierten hin zu aktiven, auf kurzfristige Rendite abzielenden Anlegern.[13]

Eine solche Umverteilung ist bisher, soweit ersichtlich, nie als solche gerechtfertigt worden und lässt zudem volkswirtschaftsschädliche Steuerungseffekte befürchten: Einerseits widerspricht es der verbreiteten Maxime, längerfristige Anlagestrategien zu fördern,[14] andererseits werden kurzfristige Anleger „ge-

---

einer Gesellschaft, sondern die Aktionäre, vetreten durch ihren Aufsichtsrat als Organ der Aktiengesellschaft, gegenüber dem Vorstand berechtigt werden.

[11] Dieses Problem übersah der Gesetzgeber offenbar bei Einführung der §§ 37b, c WpHG a. F., vgl. BT-Drs. 14/8017, S. 64 li. Sp.: „Die neuen Vorschriften sind erforderlich, da einerseits Anleger bei der unterlassenen oder verspäteten Veröffentlichung oder der unrichtigen Behauptung solcher Tatsachen bislang nur unzureichend geschützt sind und andererseits das Publizitätsverhalten einiger börsennotierter Unternehmen insoweit starke Mängel aufweist."

[12] So bereits die Allgemeine Begründung RegE AktG, in: Kropff (Hrsg.), Aktiengesetz, 1965, 14. Diese erklärt die Sicht der „Aktionäre als [die] wirtschaftlichen Eigentümer des Unternehmens" zur „Richtlinie aller aktienrechtlichen Regelungen". Aus institutionen-ökonomischer Richtung lässt sich sekundieren, dass die Aktionäre zugleich die Residualgewinnberechtigung und Residualentscheidungsmacht tragen und deshalb als Eigentümer im funktionalen Sinne behandelt werden müssen. Siehe dazu etwa grundlegend: *Grossman/Hart*, Journal of Political Economy 94 (1986), 691 und darauf aufbauend: *Ulen*, The Journal of Corporation Law 18 (1993), 301, 316 f., 321; *Hansmann*, The Ownership of Enterprise, 1996, 11 ff.; *Aghion et al.*, The Journal of Law, Economics, and Ogranization, 30 (2014), Supplement, I1, I3.

[13] Ähnlich bereits: *Mülbert*, JZ 2002, 826, 834 f. Dies verfeinert das altbekannte „circularity" oder „pocket shifting argument" aus der US-amerikanischen Literatur, dass es sich *grosso modo* um ein Nullsummenspiel handele, in dem alle Anleger dem Fehlinformations- oder Täuschungsverhalten gleich nahestehen, aber eine willkürlich bestimmte „Schuldner"-Gruppe trotzdem die andere auszuhalten habe. Siehe dazu: *Arlen/Carney*, University of Illinois Law Review 1992, 691, 699: "In most cases, these shareholders are no more culpable than are the plaintiffs."; *Langevoort*, Arizona Law Review 38 (1996), 639, 649. Auf deutsch detailliert: *Dedeyan*, Regulierung der Unternehmenskommunikation, 2015, 888 ff. mwN.

[14] Längerfristige Anleger tragen etwa zu einer größeren Stabilität der Kapitalmärkte und des Principal-Agent-Verhältnisses zwischen Aktionären und Vorstand bei. Dieses Ideal, „sich an der Gesellschaft zu beteiligen, um dauerhafte und direkte Wirtschaftsbeziehungen mit ihr zu schaffen [...], die es [den Anlegern] ermöglichen, sich effektiv an ihrer Verwaltung oder ihrer Kontrolle zu beteiligen", hat der EuGH, Urteil v. 23. Oktober 2007 – C-112/05 – Volkswagengesetz, Rn. 54 sogar zum Schutzbereich der Kapitalverkehrsfreiheit nach Art. 56 Abs. 1 EGV (= Art. 63 Abs. 1 AEUV) gezählt. Der EU-Gesetzgeber verfolgt es zudem in der laufen-

schützt", die bei hinreichender Diversifizierung kein idiosynkratisches Fehlinformationsrisiko trügen und deshalb per Saldo durch die mit der Schadenersatzbeitreibung verbundenen Transaktionskosten belastet werden.[15] So findet also eine doppelte Quersubventionierung statt: Langfristige Anleger zahlen für kurzfristige, und unter den kurzfristigen zahlen die hinreichend diversifiziert investierenden für die unzureichend diversifiziert investierenden Anleger. Noch drastischer fällt die distributive Unwucht aus, wenn man Stakeholderinteressen in die Betrachtung mit einbezieht:[16] Es erscheint jedenfalls nicht offensichtlich, warum etwa im Insolvenzfall[17] die Anleger, als Klasse betrachtet, zu Lasten von Arbeitnehmern, Fremdkapitalgebern und sonstigen Gesellschaftsgläubigern die Transaktionsgewinne einerseits behalten, aber andererseits zugleich in Höhe des Kursverlustes an der Insolvenzmasse beteiligt werden sollten.

cc) Ultima (ir-)ratio: Abschreckung um jeden Preis

Vor dem Hintergrund der geschilderten Ungereimtheiten liegt die einzige – allerdings bedeutsame – Stärke der Privatschadenersatzlösung darin, einen empfindlichen und deshalb effektiven Handlungsanreiz zur Einhaltung der Ad-hoc-Publizitätspflicht zu setzen.[18] Es ist deshalb im Grundsatz folgerichtig, wenn auch Einzelfragen der Ausgestaltung dieser Schadenersatzhaftung am Abschreckungsziel orientiert werden.[19] Der unmittelbare Wohlfahrtsgewinn der Privatschadenersatzlösung besteht also *cum grano salis* in der Kostenerspar-

---

den Initiative für eine Europäische Kapitalmarktunion, vgl. Grünbuch Schaffung einer Kapitalmarktunion vom 18.2.2015, COM(2015) 63 final, S. 12 sub 3.4. Deshalb könnte es unerwünscht sein, mit der Schadenersatzlösung einen Anreiz zur kurzfristigen Anlage zu setzen. Doch auch diejenigen Anleger, die bei einer längerfristigen Strategie bleiben, werden zu wohlfahrtsschädlichen Dispositionen veranlasst: *Mülbert*, JZ 2002, 826, 835 berichtet etwa über die Strategie der planvoll-regelmäßigen Portfolioerneuerung, um Transaktionsaktivität zu simulieren.

[15] Zu diesem portfoliotheoretischen Argument siehe auf deutsch: *Wagner*, ZHR 181 (2017), 203, 268 auf Grundlage von: *Coffee*, Columbia Law Review 106 (2006), 1534, 1556ff.; *Langevoort*, Wake Forest Law Review 42 (2007), 627, 633f.; *Ferran*, Journal of Corporate Law Studies, 2009, 315, 339ff.; *Bratton/Wachter*, University of Pennsylvania Law Review 160 (2011), 69, 93ff., siehe insbes. 96 mit dem treffenden Hinweis: „[...] the ECMH's primary advice to investors is to diversify fully."

[16] Die notorische Shareholder-Stakeholder-Kontroverse soll hier nicht geführt werden. Aktuelle Entwicklungen dazu beleuchtet: *Schön*, ZHR 180 (2016), 279ff.

[17] Siehe bereits oben S. 1ff.

[18] *Wagner*, ZHR 181 (2017), 203, 269 mit der allerdings nicht zwingenden Ableitung, deshalb sei die Haftung auf das „Management" auszurichten. Differenzierter: *Davies*, Davies Review of Issuer Liability, March 2007, Rn. 119ff.; *Dedeyan*, Regulierung der Unternehmenskommunikation, 2015, 895ff.; *ders.*, in: Festschrift für von der Crone, 2017, 619, 627ff.

[19] *Klöhn*, ZHR 178 (2014), 671, 701; *Wichmann*, Haftung am Sekundärmarkt für fehlinformationsbedingte Anlegerschäden, 2017, 145ff., 164: „Die deliktische Haftung für fehlerhafte Informationen auf dem Sekundärmarkt [...] erfüllt in Deutschland weder ihre Kompensationsfunktion noch ihre ordnungspolitische Steuerungsfunktion." erkennen in der deutschen Lösung eine ineffiziente Unterkompensation der Anleger. Dies beruht insbesondere auf

nis der Anleger, die geringere Ressourcen auf die Suche und Verifikation von Unternehmensinformationen verwenden müssen.[20] Hinzu kommen die Vorteile, die aus der damit verbundenen Eindämmung des Insiderhandels entstehen.[21] Diese unbestreitbaren Vorteile sind jedoch auch gewissen Relativierungen ausgesetzt:

(1) Kostenersparnis der Anleger von zweifelhafter Quantität

Zunächst dürfte die Behauptung der Einsparung von Informationsverifikationskosten etwas pauschal geraten sein, besteht doch das wesentliche Geschäftsmodell insbesondere institutioneller Anleger, die sich in jüngerer Zeit weit auf dem Vormarsch befinden,[22] genau in dieser Informationsbeschaffung.[23] Die Ad-hoc-Publizität mag nun deren Suchkosten senken, allerdings auf einem Subtilitätsniveau[24], das nicht eindeutig für die quantitative Bedeutsamkeit dieser Hilfestellung spricht.

(2) Kostenvorteile der öffentlich-rechtlichen Durchsetzung

Bisher fehlt, soweit ersichtlich ein Horizontalvergleich mit verwaltungsrechtlichen und strafrechtlichen Sanktionsmechanismen insbesondere zur Detailfrage, wie diese kumulativ oder alternativ zur Schadenersatzlösung wirken. Dasselbe gilt innerhalb der Schadenersatzlösung für den Vergleich der Emittenten- mit der Organwalterhaftung.

Immerhin weist jedoch die jüngere finanzökonomische Forschung darauf hin, dass die öffentlich-rechtliche Durchsetzung des Kapitalmarktrechts der privatrechtlichen Durchsetzung deutlich überlegen ist.[25] Dieser empirische Befund wird im Wesentlichen darauf zurückgeführt, dass die Überwachung der Emittentenpublizität die typischen Eigenschaften eines öffentlichen Gutes zeigt: Sie ist für einen einzelnen Anleger *erstens* extrem kostspielig und *zweitens* mit so hohen positiven Externalitäten für Drittprofiteure, sog. *free-rider*,[26]

der derzeitigen Kombination aus niedrigem Schadenersatzumfang bei geringer Umsetzungswahrscheinlichkeit. Siehe dazu prägnant: *Wichmann*, aaO., 157.

[20] Dazu instruktiv: *Fleischer*, in: Fleischer/Merkt (Hrsg.), Verhandlungen des 64. Deutschen Juristentages Berlin, 2002, F 100.

[21] Siehe dazu oben S. 32 ff.

[22] *Gilson/Gordon*, Columbia Law Review 113 (2013), 863.

[23] *Klöhn*, in: Kölner Kommentar zum WpHG, 2. Auflage 2014, § 15 Rn. 5 ff. spricht treffend von „Informationshändlern".

[24] *Klöhn*, in: Kölner Kommentar zum WpHG, 2. Auflage 2014, Vor § 15 Rn. 62 ff.; § 15 Rn. 5 ff. mit einer detaillierten Aufschlüsselung.

[25] *Jackson/Roe*, Journal of Financial Economics 93 (2009), 207. Siehe auch: *Christensen/Hail/Leuz*, The Review of Financial Studies 29 (2016), 2885, 2890 et passim.; *Cumming/Groh/Johan*, Same Rules, Different Enforcement: Market Abuse in Europe, 2016, verfügar unter https://papers.ssrn.com/sol3/papers.cfm?abstract_id=2399064.

[26] Auf deutsch: Trittbrettfahrerproblem, vgl. etwa *Erlei/Leschke/Sauerland*, Institutionenökonomik, 3. Auflage 2016, 324 f. Zur theoretischen Vertiefung: *Tuck*, Free riding, 2008.

verbunden, dass selbst bei Verfügbarkeit von *class-actions* oder ähnlichen Kollektivdurchsetzungsmechanismen ein effektives *private law enforcement* ausbleibt.[27]

(3) Unklare Wohlfahrtskonsequenzen des Insiderhandels

Die Wohlfahrtskonsequenzen von Insiderhandel sind bis in die jüngere Zeit in der ökonomischen Literatur heftig umstritten. So wird etwa vertreten, Insiderhandel fördere u.a. sogar die akkurate Preisbildung durch transaktionsvermittelte Einspeisung zusätzlicher Informationen.[28] Das Kollektivphänomen des *private law enforcement* unterstützt hier also ein Ordnungssystem, das ein anderes Kollektivphänomen, gleichsam das *"private information bestowment"*, einschränkt. Je ungefährlicher oder gar nutzbringender jedoch der Insiderhandel, desto überflüssiger respektive schädlicher muss im Umkehrschluss die Schadenersatzhaftung für fehlerhafte Ad-hoc-Publizität erscheinen.

(4) Transaktionskosten von Schadenersatzprozessen

Bei der Evaluation der Schadenersatzlösung sind die erheblichen Prozesskosten zu berücksichtigen, die mit auf die Privatschadenersatzpflicht gestützten Zivilprozessen einhergehen. Schwellen- und Abwägungsfragen wie Kursrelevanz der Information, unmittelbares Betroffensein des Emittenten von einer Insiderinformation, Unverzüglichkeit der Publikation, grobe Fahrlässigkeit und, nicht zuletzt, das publikationspflichtig zurechenbare Emittentenwissen verstärken dieses Problem zusätzlich.

(5) Summe: Breiter Beurteilungsspielraum wegen ökonomischer und ökonometrischer Forschungslücken

In relativierender Hinsicht ist darauf hinzuweisen, dass neben der qualitativen Unschlüssigkeit des bisherigen ökonomischen Diskussionsstands, soweit ersichtlich, keine umfassende empirisch-quantitative Analyse der ausgemachten Kosten- und Nutzenmomente geleistet worden ist.[29] Die vorgehend dargestellten qualitativen und quantitativen Ungewissheiten hinsichtlich des ökonomi-

---

[27] *Jackson/Roe*, Journal of Financial Economics 93 (2009), 207, 209f. Dort auch zur ressourcenorientierten Messung der Intensität und Effektivität öffentlicher Durchsetzung.

[28] Das ursprüngliche Argument stammt, soweit ersichtlich, von *Manne*, Insider Trading and the Stock Market, 1966, insbes. 138ff. Siehe statt vieler zum entsprechenden US-amerikanischen Streit im Schrifttum sowie zwischen SEC und Rechtsprechung: *Bainbridge*, in: Bainbridge (Hrsg.), Research Handbook on Inside Trading, 2013, 1, 19ff.; *Macey*, The Genius of the Personal Benefit Test, Stanford Law Review Online, October 2016. Jüngere empirische Befunde weisen, in Übereinstimmung mit *Mannes* Vermutung, auf vernachlässigbar geringe Verluste außenstehender Anleger hin, siehe etwa: *Jeng et al.*, The Review of Economics and Statistics, 2003, 453.

[29] Vgl. etwa *Healy/Palepu*, Journal of Accounting and Economics 31 (2001), 405, 412: "However, empirical research on the regulation of disclosure is virtually non-existent." An der Berechtigung dieses Befunds hat sich seither, soweit ersichtlich, nichts geändert.

schen Sinns einer privatschadenersatzrechtlichen Emittentenhaftung für fehlerhafte Ad-hoc-Publizität eröffnen daher den einzelnen Rechtsordnungen einen weiten idiosynkratisch ausfüllbaren Lösungsraum: „Ökonomisch vertretbar" erscheint nahezu jede Lösung,[30] von der gänzlichen Untersagung über die höhenmäßige oder sonstige Beschränkung[31] bis hin zur weitreichenden Gewährung privater Schadenersatzansprüche.

b) Rechtsdogmatische Einpassungshürden

Gerade die Entwicklung kontinentaler Rechtsordnungen wird erfahrungsgemäß nicht nur von der wohlfahrtssteigernden, pragmatischen Lösungssuche hinsichtlich eines Regulierungsproblems, sondern von begrifflich-dogmatischen und rechtskulturellen Pfadabhängigkeiten geprägt. Als Ausgangspunkt soll auch insofern die deutsche Rechtsordnung herangezogen werden, weil sie nur unter besonders restriktiven Bedingungen Deliktsschadenersatz gewährt und damit für die möglichen Ansatzpunkte dogmatischer Engführungen sensibilisiert.

aa) Kein Ersatz reiner Vermögensschäden

Das erste Hindernis für eine Privatschadenersatzlösung besteht darin, dass sie den Ersatz reiner Vermögensschäden vorsieht. Der Anlegerschaden beruht nämlich weder auf einer Verletzung der Freiheit im Sinne des § 823 Abs. 1 Var. 4 BGB[32] noch einer solchen seines Eigentums gemäß § 823 Abs. 1 Var. 5 BGB.[33] Deshalb bleibt nach allgemeinem Deliktsrecht lediglich die „enge Gasse"[34] zwischen vorsätzlich sittenwidriger Schädigung nach § 826 BGB und gesetzlich geronnener Verhaltenserwartung in Verbindung mit § 823 Abs. 2 BGB.[35] Selbst dann ist jedoch zu konstatieren, dass die Erweiterung und Ausdifferenzierung dieser Tatbestände dem Grundprinzip der Ersatzlosigkeit reiner Vermögensschäden zuwiderläuft. Denn dieses beruht wesentlich auf der Kompetenzzuweisung, „die Lösung solcher Aufgaben, die durch das Gesetz erfolgen müsse,

---

[30] In einem *οἶκος divided against itself* – so ließe sich im Anschluss an *Abraham Lincoln* und Markus 3, 25 formulieren – stehen auch die *νόμοι* nicht fest.

[31] So etwa: *Langevoort*, Arizona Law Review 38 (1996), 639 insbes. 657ff.

[32] Darunter wird nach ganz herrschender und aus gesetzessystematischen Gründen zutreffender Meinung ausschließlich die körperliche Fortbewegungsfreiheit gefasst. Vgl. *Larenz/Canaris*, Lehrbuch des Schuldrechts, Band II/2, 13. Auflage 1994, 385f.; *Wagner*, in: MüKo BGB, 7. Auflage 2017, § 823 Rn. 210.

[33] Geschützt ist am Aktieneigentum lediglich in engen Grenzen das Mitgliedschaftsrecht als sonstiges Recht, das hier nicht betroffen wird. Siehe: *Habersack*, Die Mitgliedschaft – subjektives und „sonstiges" Recht, 1996; *Wagner*, in: MüKo BGB, 7. Auflage 2017, § 823 Rn. 216, 306ff.

[34] *Fleischer*, NJW 2002, 2977, 2979.

[35] Siehe auch: *Baums*, ZHR 167 (2003), 139, 141f.

[nicht] auf die Gerichte abzuwälzen. [...] Diesen Bedenken gegenüber verdiene es den Vorzug, dem Richter zu seiner Entscheidung schon im Gesetze einen gewissen objektiven Maßstab an die Hand zu geben."[36] Vor diesem Hintergrund erscheint gleichviel, ob die befürchteten „Auswüchse"[37] richterlicher Rechtsschöpfung anhand einer deliktsrechtlichen Generalklausel etwa französischen Vorbilds oder anhand der Überdehnung von Sondertatbeständen wie §§ 826, 823 Abs. 2 BGB vollzogen werden.

bb) Fehlende spezifische Dritt- oder Privatnützigkeit der Ad-hoc-Publizitätspflicht

Das zweite wesentliche dogmatische Hindernis für die Anerkennung der Privatschadenersatzlösung liegt in der marktbezogenen Generalschutzrichtung der Ad-hoc-Publizität. Wie oben bereits ausgeführt, galt die Ad-hoc-Publizitätspflicht klassischerweise als schlicht objektive, nicht individuell drittschützende Pflicht, was der deutsche § 15 Abs. 6 Satz 1 WpHG a. F. bis zum 30.4. 2002 sogar ausdrücklich festhielt.[38] Denn der darin verfügte Ausschluss von Schadenersatzansprüchen sollte klarstellen, dass mangels Drittschutzes auch der „haftungsrechtliche Transmissionsriemen"[39] des § 823 Abs. 2 BGB bei der Ad-hoc-Publizitätspflicht ausfällt. Dies ist nun keine willkürliche Setzung, sondern bildet ein Fundamentalprinzip des deutschen Deliktsrechts. In diesem

„können nur solche Gebote und Verbote in Betracht kommen, welche darauf [abzielen], die Interessen des Einen vor der Beeinträchtigung durch den Anderen zu bewahren, nicht dagegen die im Interesse der Gesammtheit auferlegten gesetzlichen Pflichten, welche, weil sie den Interessen Aller förderlich [sind], auch jedem irgendwie Betheiligten zu Gute [kommen]."[40]

Den dahinterstehenden Gedanken hat der BGH einmal treffend wie folgt erfasst:

„Zwar entspricht es einer humanen Gesellschaftsordnung, die staatliche Belange nicht als Selbstzweck anerkennt, daß sogenannte Belange der Allgemeinheit immer der Rechtfertigung durch die Belange aller mittelbar oder unmittelbar betroffenen Bürger, also Einzelnen, bedürfen und daher in ihrer Zielrichtung nicht über die Summe der letzteren hinausgreifen sollen. Damit ist kaum eine öffentlich-rechtliche Norm denkbar, die nicht im wenigstens allgemeineren Sinn Schutz und Förderung einzelner Bürger bewirkt oder bezweckt. Daraus ergibt sich aber schon, daß diese allgemeine Schutzfunktion, auch soweit sie der Intention des Gesetzgebers entspricht, noch nichts darüber besagt, in wel-

---

[36] Prot. II, 2718 = Mugdan II, 1075.

[37] Prot. II, 2718 = Mugdan II, 1075.

[38] Vgl. *Zimmer/Kruse*, in: Schwark/Zimmer, Kapitalmarktrechts-Kommentar, WpHG, 4. Auflage 2010, § 15 Rn. 6; *Casper*, in: Schulze (Hrsg.), Compensation of Private Losses, 2011, 91, 92 bei und in Fn. 5 mwN., 107 bei und in Fn. 58.

[39] *Mülbert*, JZ 2002, 826, 831.

[40] Prot. II, 2712 = Mugdan II, 1073.

chem Falle ein Schutzgesetz iS des § 823 Abs 2 vorliegt und welche Interessen es schützen soll.“[41]

Bei der Ad-hoc-Publizitätspflicht handelt es sich, objektiv betrachtet, um einen geradezu paradigmatischen Fall einer gemeinwohlorientierten Sonderpflicht im beschriebenen Sinne, nämlich derjenigen, den Sekundärmarkt günstig mit Informationen zu versorgen.[42] Von Anbeginn wurde die Kapitalmarktpublizität deshalb auch unter Ökonomen als Gemeinschaftsgut verstanden.[43] Deshalb müsste das klassische deutsche Deliktsrecht und jedes andere, das seinem Beispiel folgt, der Ad-hoc-Publizitätspflicht die Schadenersatzbewehrung versagen.[44]

cc) Subsidiarität des Deliktsschadenersatzes

Neben das Erfordernis einer individualisierten Schutzrichtung tritt beim Schutzgesetz eine funktionale Subsidiaritätsidee: Schadenersatz nach § 823 Abs. 2 BGB steht lediglich dann zu Gebote, wenn es dem Zweck der Schutznorm entspricht, auch und gerade durch privatrechtlichen Schadenersatz sanktioniert zu werden, was etwa dann ausscheiden kann, wenn ihre Befolgung bereits durch andere Sanktionsformen hinreichend gewährleistet ist.[45] Bei einem durch Ordnungswidrigkeiten[46] beeinträchtigten Individuum ist „eine Gesamtbetrachtung der Regelung […] erforderlich. Wenn dessen Belange anderweit ausreichend abgesichert sind […], dann ist daneben ein deliktischer Schutz derselben Interessen über § 823 Abs. 2 BGB entbehrlich.“[47] Dadurch soll verhindert

---

[41] BGHZ 66, 388, 389 (juris-Rn. 16).

[42] Siehe oben S. 35ff. Dennoch bereits vor Einführung der §§ 37b, c WpHG a.F. mit einer geradezu visonärischen Weitsicht für einen Individualschutz der Anleger: *Möllers*, WM 2001, 1648. Heute im Grundsatz zustimmend: *Wagner*, in: MüKo BGB, 7. Auflage 2017, § 823 Rn. 504.

[43] Klassisch: *Coffee*, Virginia Law Review 70 (1984), 717, 722.

[44] Vgl. die Diskussion bei *Ehricke*, in: Hopt/Voigt (Hrsg.), Prospekt- und Kapitalmarktinformationshaftung, 2005, 187, 272ff. Dies gilt auch unter dem Gesichtspunkt, dass sich die Ad-hoc-Publizitätspflicht aus Unionsrecht ergibt. Denn die Schadenersatzgewährung ist, wie oben unter S. 47ff. und S. 78 gezeigt, gerade nicht unionsrechtlich nezessitiert, folgt mithin auch unter Auslegungsgesichtspunkten ausschließlich mitgliedstaatlichen Regeln. Anderer Ansicht: *Hellgardt*, AG 2012, 154, 165.

[45] Dass sich das Kriterium der Subsidiarität fundamental von der Dritt- oder Privatnützigkeit unterscheidet, belegt zum österreichischen Recht OGH, Beschluss v. 24. Januar 2013 – 8 Ob 104/12w, wo die Sanktionsbewährung sogar als Indiz für die Schutzgesetzeigenschaft gewertet wird.

[46] Gemäß der Rechtsprechung soll für strafrechtliche Sanktionen im engeren Sinne etwas anderes gelten, sodass *diese* Sanktionsdoppelung hinzunehmen sei, vgl. BGHZ 116, 7, 14. Die Sonderbehandlung des Strafrechts leuchtet nicht ein. Vielmehr entspräche es dem Subsidiaritätsgedanken, gerade dann, wenn eine Verhaltensnorm sogar strafbewehrt ist, von einer zusätzlichen privatrechtlichen Sanktion durch Deliktsschadenersatz abzusehen. Diese Frage kann jedoch vorliegend dahinstehen, weil weder in Deutschland noch, soweit ersichtlich, in anderen Rechtsordnungen die schiere Ad-hoc-Publizitätspflichtverletzung Straftatbestände erfüllt.

[47] BGHZ 84, 312, 313 (juris-Rn. 14) zum Angestelltenversicherungsgesetz. Zuvor bereits

werden, dass die Fundamentalentscheidung des Gesetzgebers gegen den Ersatz reiner Vermögensschäden unterlaufen wird.[48] Der BGH hat diese Voraussetzung im Kapitalmarktrecht erst kürzlich dahingehend konkretisiert, dass zu zeigen sei, „dass die Schaffung eines individuellen Schadenersatzanspruchs sinnvoll und im Lichte des haftungsrechtlichen Gesamtsystems tragbar erscheint. [...] Diese Voraussetzungen wären [...] nur dann erfüllt, wenn der [...] intendierte Anlegerschutz effektiv *nur* durch eine deliktische Haftung verwirklicht werden könnte.“[49]

Die Ad-hoc-Publizitätspflicht wird bereits durch Verwaltungssanktionen durchgesetzt.[50] Jedenfalls der EU-Gesetzgeber hat sich mit diesem Schutz zufriedengegeben. Belastbare rechtssoziologische Studien, dass und in welchem Umfang Schadenersatz *erforderlich* sei, um die Einhaltung der Ad-hoc-Publizitätspflicht zu gewährleisten, sind nicht ersichtlich. Somit ist ein *private enforcement* auch unter dem Aspekt der Subsidiarität des Deliktsschadenersatzes im Grundsatz abzulehnen.

dd) Der Sonderdeliktstatbestand als Lösung

Aus den vorangegangenen Schilderungen tritt die Essenz der deutschen Lösung, die Schadenersatzpflicht für fehlerhafte Ad-hoc-Publizität in einem deliktsrechtlichen Sondertatbestand zu verorten, deutlich hervor: *Erstens* geht es darum, gesetzliche Vorgaben zu formulieren, um dem prinzipiellen Verbot des Ersatzes reiner Vermögensschäden außerhalb von Sonderbeziehungen in seinem funktionalen Gehalt als Kompetenzabgrenzung zwischen Gesetzgeber und Rechtsprechung gerecht zu werden. *Zweitens* kommt dem Sondertatbestand die Aufgabe zu, den Kreis der Anspruchsberechtigten näher zu definieren, und so die grundsätzlich gemeinwohlorientierte Ad-hoc-Publizitätspflicht

---

zur StVZO: BGH VersR 1980, 457, 458 (juris-Rn. 13): „Eine Gesamtbetrachtung der Regelung, die das schützenswerte Interesse des Unfallopfers absichern will, zeigt, daß dessen Belange auch ohne die Verwirklichung einer so weitgehenden Rechtsfolge ausreichend abgesichert sind.“ BGHZ 116, 7, 13 f. (juris-Rn. 19) wendet hinsichtlich § 264a StGB dieselben Kriterien an, kommt aber zum Ergebnis, ein zusätzlicher Schadenersatzanspruch sei erforderlich. BGHZ 125, 366 (juris-Rn. 21) zu § 130 OWiG: „Es muß sich vielmehr aus dem Gesamtzusammenhang des Normengefüges ergeben, daß die Schaffung eines – unter Umständen zusätzlichen – Schadenersatzanspruchs tatsächlich vom Gesetz erstrebt wird, das heißt, daß ein solcher besonderer Schadenersatzanspruch sinnvoll und im Licht des haftungsrechtlichen Gesamtsystems tragbar erscheint.“ Zum Ganzen: *Larenz/Canaris*, Lehrbuch des Schuldrechts, Band II/2, 13. Auflage 1994, 435 ff.

[48] BGHZ 66, 388, 390 f. (juris-Rn. 18) zu § 18 Abs. 3 der Landesbauordnung Baden-Württemberg, der den Schutz öffentlicher Anlagen während des Baubetriebs vorschrieb.

[49] BGHZ 186, 58, 68 f. Rn. 29 zu §§ 31 ff. WpHG a. F. Hervorhebung des Verfassers. Ohne Begründung ablehnend: *Wagner*, in: MüKo BGB, 7. Auflage 2017, § 823 Rn. 498 bei Fn. 2082. Vermittelnd: *Hager*, in: Staudinger BGB, Stand 2009, § 823 G 6.

[50] Siehe bereits oben S. 45 f.

in ihrer sekundärrechtlichen Schadenersatzdimension zu individualisieren.[51] Beide Justierungen werden schließlich *drittens* im Sinne der Regel *lex specialis derogat legi generali* dadurch positivrechtlich statuiert, dass neben die inhaltliche Bewältigung der dogmatischen Hindernisse ihre formale Überwindung tritt: Der Gesetzgeber legt damit insbesondere das gewünschte Sanktionsniveau unmissverständlich fest, so dass auf Anwendungsebene für Subsidiaritätserwägungen kein Raum verbleibt.

2. *Internationaler Lösungsvergleich*

a) USA: Private Durchsetzung der Ad-hoc-Publizität zur Verhinderung von Marktmanipulation

aa) Position

Die USA sind das Mutterland des Kapitalmarktrechts. Zugleich ist die US-amerikanische Rechtsordnung, soweit ersichtlich, die erste, die Privatschadenersatzansprüche gegen den Emittenten wegen der Verletzung kapitalmarktrechtlicher Informationspflichten anerkannte. Dies war nicht selbstverständlich. Denn die Rechtsgrundlage, die auf der Verordnungsermächtigung Sec. 10(b) Securities Exchange Act (1934) beruhende Rule 10b-5, lautet wie folgt:

"Employment of manipulative and deceptive devices

It shall be unlawful for any person, directly or indirectly, by the use of any means or instrumentality of interstate commerce, or of the mails or of any facility of any national securities exchange,

[...]

(b) To make any untrue statement of a material fact or to omit to state a material fact necessary in order to make the statements made, in the light of the circumstances under which they were made, not misleading, [...]"[52]

Diese Norm regelt wortlautgemäß nur die objektive Rechtswidrigkeit fehlerhafter Kapitalmarktpublizität und schweigt sich zur subjektiv-rechtlichen Bewehrung von Verletzungen aus. Bereits zu Beginn der 70er Jahre galt jedoch als gesichert, dass diese lakonische Formel auch als privatrechtliche Anspruchs-

---

[51] Vgl. *Ehricke*, in: Hopt/Voigt (Hrsg.), Prospekt- und Kapitalmarktinformationshaftung, 2005, 187, 280ff. Vor diesem Hintergrund erscheint besonders misslich, wie ungeklärt die Frage der Anspruchsberechtigung bei den §§ 97, 98 WpHG im Detail ist. Siehe jetzt aber lichtvoll: *Florstedt*, AG 2017, 557.

[52] § 240.10b–5 Employment of manipulative and deceptive devices., 17 C.F.R. § 240.10b–5. Zur prüfungsschematischen Übersetzung dieser Norm siehe: *Savitt/Yavitz*, in: Savitt (Hrsg.), The Securities Litigation Review, 3. Aufl. 2017, 267, 274ff.

grundlage herangezogen werden kann.[53] Dies gründete auf dem Glauben, die Verfügbarkeit von Schadenersatzansprüchen sei für die Durchsetzung der Ad-hoc-Publizität unverzichtbar.[54] Zu beachten ist freilich der besondere Marktmissbrauchskontext, in dem diese Pflicht zur Ad-hoc-Publizität steht:[55]

Daraus folgt *erstens*, dass die schlicht unterlassene Ad-hoc-Publizität nur dann schadenersatzbewehrt ist, wenn eine selbstständige Mitteilungspflicht bestand.[56] Diese Pflicht muss sich aus einer selbstständigen Gesetzesnorm oder aus einem Ingerenzzusammenhang mit früheren Erklärungen, die nachträglich unrichtig oder unvollständig und deshalb irreführend geworden sind, ergeben.[57]

Zweitens setzt die Schadenersatzpflicht eine maligne Innentendenz, sog. „scienter" des Emittenten voraus, um die bereits von der Überschrift der Rule 10b-5 genannte Manipulation oder Täuschung zu begründen.[58] Neben der Täuschungsabsicht fällt auch die mutwillige Rücksichtslosigkeit, sog. „deliberate recklessness", darunter.[59] Jedenfalls setzt *scienter* jedoch die positive Kenntnis des Emittenten voraus. Wie die Emittentenkenntnis zu konstituieren sei, war in der US-amerikanischen Rechtsprechung lange umstritten. Es dominierten zwei gegenläufige Ansätze: Einige Obergerichte rechneten dem Emittenten ausschließlich das Wissen der mit der Ad-hoc-Mitteilung betrauten Mitarbeiter zu.[60] Andere bejahten die Wissenszurechnung auch dann, wenn die entschei-

---

[53] Superintendent of Ins. of State of N. Y. v. Bankers Life & Cas. Co., 92 S.Ct. 165, 169, 404 U.S. 6, 13 Fn. 9 (U.S.N.Y.,1971): "It is now established that a private right of action is implied under s 10(b).", unter Berufung auf das Handbuch von *Loss*, Securities Regulation, 2. Auflage 1961.

[54] Basic Inc. v. Levinson, 108 S.Ct. 978, 983, 485 U.S. 224, 230–31 (U.S.,1988): "Judicial interpretation and application, legislative acquiescence, and the passage of time have removed any doubt that a private cause of action exists for a violation of § 10(b) and Rule 10b–5, and constitutes an essential tool for enforcement of the 1934 Act's requirements."

[55] Dies wird in deutschsprachigen Länderberichten häufig zu wenig betont. Siehe etwa: *Kulms*, in: Hopt/Voigt (Hrsg.), Prospekt- und Kapitalmarktinformationshaftung, 2005, 1101, 1140; *Wichmann*, Haftung am Sekundärmarkt für fehlinformationsbedingte Anlegerschäden, 2017, 38ff.

[56] Basic Inc. v. Levinson, 108 S.Ct. 978, 987, 485 U.S. 224, 239 (U.S.,1988): "Silence, absent a duty to disclose, is not misleading under Rule 10b–5."

[57] In re BioScrip, Inc. Securities Litigation, 95 F.Supp.3d 711, 727 (S.D.N.Y.,2015): "In general, an omission is actionable under the securities laws only when the corporation is subject to a duty to disclose the omitted facts [...]. Disclosure is not required simply because an investor might find the information relevant or of interest. [...]. A duty to disclose under Rule 10b–5 may arise either (1) expressly pursuant to an independent statute or regulation; or (2) as a result of the ongoing duty to avoid rendering existing statements misleading by failing to disclose material facts."

[58] Ernst & Ernst v. Hochfelder, 96 S.Ct. 1375, 1383, 425 U.S. 185, 197 (U.S.Ill.,1976): "The words "manipulative or deceptive" used in conjunction with "device or contrivance" strongly suggest that s 10(b) was intended to proscribe knowing or intentional misconduct."

[59] Matrixx Initiatives, Inc. v. Siracusano, 131 S.Ct. 1309, 1323, 563 U.S. 27, 48 (U.S.,2011).

[60] Southland Securities Corp. v. INSpire Ins. Solutions, Inc., 365 F.3d 353, 366 (C.A.5 (Tex.),2004): "we believe it appropriate to look to the state of mind of the individual corporate official or officials who make or issue the statement (or order or approve it or its making or

dende Kenntnis bei einem Mitarbeiter lag, der nicht mit der streitgegenständlichen Ad-hoc-Mitteilung betraut war.[61] Verbreitete Zustimmung fand jedenfalls die These, dass der kenntnistragende Mitarbeiter nicht unbedingt konkret persönlich benannt werden müsse, um das *scienter* des Emittenten zu begründen.[62] Zuletzt hat der Sixth Circuit Court of Appeal einen Kompromissvorschlag formuliert, der im Schrifttum auf Zustimmung[63] stößt:

"The state(s) of mind of any of the following are probative for purposes of determining whether a misrepresentation made by a corporation was made by it with the requisite scienter under Section 10(b): ...

a. The individual agent who uttered or issued the misrepresentation;

b. Any individual agent who authorized, requested, commanded, furnished information for, prepared (including suggesting or contributing language for inclusion therein or omission therefrom), reviewed, or approved the statement in which the misrepresentation was made before its utterance or issuance;

c. Any high managerial agent or member of the board of directors who ratified, recklessly disregarded, or tolerated the misrepresentation after its utterance or issuance...."[64]

Dies ist im Kontext einer verglichen mit allgemeinen *agency*-Grundsätzen restriktiven Zurechnungsverantwortung im Kapitalmarktrecht zu sehen, die in der Rechtsprechung des Supreme Court[65] sowie in der Gesetzgebung, insbesondere

---

issuance, or who furnish information or language for inclusion therein, or the like) rather than generally to the collective knowledge of all the corporation's officers and employees acquired in the course of their employment."

[61] City of Monroe Employees Retirement System v. Bridgestone Corp., 399 F.3d 651, 688 (C.A.6 (Tenn.),2005): "knowledge of a corporate officer or agent acting within the scope of [his] authority is attributable to the corporation." Zuvor bereits: Adams v. Kinder-Morgan, Inc., 340 F.3d 1083, 1106 (C.A.10 (Colo.),2003): "The scienter of the senior controlling officers of a corporation may be attributed to the corporation itself to establish liability as a primary violator of § 10(b) and Rule 10b-5 when those senior officials were acting within the scope of their apparent authority."

[62] Teamsters Local 445 Freight Div. Pension Fund v. Dynex Capital Inc., 531 F.3d 190, 196 (C.A.2 (N.Y.),2008): "we do not believe [...], that in no case can corporate scienter be pleaded in the absence of successfully pleading scienter as to an expressly named officer." In dieselbe Richtung: Glazer Capital Management, LP v. Magistri, 549 F.3d 736, 744 (C.A.9 (Cal.),2008): "there could be circumstances in which a company's public statements were so important and so dramatically false that they would create a strong inference that at least *some* corporate officials knew of the falsity upon publication."

[63] Der Vorschlag beruht auf *Abril/Olazábal*, Columbia Business Law Review, 2006, 81, 135. Mit dem nachvollziehbaren Petitum zustimmend, das Merkmal "high managerial agent" bedürfe näherer Spezifizierung: *Jones*, Boston College Law Review 57 (2016), 695, 721 ff. Zuvor bereits: *Langevoort*, University of Cincinnati Law Review 71 (2003), 1187, 1230.

[64] In re Omnicare, Inc. Securities Litigation, 769 F.3d 455, 476 (C.A.6 (Ky.), 2014).

[65] Ernst & Ernst v. Hochfelder, 425 U.S. 185 (U.S.Ill.,1976); Central Bank of Denver, N.A. v. First Interstate Bank of Denver, N.A., 511 U.S. 164 (U.S.Colo.,1994); Tellabs, Inc. v. Makor Issues & Rights, Ltd., 551 U.S. 308 (U.S.,2007); Janus Capital Group, Inc. v. First Derivative Traders, 564 U.S. 135 (U.S.,2011).

bei Erlass des Private Securities Litigation Reform Act (1995)[66], fest verankert ist. Mit einer Einschränkung der strengen Einstandspflicht für Mitarbeiterdelikte wollen die Gerichte nach Einschätzung von *Lipton* ebendiese systematische Sanktionsdoppelung vermeiden, die bereits oben im Zusammenhang mit Produkthaftungs- und Kartellschadenersatzklagen angesprochen wurde.[67]

bb) Evaluation

Die US-amerikanischen Debatten sind – insbesondere, was die Frage der Wissenszurechnung angeht – noch sehr im Fluss.[68] Immerhin wird deutlich, dass die US-amerikanische Lösung in zweifacher Hinsicht kürzer (!) greift als die deutsche:

Erstens ist sie deutlich zurückhaltender bei der Annahme konkreter Aufklärungspflichten. Vielmehr sieht sie grundsätzlich, im Gegensatz zu § 97 WpHG, in der Unterlassung einer Ad-hoc-Mitteilung keinen schadenersatzbewehrten marktmissbräuchlichen Vorgang.[69] Die Eigenverantwortungssphäre des Marktes[70] beginnt also bereits dort, wo der Emittent ihn nicht aktiv durch Fehlinformationen beeinflusst. Dahinter mag die implizite Überzeugung stehen, dass der Anleger zwar nicht zwingend der *cheapest information provider*, aber der *cheapest risk bearer* ist, also derjenige, der das Risiko uninformierter Fehlinvestitionen durch Diversifikation mit den geringsten Kosten ausschalten kann.[71]

Die *zweite* Verengung der US-amerikanischen Lösung gegenüber der deutschen besteht in der Voraussetzung von *scienter* im Gegensatz zu grober Fahrlässigkeit. Denn selbst wenn im Einzelfall die genaue Abgrenzung zwischen grober

---

[66] Siehe insbesondere H.R. CONF. REP. 104-369, 38, 1995 U.S.C.C.A.N. 730, 737 zum Übergang von gesamtschuldnerischer zu proratarischer Haftung bei Gemeinschaftsdelikten. Australien ist diesem Ansatz im Jahr 2004 gefolgt, vgl. *Duffy*, Melbourne University Law Review 29 (2005), 621, 662 mwN. So auch Kanada in Sec. 138.6 Securities Act (Ontario).

[67] *Lipton*, Washington University Law Review 92 (2015), 1261, 1321: "Courts limit the use of vicarious liability in order to prevent section 10(b) from becoming a "super" statute that is used to punish corporations for any kind of antisocial behavior."

[68] Den durchaus komplexen Meinungsstand referiert *Jones*, Boston College Law Review 57 (2016), 695, 697ff. mwN.

[69] Ähnlich offenbar auch das australische Recht. Siehe dazu: Sec. 1317HA Corporations Act 2001 sowie *Duffy*, Melbourne University Law Review 29 (2005), 621, 647ff.; *Klöhn*, in: Kölner Kommentar zum WpHG, 2. Auflage 2014, Vor § 15 Rn. 28; beide mwN. Die Rechtslage ist jedoch durchaus komplex, weil einzelne Transparenzpflichttatbestände über das gesamte Gesellschafts- und Kapitalmarktrecht verstreut sind, vgl. *Hastings/Eastwood*, in: Savitt (Hrsg.), The Securities Litigation Review, 3. Aufl. 2017, 10, 11 bei und in Fn. 8.

[70] Siehe oben S. 39f.

[71] Vgl. oben S. 80ff. Wissenschaftlich abgestützte ökonomische Überlegungen sind im US-amerikanischen Kapitalmarktrecht bereits seit vielen Jahrzehnten üblich. Siehe etwa anlässlich der SEA-Reform im Jahre 1975 die Beschlussvorlage H.R. CONF. REP. 94-229, 91, 1975 U.S.C.C.A.N. 321, 323 mit der Maxime "to ensure that securities can be purchased and sold at economically efficient transaction costs". Grundlegend auch: *Fischel*, The Business Lawyer 38 (1982), 1.

Fahrlässigkeit und „deliberate recklessness" schwerfallen mag, so unterstellt die US-amerikanische Lösung jedenfalls offen ein voluntatives Vorsatzmoment.[72]

Aufschlussreich sind zudem die US-amerikanischen Debatten über die Zurechnung ad-hoc-publizitätspflichtigen Wissens. Denn die Vorbehalte, die bereits im deutschen Recht gegenüber der mosaikartigen Zusammenrechnung von Wissenselementen formuliert wurden,[73] sind hier ebenfalls präsent. Dies mag, wie im deutschen Recht, neben ökonomisch-pragmatischen Überlegungen auch mit der subjektiv-objektiven Sinneinheit des Marktmissbrauchs zusammenhängen. Man könnte, übertragend gesprochen, formulieren: Die US-amerikanische Ad-hoc-Publizität wird für die Zwecke der privaten Schadenersatzhaftung als ein Unterfall des Verbots der Marktmanipulation nach § 20a WpHG a. F. respektive Art. 12, 15 MarktmissbrauchsVO behandelt.[74] Dabei zeigt sich eine prinzipielle Zurückhaltung bei der Zurechnung von Fremdhandlungen und Fremdwissen, die auch Elemente des deutschen Mosaikverbots[75] und Gleichstellungsprinzips[76] spiegelt.

b) UK: Haftung für unlautere Fehlinformation

Im UK[77] ist die private Durchsetzung kapitalmarktrechtlicher Pflichten nicht völlig unbekannt. So verfügte Sec. 90A des Financial Services and Markets Act 2000 (FSMA) in Verbindung mit dem dazu erlassenen Schedule 10A schon seit 2006 eine Schadenersatzhaftung des Emittenten für veröffentlichte Fehlinformationen.[78] Diese Vorschriften dienten jedoch ausschließlich der Durchsetzung der TransparenzRiLi, bezogen sich also nicht auf fehlerhafte Ad-hoc-Publizität

---

[72] So auch: *Kulms*, in: Hopt/Voigt (Hrsg.), Prospekt- und Kapitalmarktinformationshaftung, 2005, 1101, 1143.

[73] Siehe oben S. 15 f. und S. 59 ff.

[74] Zu § 20a WpHG a. F. wurde immer schon vertreten, dass er kraft Sachzusammenhangs ein kapitalmarktrechtliches Vorsatzerfordernis enthalte. Für die Art. 12, 15 MarktmissbrauchsVO wird dies abseits einer ausdrücklichen Einbeziehung des Wissenmüssens in Art. 12 Abs. 1 lit. c) und d) weiterhin angenommen. Vgl. *Fleischer*, in: Fuchs WpHG, 2. Auflage 2016, § 20a Rn. 73 f.; *Stoll*, in: Kölner Kommentar zum WpHG, 2. Auflage 2014, § 20a Rn. 246 ff.

[75] *Langevoort*, University of Cincinnati Law Review 71 (2003), 1187, 1229 et passim spricht vom "piecemeal attribution problem".

[76] Die Quintessenz aus Ernst & Ernst v. Hochfelder, 425 U.S. 185 (U.S.Ill.,1976) und Central Bank of Denver, N.A. v. First Interstate Bank of Denver, N.A., 511 U.S. 164 (U.S.Colo.,1994) wird zusammengefasst bei: *Langevoort*, University of Cincinnati Law Review 71 (2003), 1187, 1229: "[Automatic attribution] disadvantages the corporation vis-à-vis individual actors who would be able to disclaim scienter because of their lack of knowledge-in-fact."

[77] Vor dem Hintergrund des anstehenden Austritts aus der EU und der internationalen Bedeutung des Kapitalmarktplatzes London wird das UK hier und nicht bei der Unionsrechtsvergleichung, sub S. 102 ff., aufgeführt. Zu den möglichen Konsequenzen der Brexit-Verhandlungen für den Kapitalmarktstandort London siehe: *Armour/Eidenmüller* (Hrsg.), Negotiating Brexit, 2017.

[78] Diese Fassung findet sich abgedruckt in: *Veil/Wundenberg*, Englisches Kapitalmarktrecht, 2010, 153 f.

im Sinne der MarktmissbrauchsRiLi.[79] Auch die im common law sowie in Sec. 90 FSMA anerkannte Prospekthaftung wurde nie auf das Feld der Ad-hoc-Publizität erstreckt.[80] Schließlich waren die englischen Gerichte bisher gemäß Sec. 138D Abs. 5 lit. a) (≈ Sec. 150 Abs. 4 lit. a) a. F.) daran gehindert, Verstößen gegen die Ad-hoc-Publizität den für die kapitalmarktsdeliktsrechtliche Generalklausel der Sec. 138D erforderlichen individualschützenden Charakter zuzusprechen.[81] Dieses spezifische Hindernis könnte nun durch die unmittelbare Anwendbarkeit der MarktmissbrauchsVO abgeschwächt worden sein, jedenfalls wird dies von anwaltlicher Seite propagiert, um etwa das private law enforcement von Art. 12, 15 MarktmissbrauchsVO zu eröffnen.[82] Hinsichtlich fehlerhafter Ad-hoc-Publizität steht jedoch eine seit dem 1. Oktober 2010 in Kraft befindliche Erweiterung des Sec. 90A FSMA in Verbindung mit dem dazu ebenso in neuer Fassung erlassenen Schedule 10A im Vordergrund:

Sec. 90A FSMA

"Liability of issuers in connection with published information

Schedule 10A makes provision about the liability of issuers of securities to pay compensation to persons who have suffered loss as a result of –

(a) a misleading statement or dishonest omission in certain published information relating to the securities, or

[79] Vgl. Explanatory Note to Section 1270, Companies Act 2006, Rn. 1644: "Subsection (1) (a) of new section 90A provides that the civil liability regime set out in that section applies to those reports and statements required by provisions implementing Articles 4 to 6 of the Transparency Directive. Depending on transparency rules, we would expect this to include annual and half yearly financial statements and management reports, the sign-off by directors or other responsible parties, as well as interim management statements." Siehe auch: *Davies*, Davies Review of Issuer Liability, March 2007, Rn. 40 ff., 78; *Ferran*, Journal of Corporate Law Studies, 2009, 315, 318 ff.

[80] *Davies*, Davies Review of Issuer Liability, March 2007, Rn. 23 ff. Zu den möglichen rechtspolitischen Hintergründen dieser klassischen Zurückhaltung siehe: *Rider*, Journal of Financial Crime 3 (1995), 11, 23 f.; *Leyens/Magnus*, in: Hopt/Voigt (Hrsg.), Prospekt- und Kapitalmarktinformationshaftung, 2005, 417, 498, 548.

[81] Paradigmatisch: Hall v Cable and Wireless Plc, 2009 WL 2207350: "The sections of the Act [...] indicate that the intent of Parliament was that the object of the Act would be achieved by the imposition of penalties or restitution orders [...]. In those circumstances the absence of an express cause of action at the suit of a private person is a clear indication that none was intended." Vgl. bereits zur alten Rechtslage: *Fleischer*, RIW 2001, 817, 824 f.; *Leyens/Magnus*, in: Hopt/Voigt (Hrsg.), Prospekt- und Kapitalmarktinformationshaftung, 2005, 417, 498, 547 f., 554; *Veil/Wundenberg*, Englisches Kapitalmarktrecht, 2010, 85 f., 120 f. in Fn. 480. Das südafrikanische Recht folgt diesem zurückhaltenden Ansatz. So enthält etwa Sec. 14 des Financial Markets Act 2012 zwar verwaltungsrechtliche, aber keine zivilrechtlichen Sanktionen für unterlassene Mitteilungen, und auch eine irgendwie geartete Klagepraxis ist nicht ersichtlich.

[82] Siehe statt vieler: Clifford Chance, Briefing note: Market Abuse – private enforcement under MAR?, September 2016; *Anderson/Edwards*, in: Savitt (Hrsg.), The Securities Litigation Review, 3. Aufl. 2017, 91, 97. Zur unionsrechtlichen Nezessitierung zivilrechtlicher Haftung siehe oben S. 47 ff.

(b) a dishonest delay in publishing such information."

Schedule 10A:

"[...]

PART 2

LIABILITY IN CONNECTION WITH PUBLISHED INFORMATION

§ 3 Liability of issuer for misleading statement or dishonest omission

(1) An issuer of securities to which this Schedule applies is liable to pay compensation to a person who –

(a) acquires, continues to hold or disposes of the securities in reliance on published information to which this Schedule applies, and

(b) suffers loss in respect of the securities as a result of –

(i) any untrue or misleading statement in that published information, or

(ii) the omission from that published information of any matter required to be included in it.

(2) The issuer is liable in respect of an untrue or misleading statement only if a person discharging managerial responsibilities within the issuer knew the statement to be untrue or misleading or was reckless as to whether it was untrue or misleading.

(3) The issuer is liable in respect of the omission of any matter required to be included in published information only if a person discharging managerial responsibilities within the issuer knew the omission to be a dishonest concealment of a material fact.

(4) A loss is not regarded as suffered as a result of the statement or omission unless the person suffering it acquired, continued to hold or disposed of the relevant securities –

(a) in reliance on the information in question, and

(b) at a time when, and in circumstances in which, it was reasonable for him to rely on it.

[...]

§ 6 Meaning of dishonesty

For the purposes of paragraphs 3(3) [...] a person's conduct is regarded as dishonest if (and only if) –

(a) it is regarded as dishonest by persons who regularly trade on the securities market in question, and

(b) the person was aware (or must be taken to have been aware) that it was so regarded."

Im Zentrum der Regelung steht die Unlauterkeit („dishonesty") der Fehlinformation und das schutzwürdige Vertrauen („reasonable reliance") des geschädigten Anlegers auf diese Information. Die Regelungstechnik weicht damit von der deutschen insofern ab, als auf eine objektive Eingrenzung der relevanten Informationen auf Insiderinformationen, die den Emittenten unmittelbar betreffen, sowie auf ein Transaktionserfordernis verzichtet wird.[83] Zudem genügt es, dass eine „person discharging managerial responsibilities within the issuer", also *irgendein* Mitglied der Unternehmensführung, mit seiner subjektiven Innentendenz die Unlauterkeit der Fehlinformation zu Lasten des Emittenten begründet. In haftungsbegrenzender Hinsicht ist jedoch der zurückhaltende Umgang mit der Einstandspflicht für unterlassene oder verspätete Ad-hoc-Publizität zu beachten: Im Grundsatz ist das Unterlassen einer Erklärung nicht schadenersatzbewehrt.[84] Eine Ausnahme greift allein für das Unterlassen eines Aspekts innerhalb einer tatsächlich erfolgten, aktiven Erklärung, also im Grunde nur für *Aus*lassungen, nicht für *Unter*lassungen im eigentlichen Sinne. Selbst dann gilt jedoch ein verschärfter Verschuldensmaßstab: Während bei der Haftung für falsche Mitteilungen bloße Rücksichtslosigkeit („recklessness") des Mitglieds der Unternehmensführung ausreicht, muss es positive Kenntnis der Auslassung und ihrer Unlauterkeit haben.[85] Hierin scheint die bereits angesprochene subjektiv-objektive Sinneinheit als Voraussetzung des für einen Schadenersatzanspruch wegen unterlassener Ad-hoc-Publizität erforderlichen präsumptiven Handlungsunrechts auf.[86] In verhaltenssteuernder Hinsicht spricht aus der englischen Regelung die Zuversicht, in der Sanktionsmischung aus verwaltungsrechtlichen Eingriffsbefugnissen und zivilrechtlichen Schadenersatzklagen angesichts funktionierender Marktaufsicht auf ein allzu ausuferndes Schadenersatzregime verzichten zu können.[87]

c) Singapur: Emittentenhaftung setzt Emittentenprofit voraus

Einen Lösungstyp, der auf das angesprochene Strukturproblem des Auseinanderfallens von Haftung und Profit bei der klassischen Ad-hoc-Pflichtverletzung antwortet, bietet Singapur:

---

[83] Wie die Gerichte diesen Maßstab auslegen werden, ist derzeit noch nicht abzusehen, denn es gibt, soweit ersichtlich, noch keine Entscheidungen zur neuen Regelung, vgl. *Anderson/Edwards*, in: Savitt (Hrsg.), The Securities Litigation Review, 3. Aufl. 2017, 91, 106. Immerhin erscheint wegen der identischen sachlich-ökonomischen Problemstellung denkbar, dass sich ähnliche Verantwortungssphären herausbilden werden wie im deutschen Recht. Siehe oben S. 39f.

[84] *Davies*, Davies Review of Issuer Liability, March 2007, Rn. 85: "The section contemplates liability only for omissions from the statement which is made ('omission from any such publication of any matter to be included in it') rather than liability for failure to make any statement at all."

[85] *Davies*, Davies Review of Issuer Liability, March 2007, Rn. 85 sowie bereits Rn. 54 zum common law; *Ferran*, Journal of Corporate Law Studies, 2009, 315, 324f.

[86] Siehe oben S. 46ff. und S. 53ff.

[87] *Ferran*, Journal of Corporate Law Studies, 2009, 315, 344ff.; *Verse*, RabelsZ 76 (2012), 893, 919.

Die Ad-hoc-Publizitätspflicht ergibt sich aus Kapitel 7 des Rulebook of the Singapore Exchange (SGX)[88] in Verbindung mit Sec. 203 des Securities and Futures Act (SFA, 2001) und lässt grundsätzlich auch einfache Fahrlässigkeit für ein Verschulden genügen, sofern die publikationspflichtige Information selbst positiv bekannt ist.[89] Die Privatschadenersatzpflicht des Emittenten ergibt sich dem Grunde nach aus Sec. 236D, setzt nach dessen Abs. 1 jedoch eine Handlungs- oder Erfolgszurechnung voraus, die sich aus Sec. 236B Abs. 1 oder 236C Abs. 1 ergeben kann. Diese lauten wie folgt:

"Sec. 236B SFA: Liability of corporation when employee or officer commits contravention with consent or connivance of corporation

(1) Where an offence of contravening any provision in this Part is proved to have been committed by an employee or an officer of a corporation [...]

(a) With the consent of connivance of the corporation; and

(b) for the benefit of the corporation

the corporation shall be guilty of that offence as if the corporation had committed the contravention, and shall be liable to be proceeded against and punished accordingly.

[...]

Sec. 236C SFA: Civil penalty when corporation fails to prevent or detect contravention by employee or officer

(1) A corporation which fails to prevent or detect a contravention of any provision in this Part committed by an employee or officer of the corporation [...], which contravention is

(a) committed for the benefit of the corporation; and

(b) attributable to the negligence of the corporation,

commits a contravention and shall be liable to an order for a civil penalty under this section."

Mit dem Merkmal "for the benefit of the corporation" dürften, wie schon nach der US-amerikanischen Lösung, die meisten von §§ 97, 98 WpHG erfassten Fälle ausscheiden. Denn typischerweise erzielt der Emittent bei fehlerhafter Ad-hoc-Publizität unterhalb echter Marktmanipulation gerade keinen Gewinn, respektive wird das Fehlverhalten seiner Mitarbeiter nicht darauf ausgerichtet sein.

---

[88] http://rulebook.sgx.com/en/display/display_viewall.html?rbid=3271&element_id=5062&print=1.

[89] Vgl. Appendix 7.1 Part II sub 4 des Rulebook.

d) Hong Kong: Haftung nach Billigkeit im Einzelfall

Auf die ökonomische Fragwürdigkeit der privaten Schadenersatzhaftung lässt sich auch mit einer gewissen Flucht in die Einzelfallgerechtigkeit reagieren: Denn obgleich die „richtigen" Fälle auf dem für ein allgemeines Gesetz erforderlichen Abstraktionsniveau nicht ersichtlich sein mögen, schließt dies nicht aus, dass sich konkrete Einzelfälle *ex post* als sanktionierungs- und ausgleichsbedürftig darstellen. Dieser Billigkeitslösung folgt offenbar der Hong Kong Stock Exchange (HKEX):

Die Mitteilungspflicht ergibt sich aus Part XIVA der Securities and Futures Ordinance (SFO):

"307B. Requirement for listed corporations to disclose inside information

(1) A listed corporation must, as soon as reasonably practicable after any inside information has come to its knowledge, disclose the information to the public.

(2) For the purposes of subsection (1), inside information has come to the knowledge of a listed corporation if

a. information has, or ought reasonably to have, come to the knowledge of an officer of the corporation in the course of performing functions as an officer of the corporation; and

b. a reasonable person, acting as an officer of the corporation, would consider that the information is inside information in relation to the corporation.

(3) Without limiting subsection (1), a listed corporation fails to disclose the inside information required under that subsection if

a. The information disclosed is false or misleading as to a material fact, or is false or misleading through the omission of a material fact; and

b. An officer of the corporation knows or ought reasonably to have known that, or is reckless or negligent as to whether the information disclosed is false or misleading as to a material fact, or is false or misleading through the omission of a material fact.

[...]"[90]

Diese Vorschrift enthält zunächst einen interessanten Beitrag zur oben geführten Kontroverse über das Unverzüglichkeitskriterium in § 15 WpHG a.F. und Art. 17 Abs. 1 MatkmissbrauchsVO:[91] Mit „as soon as reasonably practicable after any inside information has come to its knowledge" wird einerseits die Kenntnis der Insiderinformation von der Sorgfaltsanforderung hinsichtlich ihrer Veröffentlichung getrennt, andererseits wird die konzeptionelle Spannung zwischen der unbedingten Dringlichkeit und der bedingten Durchführbarkeit der Ad-hoc-Mitteilung durch den Begriff der Praktikabilität aufgelöst.

---

[90] https://www.elegislation.gov.hk/hk/cap571?xpid=ID_1438403470917_003.

[91] Siehe oben S. 42 ff. und S. 76 ff.

Sec. 307B Abs. 2 behandelt ausdrücklich die Frage der Wissenszurechnung. Als publikationspflichtiges Emittentenwissen gilt das Wissen aller einzelnen Mitglieder der höheren Unternehmensführung[92], was diese in Ausführung der ihnen zustehenden Verrichtungen erlangt haben oder hätten erlangen müssen, sofern sich die fragliche Information aus einem objektivierten Empfängerhorizont als Insiderinformation darstellt.

Diese weite Publikationspflicht wird indes durch eine enge zivile Haftungsnorm aufgefangen:

"307Z. Civil liability for breach of a disclosure requirement

(1) Subject to subsection (2), a person who is in breach of a disclosure requirement is liable to pay compensation by way of damages to any other person for any pecuniary loss sustained by the other person as a result of the breach.

(2) A person is not liable to pay compensation under subsection (1) unless it is fair, just and reasonable in the circumstances of the case that the person should be so liable.

[...]"[93]

Die generelle Einstandspflicht für materielle Schäden, die kausal auf fehlerhafter Ad-hoc-Publizität beruhen, wird durch Sec. 307Z Abs. 2 mit einem Billigkeitsvorbehalt belegt, der kaum unbestimmter gehalten werden könnte: „fair, just and reasonable in the circumstances of the case" ist nichts weniger als eine *carte blanche* für ein geradezu freirechtliches Einzelfallermessen des Richters.[94] Die im Jahr 2013 eingeführte Regelung hat bisher, soweit ersichtlich, noch keine fallrechtliche Ausdifferenzierung gewonnen. Ihre Abschreckungswirkung dürfte sie gleichwohl schon jetzt nicht verfehlen.[95]

---

[92] Die genaue Bedeutung des Begriffs in Hong Kong ist nicht ersichtlich. Überlicherweise umfasst er Mitglieder der Unternehmensführung mit höheren Leitungsfunktionen. Siehe etwa im US-Bundesstaat Delaware: § 3114. Service of process on nonresident directors, trustees, members of the governing body or officers of Delaware corporations, DE ST TI 10 § 3114: "the president, chief executive officer, chief operating officer, chief financial officer, chief legal officer, controller, treasurer or chief accounting officer of the corporation".

[93] https://www.elegislation.gov.hk/hk/cap571?xpid=ID_1438403470917_003.

[94] Eine ähnliche Funktion erfüllt in Kanada Sec. 138.8 Securities Act (Ontario), indem er Klagen einem repressiven Genehmigungsvorbehalt unterwirft. In Verbindung mit Sec. 138.11, der Prozesskosten pauschal der unterlegenen Partei auferlegt, ergibt sich offenbar ein wirksames prozessrechtlich vermitteltes Haftungsschott gegen Klagen von „räuberischen Anlegern". Vgl. *Ferran*, Journal of Corporate Law Studies, 2009, 315, 330ff.

[95] Zur Idee der bewussten Verhaltenssteuerung durch unbestimmte Rechtsbegriffe und die daraus resultierende Rechtsunsicherheit siehe: *Thomale*, ARSP 99 (2013), 420, 426f. mwN.

e) Schweiz: Ad-hoc-Publizitätspflicht ohne effektive Zivilrechtssanktion

Die Schweiz vertraut weitestgehend auf die autonome Selbstregulierung ihrer Kapitalmärkte. Dementsprechend ergibt sich die Ad-hoc-Publizitätspflicht an der SIX Swiss Exchange aus Art. 53 des Kotierungsreglements (KR):[96]

> „Der Emittent informiert den Markt über kursrelevante Tatsachen, welche in seinem Tätigkeitsbereich eingetreten sind. Als kursrelevant gelten Tatsachen, die geeignet sind, zu einer erheblichen Änderung der Kurse zu führen.
>
> Der Emittent informiert, sobald er von der Tatsache in ihren wesentlichen Punkten Kenntnis hat. [...]"

Näheres wird in der ebenfalls autonom erlassenen „Richtlinie betr. Ad hoc-Publizität"[97] bestimmt. Deren Abschnitt „VII. Sanktionen" führt ausschließlich verwaltungsrechtliche Sanktionen gemäß Art. 59ff. KR auf.

Zivilrechtliche Schadenersatzansprüche von Anlegern gegenüber dem Emittenten kommen theoretisch nach allgemeinem Deliktsrecht in Betracht, also insbesondere gemäß der deliktsrechtlichen Generalklausel in Art. 41 Abs. 1 OR: „Wer einem anderen widerrechtlich Schaden zufügt, sei es mit Absicht, sei es aus Fahrlässigkeit, wird ihm zum Ersatz verpflichtet." Zur Begründung von Widerrechtlichkeit wird hier wie im deutschen Recht bei reinen Vermögensschäden die Verletzung einer drittschützenden Gesetzesnorm verlangt.[98] Der erforderliche Gesetzesnormcharakter des Art. 53 KR dürfte eher zu bejahen sein.[99] Das gilt jedoch nicht ohne Weiteres für seine individualisierte Schutzrichtung, denn Art. 53 KR richtet sich an „den Markt", selbst wenn das KR insgesamt gemäß seinem Art. 1 „für die Anleger" erlassen ist.[100] Darüber hinaus besteht bereits ein börsenverwaltungsrechtliches und strafrechtliches Sanktionsregime, das *prima facie* nicht zwingend nach privatrechtlicher Ergänzung verlangt.[101] Diese Auslegungsfragen sollen hier keiner endgültigen Klärung zugeführt werden. Jedenfalls spricht für sich, dass bis heute, soweit ersichtlich, keine der angesprochenen Fragen höchstrichterlich entschieden ist.[102] Deshalb

---

[96] Six Exchange Regulation, Stand: März 2017.

[97] Sog. RLAhP vom 29. Oktober 2008.

[98] *Kowalewski*, in: Hopt/Voigt (Hrsg.), Prospekt- und Kapitalmarktinformationshaftung, 2005, 999, 1062f.; *Dedeyan*, in: Festschrift für von der Crone, 2017, 619, 623ff.; beide mwN.

[99] *Maurer/von der Crone*, SZW 83 (2011), 400, 403ff. argumentieren überzeugend, dass das KR jedenfalls bei funktionaler Betrachtung eine gesetzesvertretende Stellung einnimmt. Zuvor bereits: *Dedeyan*, Regulierung der Unternehmenskommunikation, 2015, 921ff. mwN.

[100] Zum heillos umstrittenen Meinungsstand in der schweizerischen Literatur siehe: *Dedeyan*, in: Festschrift für von der Crone, 2017, 619, 626f. mwN. Optimistischer noch: *Kowalewski*, in: Hopt/Voigt (Hrsg.), Prospekt- und Kapitalmarktinformationshaftung, 2005, 999, 1063f.

[101] So der überzeugende Ansatz von *Dedeyan*, Regulierung der Unternehmenskommunikation, 2015, 931ff.; *ders.*, in: Festschrift für von der Crone, 2017, 619, 627ff.

[102] Die Frage der Gesetzesqualität des KR wird offen gelassen in: BGE 137 III 37, Az. 4A

ist bei rechtsrealistischer Betrachtung zu konstatieren, dass das schweizerische Recht auf eine privatrechtliche Durchsetzung der Ad-hoc-Publizitätspflichten gegenüber dem Emittenten verzichtet.

3. EU Lösungsvergleich

a) Unionsrechtlicher Ordnungsrahmen

Die mitgliedstaatlichen Kapitalmarktrechtsordnungen sind durch das Unionssekundärrecht weitgehend harmonisiert. Dies gilt auch für das Marktmissbrauchsrecht und die darin geregelten Ad-hoc-Publizitätspflichten. Das Marktmissbrauchsrecht verfolgt konkrete Schutzzwecke, die sich nicht im Wortlaut der Sekundärrechtsakte erschöpfen, sondern darüber hinaus auch deren Interpretation und mitgliedstaatliche Implementierung regieren.[103] Hinzu kommen die strukturellen Anforderungen des Äquivalenz- und Effektivitätsprinzips.[104] Allerdings sind die Fragen der privatschadenersatzrechtlichen Durchsetzung im Allgemeinen sowie des zurechenbaren Emittentenwissens im Besonderen nicht unionsrechtlich geregelt, sondern der Regelungsautonomie der Mitgliedstaaten überlassen.[105] Diese residuelle kapitalmarktvicinierte Regelungsautonomie hat auch der EuGH ausdrücklich respektiert.[106] Deshalb tritt vorliegend der harmonisierte, unionsrechtliche Ordnungsrahmen hinter die Regulierungsentscheidungen der mitgliedstaatlichen Rechtsordnungen zurück.

b) Mitgliedstaatliche Lösungen

aa) Österreich und Niederlande: Ad-hoc-Publizitätspflicht als Schutzgesetz

In Österreich war die Schutzgesetzeigenschaft der Ad-hoc-Publikationspflicht nach § 48d Abs. 1 BörseG a. F. im Sinne des § 1311 ABGB anerkannt.[107] Seit Ein-

---

533/2010 vom 1.12.2010, sub. 2.2.1. Siehe auch: *Daeniker*, in: Festschrift für von der Crone, 2017, 535, 550.

[103] EuGH, Urteil v. 22. November 2005 – C-384/02 – Grøngaard/Bang, Rn. 33; Urteil v. 10. Mai 2007 – C-391/04 – Georgakis, Rn. 37 ff.; Urteil v. 23. Dezember 2009 – C-45/08 – Spector Photo Group, Rn. 47; Urteil v. 7. Juli 2011 – C-445/09 – IMC Securities, Rn. 27; Urteil v. 28. Juni 2012 – C-19/11 – Geltl, Rn. 33; Urteil v. 11. März 2015 – C-628/13 – Lafonta, Rn. 21.

[104] EuGH, Urteil v. 30. Mai 2013 – C-604/11 – Genil, Rn. 57; Urteil v. 19. Dezember 2013 – C-174/12 – Immofinanz, Rn. 40.

[105] Siehe oben: S. 47 ff. und S. 78.

[106] Vgl. statt vieler: EuGH, Urteil v. 22. November 2005 – C-384/02 – Grøngaard/Bang, Rn. 44; Urteil v. 29. April 2015 – C-51/03 – Nationale-Nederlanden, Rn. 24 ff.

[107] OGH, Beschluss v. 15. März 2012 – 6 Ob 28/12d, bestätigt von: OGH, Beschluss v. 24. Januar 2013 – 8 Ob 104/12w; OGH, Urteil v. 20. März 2015 – 9 Ob 26/14k. Siehe zuletzt gegen die Eröffnung eines Verbrauchergerichtsstands bei solchen Schadenersatzklagen: OGH, Beschluss v. 7. Juli 2017 – 6 Ob 18/17s. Die Verfassungsmäßigkeit von Verwaltungsstrafen bejaht

führung der MarktmissbrauchsVO dürfte für deren Art. 17 Abs. 1 dasselbe gelten. Ähnlich ist die Rechtslage in den Niederlanden: Gemäß Art. 6:162-2 in Verbindung mit Art. 6:163 Burgerlijk Wetboek ist die Schutzgesetzeigenschaft einer Norm erforderlich, um eine deliktsrechtliche Verhaltenshaftung zu begründen. Als Schutznorm in diesem Sinne wurden zunächst die entsprechenden Vorgaben in Rule 28h der Listing and Liability Rules der Euronext Amsterdam anerkannt.[108] Nun wird herrschend dasselbe von Art. 17 Abs. 1 MarktmissbrauchsVO angenommen.[109]

Eine Haftung besteht schon bei einfacher Fahrlässigkeit,[110] und auch der Nachweis der haftungsausfüllenden Kausalität ist mit weitreichenden Erleichterungen verbunden.[111] Die Zurechnungsfragen werden allerdings bisher nicht näher thematisiert, sodass insbesondere unklar bleibt, für welches Emittentenwissen genau die Haftung besteht, respektive, welche Sorgfaltsanforderungen insbesondere im Zusammenhang mit unterlassener und verspäteter Ad-hoc-Publizität zu beachten sind.[112] Dieser Differenzierungsmangel könnte darauf zurückzuführen sein, dass jedenfalls die österreichischen Gerichte zwar in jüngerer Zeit geradezu mit einer Flut von Anlegerprozessen zu tun haben, diese jedoch ganz überwiegend auf dem Feld der Prospekthaftung und benachbarter schlichter Vertragshaftungsfragen spielen.[113]

---

ein jüngeres Urteil des Verfassungsgerichtshofs vom 13. Dezember 2017, G 408/2016-31 et al. Grundlegend bereits: *Kalss*, Anlegerinteressen, 2000, 334, siehe auch: *Kalss/Oppitz*, in: Hopt/Voigt (Hrsg.), Prospekt- und Kapitalmarktinformationshaftung, 2005, 811, 857 zur Vorgängernorm § 82 Abs. 6 BörseG. Weitere Anspruchsgrundlagen diskutieren *Kalss/Oppitz/Zollner*, Kapitalmarktrecht, Band I, 2. Auflage 2015, § 20 Rn. 14 ff.

108 *Timmermann/Lennarts*, in: Hopt/Voigt (Hrsg.), Prospekt- und Kapitalmarktinformationshaftung, 2005, 773, 801 ff. mwN.

109 *Danny Busch*, Private Enforcement of MAR in European Law, verfügbar bei: https://ssrn.com/abstract=2900854, bei und in Fn. 3, 5 und 48 f. mwN.

110 Dies betont zurecht *Koch*, in: Veil (Hrsg.), Europäisches Kapitalmarktrecht, 2. Auflage 2014, 377, 420.

111 *Schopper/Wallner*, RdW 2015, 763.

112 *Kalss/Oppitz/Zollner*, Kapitalmarktrecht, Band I, 2. Auflage 2015, § 20 Rn. 10 berufen sich auf allgemeine Grundsätze der Verkehrsauffassung und formulieren: „Unterlässt daher ein Leitungsorgan die Offenlegung einer Insiderinformation oder veröffentlicht es eine fehlerhafte oder unvollständige Meldung, so ist dieses Verhalten dem Emittenten zuzurechnen." Siehe auch: OGH, Beschluss v. 15. März 2012 – 6 Ob 28/12d mit allgemeinem Rekurs auf § 337 ABGB.

113 *Kalss*, ZBB 2013, 126 hebt einerseits seit der Finanzkrise eine Verfahrenswelle von Anlegerklagen hervor, nennt jedoch andererseits die Schadenersatzhaftung wegen fehlerhafter Ad-hoc-Publizität lediglich *en passant*, aaO., 131 unter Anführung der bereits zitierten zwei OGH-Entscheidungen vom 15.3.2012 und 24.1.2013, in Fn. 53.

bb) Romanischer Rechtskreis: Keine effektive Zivilrechtssanktion via Generalklausel

Im romanischen Rechtskreis[114] wird die Durchsetzung von Ad-hoc-Publizitätspflichten ganz überwiegend den Marktaufsichtsbehörden übertragen.[115] Die geringe Bedeutung, die man umgekehrt dem *private law enforcement* gegenüber dem Emittenten[116] beimisst, lässt sich an dem Fehlen spezieller zivilrechtlicher Anspruchsgrundlagen ablesen. Zwar steht theoretisch die deliktische Generalklausel[117] als supplementäres privates Durchsetzungsrecht bereit. Doch ist dies nicht überzubewerten. Denn *in praxi* hängt dieses Blankett völlig von seiner fallgruppenmäßigen Ausgestaltung durch die Rechtsprechung ab.[118] Tatsächlich bleibt der klassische Haftungsdreiklang[119] der Generalklausel, bestehend aus Schaden, Kausalität und Verschulden, bei der Kapitalmarktinformationshaftung unterbestimmt: Anspruchsberechtigte und -verpflichtete sind unklar, Umfang und Berechnungsweise des kausalen Schadens unbestimmt,[120] und Maßstab sowie Beweisanforderungen an die „faute“ dem Gesetz nicht einmal im Ansatz zu

---

[114] Zum Begriff: *Zweigert/Kötz*, Einführung in die Rechtsvergleichung, 3. Auflage 1996, 73ff., 96ff. Der Begriff wird hier lediglich als Sammelbezeichnung verwendet. Sein comparatistischer Mehrwert steht zurecht in Frage, vgl. etwa den Gegenentwurf von: *Glenn*, Legal traditions of the world, 4. Auflage 2010.

[115] Zu Frankreich siehe: *Arsouze/Ledoux*, Bulletin Joly Bourse, 2006, 399; *Pietrancosta*, Revue Trimestrielle de Droit Financier, 2007, 21, 23 bei Fn. 18. *Veil/Koch*, Französisches Kapitalmarktrecht, 2010, 6ff., 110 und öfter. Dort wird auch die Interdependenz des verwaltungsrechtlichen und zivilrechtlichen Sanktionsniveaus bewusst reflektiert, siehe etwa: *Arsouze*, Bulletin Joly Bourse, 2008, 246, 251. Zu Spanien siehe: *Eckl*, in: Hopt/Voigt (Hrsg.), Prospekt- und Kapitalmarktinformationshaftung, 2005, 945, 975.

[116] Eher noch wird an die Staatshaftung der Aufsichtsbehörde gedacht, siehe dazu: *Veil/Koch*, Französisches Kapitalmarktrecht, 2010, 17 mwN.

[117] Frankreich: Art. 1240f. Code Civil; Spanien: Art. 1902 Código Civil; Italien: Art. 2043 Codice Civile; Luxemburg: Art. 1382f. Code Civil; Belgien: Art. 1382f. Code Civil.

[118] Vgl. *Zweigert/Kötz*, Einführung in die Rechtsvergleichung, 3. Auflage 1996, 619ff., insbes. 620, 626, 632. Diesen Zusammenhang übergehen deutsche Länderberichte häufiger, wenn etwa vage formuliert wird, eine Haftung gemäß der Generalklausel sei „denkbar“, vgl. etwa: *Puttfarken/Schrader*, in: Hopt/Voigt (Hrsg.), Prospekt- und Kapitalmarktinformationshaftung, 2005, 595, 615; *Eckl*, in: Hopt/Voigt (Hrsg.), Prospekt- und Kapitalmarktinformationshaftung, 2005, 945, 983; *Veil*, in: Veil (Hrsg.), Europäisches Kapitalmarktrecht, 2. Auflage 2014, 165, 176; *Koch*, in: Veil (Hrsg.), Europäisches Kapitalmarktrecht, 2. Auflage 2014, 377, 422; *Möllers/Leisch*, in: Kölner Kommentar zum WpHG, 2. Auflage 2014, §§ 37b, c Rn. 51. Tatsächlich gibt es kaum einen Sachverhalt, bei dem, vom bloßen Normtext aus betrachtet, die Generalklausel nicht „denkbarerweise“ zur Anwendung käme.

[119] *Kowalewski*, in: Hopt/Voigt (Hrsg.), Prospekt- und Kapitalmarktinformationshaftung, 2005, 999, 1062 spricht von einer „Haftungs-Quadriga“, zu der er auch die Widerrechtlichkeit zählt. Dies ist jedoch eine Konzession des schweizerischen Rechts an die deutschen Einflüsse. Insbesondere in Frankreich wird nicht systematisch zwischen Widerrechtlichkeit und Verschulden unterschieden, vgl. dazu: *Zweigert/Kötz*, Einführung in die Rechtsvergleichung, 3. Auflage 1996, 623.

[120] Siehe aber nun in Frankreich: Cour de cassation (Chambre commerciale), Urteil v. 9. März 2010, N° 08-21.547, 08-21.793, 294 mit einer Tendenz zum Vertragsabschlussschaden.

entnehmen.[121] Es bedürfte also geradezu einer Prozess- und Entscheidungsflut, um im romanischen Rechtskreis ein belastbares Schadenersatzregime zur privaten Durchsetzung von Kapitalmarktinformationspflichten hervorzubringen. Indessen sind zivilrechtliche Entscheidungen nur sehr spärlich aufzufinden.[122]

In Frankreich dominiert vielmehr die Geltendmachung von Schadenersatzansprüchen im Wege des Adhäsionsverfahrens gemäß Art. 475-1 Code de Procédure pénale.[123] Dies zeigt bereits, dass eine privatrechtliche Durchsetzung von Kapitalmarktinformationspflichten hier erst oberhalb der Strafbarkeitsschwelle stattfindet.[124] Die schlichte Ad-hoc-Publizitätspflichtverletzung ist jedoch nicht mit Strafe belegt. Deshalb kann der ernüchternde rechtsrealistische Befund kaum überraschen: Eine Schadenersatzhaftung wegen fehlerhafter Ad-hoc-Publizität, die nicht zugleich den Vorwurf der Marktmanipulation oder anderer Delikte begründet, ist, soweit ersichtlich, im romanischen Rechtskreis nicht richterrechtlich anerkannt.[125]

---

[121] Zur Rechtslage in Spanien siehe: *Sastre Corchado*, Revista de Derecho del Mercado de Valores, Nr. 1-2007, 253, 254; *Hernández Sainz*, El abuso de información privilegiada en los mercados de valores, 2007, 617ff. Zum französischen Recht: *Arsouze/Ledoux*, Bulletin Joly Bourse, 2006, 399 Rz. 10ff.; *Spitz*, La réparation des préjudices boursiers, 2010, 306f., Rz. 487: «Le régime français de la réparation des préjudices boursiers par information reste ainsi à construire.» Siehe auch: *Fleischer/Jänig*, RIW 2002, 729, 735.

[122] *Arsouze*, Bulletin Joly Bourse, 2008, 246, 251. Zu Spanien siehe: *Iribarren Blanco*, Responsabilidad civil por la información divulgada por las sociedades cotizadas, 2008, 170: „Es cierto que exigir responsabilidad por daños en los mercados de valores por la divulgación de informaciones engañosas no ha sido habitual en nuestra práctica hasta este momento." Zur Rechtslage in Italien vgl. *Ferrarini/Leonardi*, in: Hopt/Voigt (Hrsg.), Prospekt- und Kapitalmarktinformationshaftung, 2005, 713, 719ff., die auf die Verfügbarkeit der Generalklausel verweisen, ohne jedoch eine einzige einschlägige Entscheidung anzuführen. Siehe auch: *Veil/Koch*, Französisches Kapitalmarktrecht, 2010, 20ff., 77; *Veil*, in: Veil (Hrsg.), Europäisches Kapitalmarktrecht, 2. Auflage 2014, 165, 173ff.

[123] *Fleischer/Jänig*, RIW 2002, 729, 735; *Veil/Koch*, Französisches Kapitalmarktrecht, 2010, 19ff.

[124] Vgl. *Cardi/Mennesson*, in: Savitt (Hrsg.), The Securities Litigation Review, 3. Aufl. 2017, 112, 115: "[...] all case law relating to the indemnification of investors until now has related to the dissemination of false or misleading information."

[125] Missverständlich deshalb die von *Möllers*, AcP 208 (2008), 1, 22 in Fn. 130 und *Möllers/Leisch*, in: Kölner Kommentar zum WpHG, 2. Auflage 2014, §§ 37b, c Rn. 51 in Fn. 136 angeführten Belege, die ganz überwiegend Adhäsionsverfahren hinsichtlich Kapitalmarktdelikten betreffen. Ein Reformgesetz in Frankreich erlaubt neuerdings, die Sachverhaltsermittlungsergebnisse der Kapitalmarktaufsichtsbehörde (AMF) Privatklägern zugänglich zu machen. Art. L621-12-1 des Code monétaire et financier statuiert nun: «L'Autorité des marchés financiers peut transmettre à la juridiction saisie d'une action en réparation d'un préjudice qui en fait la demande les procès-verbaux et les rapports d'enquête ou de contrôle qu'elle détient dont la production est utile à la solution du litige.» Die Wirkmächtigkeit dieser prozessualen Feinsteuerungsmaßnahme ist jedoch zu bezweifeln. Vgl. *Cardi/Mennesson*, in: Savitt (Hrsg.), The Securities Litigation Review, 3. Aufl. 2017, 112, 116. AaO., 117 auch Ausführungen zum Debattenstand hinsichtlich der Einführung von *class actions*. Für eine Ausweitung zuletzt: *Johan Prorok*, La responsabilité civile sur les marchés financiers, Dissertation an der Université Panthéon-Assas, verteidigt am 31. März 2016, Manuskript liegt Verfasser vor, Eintrag unter: http://www.theses.fr/2016PA020011.

cc) Portugal: Keine effektive Zivilrechtssanktion trotz Sonderdeliktstatbestandes

Das portugiesische Wertpapiergesetz, der im Jahr 2000 in Kraft getretene Código dos Valores Mobiliários (folgend: CVM), unternimmt den anspruchsvollen Versuch, Kapitalmarktinformationshaftung einheitlich zu regeln.[126] Dazu enthält er in den Art. 149–154 CVM allgemeine Regeln zur Haftung für fehlerhafte Prospekte beim öffentlichen Angebot von Wertpapieren. Darauf baut Art. 243 CVM mit einer Haftung für fehlerhafte Börsenzulassungsprospekte auf: Im Grundsatz gelten die Art. 149ff., allerdings mit wenigen Zusatzbestimmungen sowie „com as devidas adaptações“, also frei übersetzt mit den angemessenen Anpassungen. Die Schadenersatzhaftung für fehlerhafte Ad-hoc-Publizität ergibt sich nun aus einer Spezialregelung zweiter Ordnung gemäß Art. 251 CVM: Durch Verweisung sind zunächst Art. 243 CVM und sodann, kraft Weiterverweisung, Art. 149ff. anzuwenden, wiederum allerdings „com as devidas adaptações“.

Die Haftung tritt gemäß Art. 149 Abs. 2 CVM bereits bei leichtester Fahrlässigkeit ein.[127] Nach Art. 149 Abs. 1 CVM, „[...] salvo se provarem que agiram sem culpa“, wird das Verschulden zudem vermutet, sodass dem Emittenten nach Art. 149 Abs. 1 lit c) CVM der Entlastungsbeweis obliegt. Neuerdings hat das Supremo Tribunal de Justiça zudem geklärt, dass Art. 7 CVM, der die Eigenschaften der Kapitalmarktinformation im Sinne des CVM festschreibt,[128] allgemein und damit auch für die Ad-hoc-Publizität gilt, sowie, dass es sich bei Art. 7 CVM um kein Schutzgesetz handelt, dass also die Haftung in Art. 251 CVM abschließend geregelt ist.[129] Das dürfte auch gegen die Erhebung von Art. 17 Abs. 1 MarktmissbrauchsVO zu einem Schutzgesetz sprechen.

Trotz eines Sonderdeliktstatbestandes gemäß Art. 251 CVM zeugt auch in Portugal die fehlende Klärung wichtiger Detailfragen wie etwa der Beweislast für die Kausalität des Schadens[130] von der geringen bis nicht existenten praktischen Wirksamkeit dieser Schadenersatzhaftung.[131]

---

[126] Grundsätzlich auf deutsch: *Böckel/Grünewald*, in: Hopt/Voigt (Hrsg.), Prospekt- und Kapitalmarktinformationshaftung, 2005, 897, 915ff., 923ff. Aus neuerer Zeit siehe: *Ferreira de Almeida*, Cadernos do Mercado de Valores Mobiliários 54 (2016), 9.

[127] Siehe zum dort enthaltenen Begriff der „elevados padrões de diligência profissional“: *Böckel/Grünewald*, in: Hopt/Voigt (Hrsg.), Prospekt- und Kapitalmarktinformationshaftung, 2005, 897, 925 mwN.

[128] Art. 7 Abs. 1 CVM formuliert: „A informação [...] deve ser completa, verdadeira, actual, clara, objectiva e lícita.“

[129] Supremo Tribunaö de Justiça, Urteil v. 5. April 2016 – Az. 127/10.0TBPDL.L1.S1. Die Entscheidung betraf im Kern die Frage, ob auf einen Prospekthaftungsanspruch die in Art. 149 lit. b) statuierte Verjährungsfrist von 6 Monaten anzuwenden sei.

[130] Zum Problem bereits: *Böckel/Grünewald*, in: Hopt/Voigt (Hrsg.), Prospekt- und Kapitalmarktinformationshaftung, 2005, 897, 910, 926.

[131] Eigene Recherchen blieben ergebnislos, und weder *Böckel/Grünewald*, in: Hopt/Voigt (Hrsg.), Prospekt- und Kapitalmarktinformationshaftung, 2005, 897 noch *Casanova/Cordas*,

dd) Irland und Schweden: Keine Zivilrechtssanktion

In Irland wird die Durchsetzung des unionseuropäischen Marktmissbrauchsrechts vollständig dem Straf- und Verwaltungsrecht überlassen. So führt die staatliche Durchführungsverordnung zur konsolidierten Umsetzung der MarktmissbrauchsVO und vicinierter EU-Sekundärrechtsakte in ihrem 2. und 5. Teil ausschließlich straf- und verwaltungsrechtliche Vorschriften auf.[132] Nach allgemeinem Gesellschaftsrecht sind zivilrechtliche Sanktionen wegen der Verletzung von Marktmissbrauchsregeln allein hinsichtlich Insiderhandel und Marktmanipulation anerkannt und ausschließlich gegen die Handelnden, nicht jedoch gegen den Emittenten gerichtet.[133]

Auch im schwedischen Recht existiert keine besondere zivilrechtliche Anspruchsgrundlage für die Verletzung von Ad-hoc-Publizitätspflichten. Damit greift der hier allgemeine Grundsatz, dass abseits der Verletzung von Strafgesetzen reine Vermögensschäden nicht deliktsrechtlich zu ersetzen sind.[134] Darüber hinaus sind deliktsrechtliche Ansprüche selbst im Zusammenhang mit benachbarten Gebieten wie der Prospekthaftung lediglich gegenüber den Geschäftsleitern des Emittenten, jedoch nicht gegenüber dem Emittenten selbst anerkannt.[135] Deshalb scheidet eine Emittentenhaftung wegen fehlerhafter Ad-hoc-Publizität aus prinzipiellen Gründen aus.[136]

4. Rechtsvergleichende Gesamtbetrachtung

a) Globale Zurückhaltung gegenüber effektivem Anlegerschadenersatz wegen fehlerhafter Ad-hoc-Publizität

Im deutschen Wirtschaftsrecht ist die Auffassung verbreitet, die deutsche Lösung der §§ 97, 98 WpHG befinde sich in der internationalen und unionseuropäischen „Fließrichtung“[137] des Kapitalmarktrechts. So fassen etwa *Hopt/Voigt* die Ergebnisse ihrer Länderberichtesammlung aus dem Jahr 2005 dahingehend

in: Savitt (Hrsg.), The Securities Litigation Review, 3. Aufl. 2017, 204 zitieren eine einzige voll einschlägige Entscheidung.

[132] European Union (Market Abuse) Regulations, Statutory Instrument No. 349 of 2016 vom 30.6.2016. Schon in der Vorgängerregelung zur Umsetzung der MarktmissbrauchsRiLi wurde klargestellt, dass ausschließlich eine verwaltungsrechtliche Sanktionierung angestrebt werde, vgl. Sec. 34 (2) Market Abuse (Directive 2003/6/EC) Regulations 2005, Statutory Instrument No. 342 of 2005 vom 5.7.2005.

[133] Sec. 33 Investment Funds, Companies and Miscellaneous Provisions Act 2005.

[134] *Veil/Walla*, Schwedisches Kapitalmarktrecht, 2010, 28f., 79f.

[135] *Skog*, in: Hopt/Voigt (Hrsg.), Prospekt- und Kapitalmarktinformationshaftung, 2005, 935, 938ff.; *Veil/Walla*, Schwedisches Kapitalmarktrecht, 2010, 29f.; *Veil*, in: Veil (Hrsg.), Europäisches Kapitalmarktrecht, 2. Auflage 2014, 165, 175.

[136] So das überzeugende Fazit von *Veil/Walla*, Schwedisches Kapitalmarktrecht, 2010, 87.

[137] Begriff nach *Fleischer*, RIW 2001, 818, 825.

zusammen, mit Ausnahme des englischen Rechts anerkennten „alle untersuchten Rechtsordnungen individuelle Schadenersatzansprüche von durch fehlerhafte Sekundärmarktpublizität geschädigten Anlegern."[138] Sie meinen, „eine Emittentenhaftung für fehlerhafte Ad-hoc-Publizität" habe sich „breitflächig durchgesetzt."[139] Die vorliegend durchgeführte rechtsvergleichende Umschau kann diese Einschätzung jedenfalls für das Jahr 2018 nicht mehr bestätigen:

Eine effektive Durchsetzung von privaten Schadenersatzansprüchen gegen Emittenten wegen fehlerhafter Ad-hoc-Publizität ist lediglich in Deutschland und, mit Einschränkungen, in Österreich und in den Niederlanden zu erkennen. Die romanischen Rechtsordnungen einschließlich der Schweiz kennen solche Ansprüche – selbst dort, wo sie, wie in Portugal, einen Sonderdeliktstatbestand und nicht lediglich die deliktische Generalklausel als Durchsetzungsinstrument vorsehen – allenfalls in der Theorie, aber nicht in der Praxis. Die Lösungen in Irland und Schweden, Singapur sowie Hong Kong schließen die Haftung entweder prinzipiell aus oder reduzieren sie durch unorthodoxe Vorbehalte – wie eine Billigkeitskontrolle oder die Voraussetzung eines Emittentenprofits – fast auf Null. Schließlich stehen die US-amerikanische und seit 2010 auch die englische Rechtsordnung Schadenersatzansprüchen von Anlegern gegen Emittenten wegen Marktmissbrauchs zwar grundsätzlich offen gegenüber. Dies gilt jedoch ausdrücklich nicht für die fehlerhafte Ad-hoc-Publizität als solche. Vielmehr kann fehlerhafte Ad-hoc-Publizität allenfalls mittelbar zu Schadenersatzansprüchen führen, wenn sie in einen Marktmanipulationskontext einschließlich entsprechender *mens rea*, also Vorsatz, eingebettet ist.

b) Wissenszurechnung als rechtsordnungsübergreifendes Fundamentalproblem

Zur Frage der Wissenszurechnung bei juristischen Personen gewinnt in Deutschland die rechtsvergleichende Überzeugung zusehends Anhänger, hierbei handele es sich um eine deutsche Idiosynkrasie.[140] Die Wissenszurechnung sei „ein Problem des deutschen Rechts – und nur des deutschen Rechts."[141] Daran ist richtig, dass eine Wissenszurechnung in vielen Rechtsordnungen durch eine extensive Handlungszurechnung im Sinne des *respondeat superior* weitenteils faktisch überholt wird.[142] In dieser Tatsache muss jedoch nicht unbedingt

---

138 *Hopt/Voigt*, in: Hopt/Voigt (Hrsg.), Prospekt- und Kapitalmarktinformationshaftung, 2005, 1, 110. Siehe auch: *Möllers/Leisch*, in: Kölner Kommentar zum WpHG, 2. Auflage 2014, §§ 37b, c Rn. 58.

139 *Hopt/Voigt*, in: Hopt/Voigt (Hrsg.), Prospekt- und Kapitalmarktinformationshaftung, 2005, 1, 114.

140 *Wagner*, ZHR 181 (2017), 203, 205; *Klöhn*, NZG 2017, 1285, 1287.

141 *Wagner*, ZHR 181 (2017), 203, 205.

142 *Wagner*, ZHR 181 (2017), 203, 210 ff. (zum französischen Recht), 214 ff. (zum englischen Recht).

eine wertend reflektierte Entscheidung zu sehen sein. Vielmehr zeugt eine pauschale Allzurechnung von Organ- und Vertreterhandeln eher von einem vorkritischen Umgang mit der juristischen Person und den durch sie aufgeworfenen Zurechnungsproblemen. Diese unterkomplexe Behandlung des Themas ist dem deutschen Recht in Form der sogenannten „Organtheorie“ wohlbekannt und hat die Debatte zur Wissenszurechnung auch hierzulande für lange Zeit erstickt. Seit jedoch auf Anregung insbesondere von *Taupitz* und *Medicus* der BGH die Frage der Wissenszurechnung als Wertungsproblem offen thematisiert,[143] findet dieser Ansatz auch im Ausland Gehör.[144] Es handelt sich also um ein Problem, für das die deutsche Rechtsordnung in gemeinsamer Anstrengung von Rechtsprechung und Dogmatik einen Lösungsansatz entwickelt hat, der durchaus Nachahmer finden könnte, wenn er international besser kommuniziert würde.

Am Beispiel der Zurechnung ad-hoc-publizitätspflichtigen Emittentenwissens konnte zudem in der vorangegangenen rechtsvergleichenden Umschau gezeigt werden, dass die Frage der Wissenszurechnung jedenfalls bei der Frage originärer, im Gegensatz zu derivativer Haftungsverantwortung[145] der juristischen Person grenzüberschreitend diskutiert wird und nach Lösungen verlangt: Das US-amerikanische Recht ist hier zuletzt sichtlich in Bewegung gekommen und zeigt einen fruchtbaren Ideenaustausch, in dem bekannte Motive der deutschen Wissenszurechnungsdebatte wieder auftauchen. Auf längere Sicht dürften die seismischen Wellen dieser Entwicklung auch das UK erreichen, selbst wenn das UK zur Zeit noch auf einem extensiven, organtheoretischen Zurechnungsansatz verharrt, also gesellschaftsrechtstheoretisch auf der Stelle tritt. Einen weiteren Innovationsimpuls könnte Sec. 307B Abs. 2 SFO in Hong Kong gesetzt haben, der die Wissenszurechnungsfrage direkt adressiert und dabei deutlich über eine vorkritische Organtheorie hinausgeht. Ansonsten dürfte der Rechtsvergleich deshalb so unergiebig ausfallen, weil andere Rechtsordnungen eine schlichte Fahrlässigkeitshaftung statuieren oder ohnehin kein „lebendiges Recht“ in dieser Frage aufweisen: Wenn die Emittentenhaftung für fehlerhafte Ad-hoc-Publizität auf einfacher Fahrlässigkeit etwa im Sinne der deliktischen Generalklausel beruht, spielt Wissenszurechnung genauso wenig eine Rolle, wie wenn eine private Schadenersatzhaftung prinzipiell oder faktisch nicht anerkannt ist.

Festzuhalten bleibt daher: Bei der Frage der Zurechnung von Wissen zu juristischen Personen handelt es sich um kein deutsches Provinzialproblem, sondern um ein globales Fundamentalproblem des Gesellschafts- und Kapitalmarktrechts.

---

143 Siehe oben S. 11 ff.

144 Paradigmatisch: *Campobasso*, L'Imputazione di conoscenza nelle società, 2002.

145 *Wagner*, ZHR 181 (2017), 203, 217 ff. spricht von "direct liability vs. vicarious liability".

5. Ökonomisch-analytische und rechtsvergleichende Schlussfolgerungen

a) §§ 97, 98 WpHG de lege lata: Gebot restriktiver Interpretation

Die ökonomische und rechtsvergleichende Analyse der Emittentenhaftung für fehlerhafte Ad-hoc-Publizität nähren tiefgreifende Zweifel an der deutschen Lösung gemäß §§ 97, 98 WpHG:

Aus dogmatischer, ordnungssystematischer Sicht bilden §§ 97, 98 WpHG einen Fremdkörper im deutschen Deliktsrecht, weil sie eine Deliktshaftung hinsichtlich einer Handlungsnorm statuieren, die – jedenfalls nach deutschem Verständnis[146] – keine hinreichend individualisierte Schutzrichtung aufweist und die vor allem angesichts parallellaufender Verwaltungssanktionen der Subsidiarität des Deliktsschadenersatzes widerspricht.[147] In ökonomisch-analytischer Hinsicht führt die deutsche Schadenersatzlösung zu empfindlichen distributiven Verzerrungen und gefährdet die Solvenz und Sanierbarkeit von Emittenten, ohne dass sich die Eignung, Erforderlichkeit und Angemessenheit ihrer Abschreckungswirkung in qualitativer und quantitativer Hinsicht verlässlich belegen ließe.[148] Schließlich zeigt die rechtsvergleichende Umschau, dass sich die deutsche Rechtsordnung mit den §§ 97, 98 WpHG global isoliert hat: An den großen Kapitalmärkten dieser Welt werden deutlich restriktivere Haftungskonzepte verfolgt. Besonders eigenartig erscheint § 97 WpHG: Eine volle Schadenersatzhaftung für das bloße Unterlassen oder verspätete Durchführen einer gebotenen Ad-hoc-Mitteilung, ohne dass damit zugleich eine Marktmanipulation oder konkreter Insiderhandel einherginge, ist insbesondere in den USA und im UK nicht anerkannt. Die §§ 97, 98 WpHG sind kein „legal transplant", sondern gleichsam ein „legal *im*plant": Sie stehen nicht nur mit tief verwurzelten Grundsätzen der deutschen Rechtsordnung im Widerspruch, sondern missverstehen zugleich den anglo-amerikanischen Spenderrechtskörper, dem entnommen zu sein sie vorgeben.

Vor dem Hintergrund ihrer dogmatisch, ökonomischen und rechtsvergleichenden Fragwürdigkeit spricht viel dafür, bestehende Auslegungsspielräume der *lex lata* zu einer restriktiven Interpretation der §§ 97, 98 WpHG zu nutzen. Dies gilt insbesondere für § 97 WpHG, dessen Grundtatbestand gemäß Abs. 1 neben den bereits oben angeführten systematischen Gründen[149] auch deshalb auf positives Wissen des Emittenten zu beschränken ist, um diese offensichtliche Übertreibung der deutschen Lösung auf ein erträgliches Maß zu reduzieren. Als Vorbilder mögen die US-amerikanische und die englische Rechtsord-

[146] Zur abweichenden Sicht im österreichischen und niederländischen Recht sowie zur schweizerischen Debatte siehe oben: S. 101–103.

[147] Siehe oben S. 86ff.

[148] Siehe oben S. 80ff.

[149] Siehe oben S. 46ff., S. 51ff. und S. 56ff.

nung herangezogen werden, in denen das präsumptive Handlungsunrecht einer pflichtwidrig unterlassenen Ad-hoc-Mitteilung ebenso in einer subjektiv-objektiven Sinneinheit aus durch subjektive Kenntnis gefärbtem objektiven Unterlassen gesehen wird.[150] Daneben sollte auch bei der Frage des ersatzfähigen Schadens und überhaupt bei allen Tatbestandsmerkmalen der §§ 97, 98 WpHG eine rechtssichere Begrenzung ihrer Haftungsrechtsfolge angestrebt werden.

b) Deutsche Ad-hoc-Publizitätshaftung de lege ferenda

Neben der Einschränkung der nach §§ 97, 98 WpHG vorgesehenen Haftung durch die Rechtsprechung legen die vorangegangenen Beobachtungen auch ein gesetzgeberisches Tätigwerden nahe.

aa) Keine allgemeine Kapitalmarktinformationshaftung

Die derzeitige Reformdebatte wird von der Idee einer umfassenden und einheitlichen Kapitalmarktinformationshaftung beherrscht.[151] Insoweit eine Analogiebildung zu §§ 97, 98 WpHG vorgeschlagen wird,[152] ist dem nicht allein in methodologischer Hinsicht unter dem Gesichtspunkt unzulässiger Rechtsfortbildung,[153] sondern prinzipiell zu widersprechen: Vor den dargestellten dogmatischen, ökonomischen und rechtsvergleichenden Hintergründen sprechen die besseren Argumente gegen eine Erweiterung dieser Haftung.[154]

Einige Rechtsordnungen versuchen, durch Anlehnung der Haftung für fehlerhafte Ad-hoc-Publizität an die Prospekthaftung ersterer klare Konturen zu verschaffen: Im portugiesischen Recht geschieht dies durch gesetzesimmanente Analogie, während in Österreich kraft richterlicher Rechtsfortbildung ein übergreifendes Schutzgesetzkonzept, das beide Tatbestände gleichbehandelt, gilt.[155] Darüber hinaus wurde auch in der Schweiz und in Deutschland lange eine gesetzesfortbildende Analogie diskutiert.[156] Doch führt auch dieses Vorgehen in die Irre: Zuzugeben ist zwar, dass beide Einzeltatbestände der Kapital-

---

[150] Siehe oben S. 90–97.

[151] Zum Ganzen: *Möllers/Leisch*, in: Kölner Kommentar zum WpHG, 2. Auflage 2014, §§ 37b, c Rn. 77 ff.

[152] *Mülbert/Steup*, WM 2005, 1633, 1651.

[153] So bereits: *Möllers/Leisch*, in: Kölner Kommentar zum WpHG, 2. Auflage 2014, §§ 37b, c Rn. 81.

[154] Dies schließt bestimmte Korrekturen, wie sie bestehende Ungereimtheiten sowie die neu erlassene MarktmissbrauchsVO mit sich bringen, nicht aus. Insbesondere wäre die Aktivlegitimation zu präzisieren. Vgl. *Möllers/Leisch*, in: Kölner Kommentar zum WpHG, 2. Auflage 2014, §§ 37b, c Rn. 83; *Florstedt*, AG 2017, 557.

[155] Treffende Formulierung bei *Kalss/Oppitz/Zollner*, Kapitalmarktrecht, Band I, 2. Auflage 2015, § 20 Rn. 3: „Der Oberste Gerichtshof stellte die Haftung aus Primärmarkttransaktionen jener aus Sekundärmarkttransaktionen gleich."

[156] Zur Debatte mit umfassenden Nachweisen: *Dedeyan*, Regulierung der Unternehmenskommunikation, 2015, 916 ff.

marktinformationshaftung übergreifende Strukturen aufweisen. So lässt sich etwa der Einwand der Kapitalerhaltung sowohl der Prospekthaftung als auch der Haftung für fehlerhafte Ad-hoc-Publizität entgegenhalten.[157] Weiterhin können Prospekt- und Ad-hoc-Publizitätshaftung gelegentlich auch in tatsächlicher Hinsicht zusammenfallen und weisen dann für den Anleger ähnliche Beweisprobleme auf.[158] Gegen eine funktionale Vergleichbarkeit[159] fällt jedoch der fundamental unterschiedliche ökonomische Kontext beider Haftungsregime ins Gewicht: Im Gegensatz zur Ad-hoc-Publizitätshaftung bezieht sich die Prospekthaftung auf den Primärmarkt. Dort ist das Prospekt – anders als die Ad-hoc-Mitteilung auf dem Sekundärmarkt – die einzige Informationsquelle des Anlegers. Darüber hinaus setzt die Prospekthaftung den Emittenten einer plan- und beherrschbaren Informationspflicht aus, während Ad-hoc-Publizitätspflichten schwer überschaubar und bestimmungsgemäß nur *ad hoc* zu beurteilen sind.[160] Vor allem aber vermeidet eine Prospekthaftung die distributiven Verzerrungen, die mit der Ad-hoc-Publizitätshaftung einhergehen. Denn sie führt zu einer sachgerechten Belastung desjenigen, dem durch die Emission Geld zugeflossen ist, während die Ad-hoc-Publizitätshaftung den Emittenten meint, die langfristigen und die kurzfristigen gut diversifizierten Anleger trifft und die profitierenden Anleger ganz ausnimmt.

bb) Stärkung der Marktaufsicht und Abschaffung der §§ 97, 98 WpHG

Manche Fehlsteuerungen der §§ 97, 98 WpHG ließen sich durch punktuelle Eingriffe bewältigen, man denke etwa an einen Rangrücktritt gegenüber anderen Gesellschaftsgläubigern[161], um die Sanierbarkeit des Emittenten zu stärken, eine Beschränkung der Aktivlegitimation auf Kleinanleger[162] oder eine höhenmäßige Haftungsbegrenzung[163], um nur wenige Vorschläge zu nennen, die die nationale und internationale Debatte bereits hervorgebracht hat.[164]

Möglicherweise ist es jedoch an der Zeit, die Lösung der §§ 97, 98 WpHG grundsätzlich im Sinne eines Übergangs von der privatrechtlichen zur verwaltungsrechtlichen Sanktionierung zu reformieren:

---

[157] Dazu eingehend: OGH, Beschluss v. 15. März 2012 – 6 Ob 28/12d.

[158] *Kalss/Oppitz/Zollner*, Kapitalmarktrecht, Band I, 2. Auflage 2015, § 20 Rn. 21, 25.

[159] Dafür allerdings: *Kalss/Oppitz/Zollner*, Kapitalmarktrecht, Band I, 2. Auflage 2015, § 20 Rn. 25.

[160] *Dedeyan*, Regulierung der Unternehmenskommunikation, 2015, 916 ff. mwN.

[161] *Baums*, ZHR 167 (2003), 139, 170: „Es gehört zur Ausstattung des Eigenkapitaltitels „Aktie", dass der Überschuss den Aktionären zusteht, dass sie aber auch – vor den Fremdkapitalgebern – das endgültige Ausfallrisiko tragen."; *Langenbucher*, ZIP 2005, 239, 243 ff.

[162] *Reich-Rorwig*, Grundsatzfragen der Kapitalerhaltung bei der AG, GmbH sowie GmbH & Co KG, 2004, 364 ff.

[163] *Langevoort*, Arizona Law Review 38 (1996), 639.

[164] Vgl. *Ferran*, Journal of Corporate Law Studies, 2009, 315, 340 f. mwN.

Der augenfälligste Unterschied der deutschen im Vergleich zu ausländischen Kapitalmarktrechtsordnungen auf dem Gebiet der Ad-hoc-Publizität besteht darin, dass diese viel stärker auf die öffentliche Marktaufsicht vertrauen. Das gilt auch und gerade in den USA und im UK, in denen *private law enforcement* und die Freiheit der Märkte klassischerweise hochgeschätzt werden. Der offensichtliche Vorteil des *public law enforcement* besteht darin, dass Verwaltungssanktionen verhaltenssteuernd wirken, ohne die distributiven Verzerrungen nach sich zu ziehen, die mit der Emittentenhaftung für fehlerhafte Ad-hoc-Publizität notwendig einhergehen. Weitere rechtsempirische Forschung ist notwendig, um in einer Differentialanalyse Kosten und Nutzen der verwaltungsrechtlichen Sanktionierung im Vergleich zur privatrechtlichen zu ermitteln. *Prima facie* spricht jedoch viel dafür, den verwaltungsrechtlichen Anlegerschutz durch eine rechtliche und materiell-personelle Stärkung der Marktaufsicht zu verbessern.[165] Im Gegenzug könnten die §§ 97, 98 WpHG ersatzlos aufgehoben werden. Ein solcher *de lege tollenda*-Ansatz läge nicht allein im Sinne des deliktsrechtlichen Subsidiaritätsprinzips und verspräche volkswirtschaftlichen Nutzen, sondern brächte das deutsche Kapitalmarktrecht zudem den benachbarten Rechtsordnungen näher, von denen es sich seit Einführung der §§ 37b, c WpHG a. F. fundamental entfernt hat.

c) MarktmissbrauchsVO Recast: Ein einheitliches Sanktionsregime für die EU?

Die bereits angesprochene Kapitalmarktrechtsreform in Permanenz[166] wird sich auf längere Sicht im Zusammenhang mit der Sanktionierung von Kapitalmarktinformationspflichten durch privaten Schadenersatz zwei Kohärenzproblemen stellen müssen. Das eine ist spezifisch unionsrechtlicher Natur und betrifft die *horizontale Kohärenz* der einzelnen Sekundärrechtsakte untereinander: Es erscheint kaum gerechtfertigt, dass Prospekthaftung, Ad-hoc-Publizität, Regelpublizität und allgemeine Transparenzpflichten nicht nur in separaten Gesetzen, sondern zugleich mit unterschiedlichen Vorgaben hinsichtlich ihrer privatrechtlichen Sanktionierung geregelt sind.[167] Damit zusammenhängend – wenn auch nicht damit identisch – stellt sich das Problem der *vertikalen Kohärenz* also der kohärenten Sanktionierung des Unionskapitalmarktrechts in den einzelnen Mitgliedstaaten. Denn die bestehende Uneinheitlichkeit verhindert das Entstehen eines integrierten EU-Finanzmarkts.[168] Die Finanzökonomie legt

[165] In diese Richtung bereits zum US-amerikanischen Recht: *Alexander*, Stanford Law Review 48 (1996), 1487.

[166] Siehe oben S. 76 ff.

[167] Vgl. oben S. 47 ff.

[168] Vorschlag für eine Richtlinie des Europäischen Parlaments und des Rates über Insider-Geschäfte und Marktmanipulation (Marktmissbrauch), vom 30.5.2001, KOM(2001) 281 end-

sogar nahe, dass der Effekt disparater Durchsetzungsmechanismen und Sanktionsniveaus denjenigen einer einheitlichen Regulierung deutlich übersteigt, dass also Marktintegration mehr mit gemeinsamer Durchsetzung als mit gemeinsamer Regulierung zu tun hat.[169] Die vertikale Inkohärenz *kann* freilich bewusst gewollt sein, um einen Wettbewerb der Kapitalmarktrechte oder sogar auf Ebene der einzelnen Börsenplätze einen „Markt der Märkte“[170] zu ermöglichen. Jedoch sollte diese Abwägungsentscheidung zwischen Homogenität und Diversität transparent, ergebnisoffen und evidenzbasiert reflektiert werden. Das Bekenntnis zum Ziel der Kapitalmarktunion müsste also auf den Prüfstand. Dabei wäre insbesondere auch zu erwägen, die private Kapitalmarktinformationshaftung für den Sekundärmarkt auszuschließen,[171] dafür aber die ESMA mit zusätzlichen Mitteln und Durchsetzungsbefugnissen auszustatten.[172]

gültig, Seite 11: „Grundsätzlich ist es in einem integrierten Finanzmarkt nicht hinzunehmen, dass rechtswidriges Verhalten in einem Land schwer, in einem anderen leicht und in einem dritten gar nicht geahndet wird.“ Siehe auch: *Casper*, in: Schulze (Hrsg.), Compensation of Private Losses, 2011, 91, 94 “great inconsistency“.

[169] *Christensen/Hail/Leuz*, The Review of Financial Studies 29 (2016), 2885.

[170] Begriff nach *Thomale/Walter*, ZGR 2016, 679, 724f. Um dies umzusetzen, müsste der Gesetzgeber den Börsenplätzen die autonome Regelung der Verfügbarkeit von zivilrechtlichen Sanktionen übertragen. In diese Richtung geht das Konzept der Schweiz, vgl. oben S. 101f.

[171] Anderer Ansicht offenbar *Möllers/Leisch*, in: Kölner Kommentar zum WpHG, 2. Auflage 2014, §§ 37b, c Rn. 82, die allein die Harmonisierung der mitgliedstaatlichen Lösungen durch eine „Europäische Haftungsrichtlinie“ diskutieren.

[172] Für eine stärkere Aktivierung der ESMA bereits *Hopt*, in: Kalss/Torggler, Kapitalmarkthaftung und Gesellschaftsrecht, 2013, 55, 79.

VIII. Thesen

1) Rechtliches Wissen und rechtliche Kenntnis sind spezifisch normativ konstruiert. Daraus ergibt sich die intradisziplinäre (zB Strafrecht vs. Zivilrecht), ordnungssystematische (zB rechtsgeschäftlicher Verkehr vs. Deliktsrecht) und individuell normspezifische Relativität der Wissenszurechnung (zB § 166 vs. § 626 BGB).
2) Die Wissenszurechnung zu Lasten juristischer Personen ist aus systemimmanenten Gründen notwendig. Sie findet jedoch weder einen Haltepunkt im psychologischen Begriff menschlichen Wissens noch in den spärlichen Regeln des allgemeinen Zivilrechts und Gesellschaftsrechts zu fremdwirksamem Verhalten. Diese Lücke schließt das in richterlicher Rechtsfortbildung gewonnene Gleichstellungsprinzip, dem es wesentlich um den commutativ gerechten Ausgleich arbeitsteiligen Handelns geht. Regelförmig ausgefüllt wird es durch Wissensorganisationspflichten (*knowledge governance*). Diese zeigen ihre ordnungssystematische Relativität in jüngeren Judikaten des BGH, die im rechtsgeschäftlichen Verkehr eine weitergehende Wissenszurechnung vornehmen als in deliktsrechtlichen Zusammenhängen. Die im jüngeren Schrifttum insbesondere von *Grigoleit* und *Wagner* an dieser Dogmatik formulierten Grundsatzkritiken greifen im Ergebnis nicht durch. Zugleich belegt die rechtvergleichende Umschau, dass es sich um kein deutsches Provinzialproblem, sondern um ein globales Fundamentalproblem des Gesellschafts- und Kapitalmarktrechts handelt.
3) Im Kapitalmarktrecht ist grundsätzlich zur Begründung der Kenntnis eines Emittenten die entsprechende Kenntnis des Gesamtvorstands erforderlich. Gleichgestellt ist die Kenntnis faktischer Wissensorgane, also insbesondere eines Vorstandsmitglieds, dem die Wahrnehmung der kapitalmarktrechtlichen Ad-hoc-Publizitätsverantwortung überantwortet wird. Dieser Delegationsakt begründet analog § 166 Abs. 1 BGB eine entsprechende Übernahmeverantwortung des Gesamtvorstands und damit des Emittenten selbst.
4) Der primäre Regelungszweck der Ad-hoc-Publizität besteht darin, den Emittenten als Garanten zur Information des Sekundärmarkts heranzuziehen, um Informationsasymmetrien zwischen Anlegern abzubauen und Insiderhandel zu verhindern. Diese deliktsrechtliche Sonderpflicht setzt ein Informationsgefälle zwischen Emittent und Sekundärmarkt voraus. Die Inanspruchnahme des Emittenten ist allein insoweit gerechtfertigt wie er mit

geringerem Aufwand als Normalmarktteilnehmer bestimmte Insiderinformationen ermitteln und übermitteln kann, mithin als *cheapest information provider* anzusehen ist. Jenseits dieser Verantwortungssphäre gilt die Eigenverantwortung des Sekundärmarktes.

5) Die Ad-hoc-Publizitätspflicht nach § 15 WpHG a. F. i. V. m. Art. 6 MarktmissbrauchsRiLi sowie gemäß dem heute gültigen Art. 17 Marktmissbrauchs-VO ist rein objektiv bestimmt, setzt also weder Wissen noch Verschulden voraus. Die Begriffswahl „unverzüglich" ist zwar aus deutscher Sicht verwirrend, tritt jedoch kraft unionsrechtsautonomer Auslegung hinter das eigentlich Gemeinte „so bald wie möglich" zurück. Dementsprechend suspendiert auch die Inanspruchnahme des Selbstbefreiungsprivilegs aus § 15 Abs. 3 WpHG a. F. durch den Emittenten nicht etwa seine Pflichten gemäß § 15 Abs. 1 und 2 WpHG a. F., sondern erfolgt gleichsam „auf eigene Gefahr". An die objektive Ad-hoc-Publizitätspflicht knüpfen die sonderpolizeirechtliche, präventive Tätigkeit der BaFin insbesondere nach § 4 Abs. 2 Satz 1 WpHG a. F. sowie die repressive Verfolgung von Ordnungswidrigkeiten nach § 39 WpHG a. F. an.

6) Das zivilrechtliche, durch autonomes deutsches Recht geschaffene Delikt der pflichtwidrig unterlassenen Ad-hoc-Publizität gemäß § 37b WpHG a. F. setzt die Kenntnis des Emittenten von der publizitätspflichtigen Insiderinformation voraus. Diese ist implizites Tatbestandsmerkmal des Deliktsgrundtatbestands nach § 37b Abs. 1 WpHG a. F., mithin von dem anspruchstellenden Anleger zu beweisen. In ordnungssystematischer Hinsicht spricht die Deliktsnatur dieser Haftung unter rechtsrealistischen Gesichtspunkten (These 2) gegen die Konstruktion von Emittentenwissen auf Grundlage verletzter Wissensorganisationspflichten. In normspezifischer Hinsicht bedingen die subjektiv-objektive Sinneinheit des Nichtveröffentlichens trotz Wissens sowie die Modalitätenäquivalenz zur aktiven Veröffentlichung unwahrer Insiderinformationen nach § 37c WpHG a. F., dass eine Wissenszusammenrechnung ausscheidet. Deshalb kommt eine Emittentenhaftung nach § 37b WpHG a. F. nur dann in Betracht, wenn der Gesamtvorstand oder faktische Wissensorgane (These 3) diese Kenntnis tatsächlich innehaben.

7) Im Gegensatz zum Delikt der pflichtwidrig unterlassenen Ad-hoc-Publizität gemäß § 37b WpHG a. F. ist das Nachbardelikt der Mitteilung unwahrer Insiderinformationen gemäß § 37c WpHG a. F. nicht in subjektiver Hinsicht ergänzungsbedürftig, sondern bildet ein vollständiges, objektiv rechtswidriges Delikt, das in seinem Grundtatbestand nicht von der Kenntnis des Emittenten abhängt. Hingegen schließt die vom Emittenten zu beweisende, nicht grob fahrlässige Unkenntnis gemäß § 37c Abs. 2 WpHG a. F. lediglich dessen Verschulden aus. Kraft dieser ausdrücklichen gesetzgeberischen Anordnung findet eine konstruktive Wissenszurechnung auf Grundlage von Wissensorganisationspflichten (These 2) statt. Der dabei einbezogene Mitarbeiter-

kreis ist im Grundsatz weit zu ziehen. Dennoch kann dem Emittenten der Entlastungsbeweis gelingen. Dazu darf er, also sein Gesamtvorstand und seine faktischen Wissensorgane (These 3), *erstens* keine positive Kenntnis haben. *Zweitens* darf seine Unkenntnis nicht auf grober Fahrlässigkeit beruhen. Dies ist in objektiver Hinsicht dann der Fall, wenn er entweder ein Compliance Management System eingerichtet hat, das über Informationsweiterleitung und -bündelung eine *ex ante* effektive *knowledge governance* gewährleistet, oder das zumindest nicht in für jeden unschwer erkennbarer Weise vollkommen ungenügend ist, um einen hinreichenden Informationsfluss sicherzustellen. In subjektiver Hinsicht setzt grobe Fahrlässigkeit ein Evidenzerlebnis voraus. Der Gesamtvorstand oder die faktischen Wissensorgane müssen also ganz und gar offensichtliche Zeichen verkennen, dass ein anderer publizitätswürdiger Sachverhalt im Unternehmen vorliegt als derjenige, dessen Mitteilung veranlasst wird.

8) Die dargelegten Grundsätze (Thesen 1–7) gelten sowohl nach der bis zum 1. Juli 2016 gültigen Rechtslage der MarktmissbrauchsRiLi in Verbindung mit § 15 WpHG a.F. als auch nach der MarktmissbrauchsVO und dem angepassten WpHG n.F.

9) Eine Schadenersatzpflicht des Emittenten für fehlerhafte Ad-hoc-Publizität ist unter ökonomischen Gesichtspunkten eher abzulehnen. Denn sie schwächt u.a. die Sanierbarkeit des Emittenten in der Insolvenznähe und fördert kurzfristige, unzureichend diversifizierte Anleger auf Kosten hinreichend diversifizierter und langfristiger Anleger. Umgekehrt fällt die von der Schadenersatzlösung allgemein erhoffte Abschreckungswirkung wegen prinzipieller Schwächen wie dem *free-riding*-Problem geringer aus als diejenige, die durch verwaltungsrechtliche und strafrechtliche Sanktionen erzielt werden kann. Sie beruht zudem auf Annahmen wie der Vernachlässigbarkeit von Prozesskosten und der pauschalen Gemeinschädlichkeit von Insiderhandel, die weder in qualitativer noch in quantitativer Hinsicht gesichert sind.

10) Die Schadenersatzpflicht des Emittenten für fehlerhafte Ad-hoc-Publizität widerspricht den Grundstrukturen der deutschen Deliktsrechtsdogmatik. Denn sie gewährt den Ersatz reiner Vermögensschäden in einer Situation, in der es wegen der Gemeinschaftsgutseigenschaft der Kapitalmarktinformation an einem privatnützigen Schutzgesetz fehlt. Angesichts der bestehenden verwaltungsrechtlichen Schutzmechanismen bricht die Schadenersatzpflicht zudem mit dem Grundsatz der Subsidiarität des Deliktsschadenersatzes. Diese innen-systematischen Einpassungshürden werden durch die Sonderdeliktstatbestände der §§ 97, 98 WpHG positivistisch unterdrückt, aber nicht bewältigt.

11) Der Rechtsvergleich der deutschen Lösung mit internationalen und unionseuropäischen Kapitalmarktrechtsordnungen entblößt die §§ 97, 98 WpHG

als isolierten Sonderweg: Bei rechtsrealistischer Betrachtung wird allein in Österreich und in den Niederlanden ein vergleichbarer Ansatz verfolgt. Im romanischen Rechtskreis sehen die jeweiligen Gesetzesrechte zwar eine Anspruchsgrundlage vor, doch wird diese praktisch nicht gelebt, ist also gleichsam „totes Recht“. Irland, Schweden, Singapur und Hong Kong schließen die Haftung entweder prinzipiell aus oder reduzieren sie durch unorthodoxe Vorbehalte wie eine Billigkeitskontrolle oder die Voraussetzung eines Emittentenprofits fast auf Null. In den USA und dem UK sind private Schadenersatzansprüche gegen den Emittenten allein bei Marktmanipulation vorgesehen – die fehlerhafte Ad-hoc-Publizität *als solche* ist hingegen nicht schadenersatzbewehrt.

12) Die deutsche Lösung ist nicht durch den unionsrechtlichen *effet utile* vorgegeben: MarktmissbrauchsRiLi und MarktmissbrauchsVO regeln allein die verwaltungsrechtliche Durchsetzung und überlassen die zivilrechtliche den Mitgliedstaaten. Daher sind Existenz, Art und Umfang der §§ 97, 98 WpHG eine Frage autonomen gesetzgeberischen Gestaltungsspielraums. Vor diesem Hintergrund sprechen die ökonomische Fragwürdigkeit (These 9), deliktsdogmatische Widersprüchlichkeit (These 10) und rechtsvergleichende Isolation (These 11) der deutschen Lösung *de lege lata* für ihre restriktive Auslegung. *De lege ferenda* spricht viel dafür, die Marktaufsicht und damit die verwaltungsrechtliche Durchsetzung der ad-hoc-Publizitätspflicht zu verbessern. Gelingt dies, liegt sogar eine vollständige Abschaffung der §§ 97, 98 WpHG nahe.

13) Auf unionsrechtlicher Ebene ist die Kapitalmarktinformationshaftung auf zweifach inkohärente Weise geregelt: *Einerseits* sind die einzelnen Sekundärrechtsakte untereinander nicht harmonisiert, geben also teilweise private Schadenersatzansprüche vor, während sie anderenorts lediglich Mindesthaftungsbedingungen statuieren oder die gesamte Frage den Mitgliedstaaten überlassen (horizontale Inkohärenz). Wo letzteres der Fall ist, erlaubt das Unionsrecht *andererseits* ein uneinheitliches Sanktionsniveau entlang mitgliedstaatlicher Grenzen, also geradezu den Gegenentwurf zu einer Kapitalmarktunion (vertikale Inkohärenz). Dies verlangt nach weiteren Reformen, in denen die Regulierungsoption zu bedenken ist, die private Kapitalmarktinformationshaftung für den Sekundärmarkt auszuschließen, dafür aber die verwaltungsrechtliche Durchsetzung zu stärken, indem man etwa die ESMA mit zusätzlichen Mitteln und Durchsetzungsbefugnissen ausstattet.

Anhang

Anhang I

Marktmissbrauchsrichtlinie (Auszug)

Richtlinie 2003/6/EG des Europäischen Parlaments und des Rates
vom 28. Januar 2003
über Insider-Geschäfte und Marktmanipulation (Marktmissbrauch)

DAS EUROPÄISCHE PARLAMENT UND DER RAT DER EUROPÄISCHEN UNION –

gestützt auf den Vertrag zur Gründung der Europäischen Gemeinschaft, insbesondere auf Artikel 95,

auf Vorschlag der Kommission[1],

nach Stellungnahme des Europäischen Wirtschafts- und Sozialausschusses[2],

nach Stellungnahme der Europäischen Zentralbank[3],

gemäß dem Verfahren des Artikels 251 des Vertrags[4],

in Erwägung nachstehender Gründe:

(1) Ein echter Binnenmarkt für Finanzdienstleistungen ist für das Wirtschaftswachstum und die Schaffung von Arbeitsplätzen in der Gemeinschaft von entscheidender Bedeutung.

(2) Ein integrierter und effizienter Finanzmarkt setzt Marktintegrität voraus. Das reibungslose Funktionieren der Wertpapiermärkte und das Vertrauen der Öffentlichkeit in die Märkte sind Voraussetzungen für Wirtschaftswachstum und Wohlstand. Marktmissbrauch verletzt die Integrität der Finanzmärkte und untergräbt das Vertrauen der Öffentlichkeit in Wertpapiere und Derivate.

(...)

(10) Neue finanzielle und technische Entwicklungen – neue Produkte, neue Technologien, eine zunehmende grenzüberschreitende Geschäftstätigkeit und das Internet – lassen mehr Anreize, Mittel und Gelegenheiten zum Marktmissbrauch entstehen.

---

[1] ABl. C 240 E vom 28.8.2001, S. 265.

[2] ABl. C 80 vom 3.4.2002, S. 61.

[3] ABl. C 24 vom 26.1.2002, S. 8.

[4] Stellungnahme des Europäischen Parlaments vom 14. März 2002 (noch nicht im Amtsblatt veröffentlicht), Gemeinsamer Standpunkt des Rates vom 19. Juli 2002 (ABl. C 228 E vom 25.9.2002, S. 19) und Beschluss des Europäischen Parlaments vom 24. Oktober 2002 (noch nicht im Amtsblatt veröffentlicht).

(11) Der vorhandene gemeinschaftliche Rechtsrahmen zum Schutz der Marktintegrität ist unvollständig. Die Rechtsvorschriften sind je nach Mitgliedstaat unterschiedlich, so dass die Wirtschaftsakteure oftmals über Begriffe, Begriffsbestimmungen und Durchsetzung im Unklaren sind. In einigen Mitgliedstaaten gibt es keine Rechtsvorschriften zur Ahndung von Kursmanipulationen oder der Verbreitung irreführender Informationen.

(12) Marktmissbrauch beinhaltet Insider-Geschäfte und Marktmanipulation. Vorschriften zur Bekämpfung von Insider-Geschäften haben dasselbe Ziel wie Vorschriften zur Bekämpfung von Marktmanipulation, nämlich die Integrität der Finanzmärkte der Gemeinschaft sicherzustellen und das Vertrauen der Anleger in diese Märkte zu stärken. Es ist daher sinnvoll, entsprechende Vorschriften zusammenzufassen, um sowohl Insider-Geschäfte als auch Marktmanipulation zu bekämpfen. Eine einzige Richtlinie stellt sicher, dass überall in der Gemeinschaft für Kompetenzverteilung, Durchsetzung und Zusammenarbeit ein und derselbe Rechtsrahmen gilt.

(13) Angesichts der Änderungen, die seit dem Erlass der Richtlinie 89/592/EWG des Rates vom 13. November 1989 zur Koordinierung der Vorschriften betreffend Insider-Geschäfte[5] auf den Finanzmärkten und im Gemeinschaftsrecht eingetreten sind, sollte jene Richtlinie nunmehr ersetzt werden, damit Übereinstimmung mit den Vorschriften zur Bekämpfung von Marktmanipulation sichergestellt ist. Eine neue Richtlinie ist auch erforderlich, um Lücken im Gemeinschaftsrecht zu schließen, die zu rechtswidrigem Handeln ausgenutzt werden können und dadurch das Vertrauen der Öffentlichkeit untergraben und das reibungslose Funktionieren der Märkte beeinträchtigen.

(14) Mit dieser Richtlinie wird auch dem von den Mitgliedstaaten nach den Anschlägen vom 11. September 2001 geäußerten Wunsch entsprochen, gegen die Finanzierung von terroristischen Aktivitäten vorzugehen.

(15) Insider-Geschäfte und Marktmanipulation verhindern, dass der Markt vollständig und wirklich transparent ist; dies ist jedoch eine Voraussetzung dafür, dass alle Wirtschaftsakteure an integrierten Finanzmärkten teilnehmen können.

(16) Insider-Informationen sind nicht öffentlich bekannte präzise Informationen, die einen oder mehrere Emittenten von Finanzinstrumenten oder ein oder mehrere Finanzinstrumente direkt oder indirekt betreffen. Informationen, die geeignet wären, die Kursentwicklung und Kursbildung auf einem geregelten Markt als solche erheblich zu beeinflussen, können als Informationen betrachtet werden, die einen oder mehrere Emittenten von Finanzinstrumenten oder ein oder mehrere sich darauf beziehende derivative Finanzinstrumente indirekt betreffen.

(17) Bei Insider-Geschäften sollte der Fall berücksichtigt werden, dass die Insider-Informationen nicht aufgrund des Berufs oder der Funktion erlangt werden, sondern im Zuge von Straftaten, deren Vorbereitung oder Ausführung geeignet ist, den Kurs eines oder mehrerer Finanzinstrumente oder die Kursbildung auf dem geregelten Markt als solche erheblich zu beeinflussen.

(18) Ausnutzung von Insider-Informationen kann vorliegen, wenn Finanzinstrumente erworben oder veräußert werden und der Betreffende dabei weiß oder hätte wissen müssen, dass es sich bei der ihm vorliegenden Information um eine Insider-Information handelt. Hier sollten die zuständigen Behörden von dem ausgehen, was eine normale, ver-

[5] ABl. L 334 vom 18.11.1989, S. 30.

nünftige Person unter den gegebenen Umständen wusste oder hätte wissen müssen. Der Umstand, dass Market-maker oder Stellen, die befugt sind, als Gegenpartei aufzutreten, oder Personen, die an der Börse Kundengeschäfte ausführen, zwar über Insider-Informationen verfügen, jedoch in den ersten zwei Fällen lediglich ihr legitimes Geschäft des Ankaufs oder Verkaufs von Finanzinstrumenten ausüben oder im letztgenannten Fall pflichtgemäß Aufträge ausführen, sollte als solcher nicht als Ausnutzung von Insider-Informationen gewertet werden.

(...)

(21) Die zuständige Stelle kann Orientierungshilfen zu den in dieser Richtlinie geregelten Fragen herausgeben, z. B. eine Definition von Insider-Information in Bezug auf Warenderivate oder Hinweise zur Anwendung der Definition der zulässigen Marktpraxis in Bezug auf die Definition von Marktmanipulation. Diese Orientierungshilfen sollten mit der Richtlinie und den nach dem Ausschussverfahren erlassenen Durchführungsmaßnahmen in Einklang stehen.

(22) Die Mitgliedstaaten sollten selbst entscheiden können, welche Regelungen, einschließlich Mechanismen der Selbstregulierung, am zweckmäßigsten sind für Personen, die Analysen von Finanzinstrumenten oder von Emittenten von Finanzinstrumenten oder sonstige Informationen mit Empfehlungen oder Anregungen zu Anlagestrategien erstellen oder verbreiten; diese Regelungen sind der Kommission mitzuteilen.

(23) Werden Insider-Informationen von Emittenten auf ihrer Internet-Site angezeigt, so sind die in der Richtlinie 95/46/EG des Europäischen Parlaments und des Rates vom 24. Oktober 1995 zum Schutz natürlicher Personen bei der Verarbeitung personenbezogener Daten und zum freien Datenverkehr[6] festgelegten Vorschriften über die Übermittlung personenbezogener Daten in Drittländer einzuhalten.

(24) Durch unverzügliche und angemessene öffentliche Bekanntgabe von Informationen wird die Integrität des Marktes gefördert. Selektive Weitergabe von Informationen durch Emittenten kann dazu führen, dass das Vertrauen der Anleger in die Integrität der Finanzmärkte schwindet. Die professionellen Marktteilnehmer sollten durch verschiedene Maßnahmen zur Gewährleistung von Marktintegrität beitragen. Dazu gehören z. B. „grey lists", die Begrenzung des Aktienhandels sensibler Personenkategorien auf genau definierte Zeiträume („window trading"), interne Verhaltenskodizes und die Schaffung von Vertraulichkeitsbereichen („Chinese walls"). Derartige vorbeugende Maßnahmen können nur dann zur Bekämpfung des Marktmissbrauchs beitragen, wenn sie entschieden durchgeführt und pflichtgemäß kontrolliert werden. Eine angemessene Durchführungskontrolle würde z. B. bedeuten, dass innerhalb der betreffenden Einrichtungen Mitarbeiter benannt werden, die für die Einhaltung der Vorschriften zuständig sind („Compliance officer"), und dass unabhängige Prüfer regelmäßige Kontrollen durchführen.

(25) Die modernen Kommunikationsmittel ermöglichen einen zunehmend gleichberechtigten Zugang zu den Finanzinformationen für professionelle Finanzmarktteilnehmer und für private Anleger; sie erhöhen jedoch gleichzeitig die Gefahr der Verbreitung falscher oder irreführender Informationen.

(26) Eine größere Transparenz der Geschäfte von Personen, die bei einem Emittenten Führungsaufgaben wahrnehmen, und gegebenenfalls der in enger Beziehung zu ihnen

[6] ABl. L 281 vom 23.11.1995, S. 31.

stehenden Personen stellt eine Maßnahme zur Verhütung von Marktmissbrauch dar. Die Bekanntgabe zumindest einzelner dieser Geschäfte kann eine wertvolle Information für Anleger darstellen.

(27) Die Betreiber von Märkten sollten an der Vorbeugung gegen Marktmissbrauch mitwirken und strukturelle Vorkehrungen zur Vorbeugung gegen Marktmanipulationspraktiken und zu deren Aufdeckung treffen. Zu diesen Vorkehrungen können die Transparenz der getätigten Geschäfte, die uneingeschränkte öffentliche Bekanntgabe von Kursregulierungsvereinbarungen, ein gerechtes System für die Verrechnung gleicher Kauf- und Verkaufsaufträge, die Einführung eines wirksamen Systems zur Ermittlung atypischer Geschäftsaufträge, hinreichend solide Systeme für die Festsetzung der Referenznotierungen von Finanzinstrumenten und klare Regeln für die Aussetzung des Handels zählen.

(...)

(37) Ein gemeinsames Mindestmaß an wirksamen Mitteln und Befugnissen der zuständigen Behörden der Mitgliedstaaten ist notwendig, um eine wirksame Aufsicht sicherzustellen. Auch die Marktteilnehmer und alle Wirtschaftsakteure sollten in ihrem Bereich einen Beitrag zur Marktintegrität leisten. In dieser Hinsicht schließt die Benennung einer einzigen zuständigen Behörde für Marktmissbrauch eine Zusammenarbeit mit Marktteilnehmern oder die Delegation von Aufgaben unter der Verantwortlichkeit der zuständigen Behörde an die Marktteilnehmer zu dem Zweck, die wirksame Überwachung der Einhaltung der gemäß dieser Richtlinie erlassenen Vorschriften zu gewährleisten, nicht aus.

(38) Damit der gemeinschaftliche Rechtsrahmen zur Bekämpfung von Marktmissbrauch hinreichende Wirkung entfaltet, müssen alle Verstöße gegen die gemäß dieser Richtlinie erlassenen Verbote und Gebote unverzüglich aufgedeckt und geahndet werden. Deshalb sollten die Sanktionen abschreckend genug sein, im Verhältnis zur Schwere des Verstoßes und zu den erzielten Gewinnen stehen und sollten konsequent vollstreckt werden.

(39) Die Mitgliedstaaten sollten bei der Festlegung der Verwaltungsmaßnahmen und der im Verwaltungsverfahren zu erlassenden Sanktionen die Notwendigkeit einer gewissen Einheitlichkeit der Regelungen der einzelnen Mitgliedstaaten im Auge behalten.

(40) Die zunehmende grenzüberschreitende Geschäftstätigkeit macht es notwendig, die Zusammenarbeit zwischen den nationalen zuständigen Behörden zu verstärken und den Informationsaustausch zwischen ihnen umfassend zu regeln. Die Organisation der Aufsicht und der Ermittlungsbefugnisse in den einzelnen Mitgliedstaaten sollte die Zusammenarbeit zwischen den zuständigen nationalen Behörden nicht behindern.

(41) Da das Ziel der vorgeschlagenen Maßnahmen, nämlich die Verhütung von Marktmissbrauch in Form von Insider-Geschäften und Marktmanipulationen, auf Ebene der Mitgliedstaaten nicht ausreichend erreicht werden kann und daher wegen des Umfangs und der Wirkung der Maßnahmen besser auf Gemeinschaftsebene zu erreichen ist, kann die Gemeinschaft im Einklang mit dem in Artikel 5 des Vertrags niedergelegten Subsidiaritätsprinzip tätig werden. Entsprechend dem in demselben Artikel genannten Verhältnismäßigkeitsprinzip geht diese Richtlinie nicht über das für die Erreichung dieses Ziels erforderliche Maß hinaus.

(...)

HABEN FOLGENDE RICHTLINIE ERLASSEN:

Artikel 1

Für die Zwecke dieser Richtlinie gelten folgende Definitionen:

1. „Insider-Information“ ist eine nicht öffentlich bekannte präzise Information, die direkt oder indirekt einen oder mehrere Emittenten von Finanzinstrumenten oder ein oder mehrere Finanzinstrumente betrifft und die, wenn sie öffentlich bekannt würde, geeignet wäre, den Kurs dieser Finanzinstrumente oder den Kurs sich darauf beziehender derivativer Finanzinstrumente erheblich zu beeinflussen.

   In Bezug auf Warenderivate ist „Insider-Information“ eine nicht öffentlich bekannte präzise Information, die direkt oder indirekt ein oder mehrere solcher Derivate betrifft und von der Teilnehmer an Märkten, auf denen solche Derivate gehandelt werden, erwarten würden, dass sie diese Informationen in Übereinstimmung mit der zulässigen Praxis an den betreffenden Märkten erhalten würden.

   Für Personen, die mit der Ausführung von Aufträgen betreffend Finanzinstrumente beauftragt sind, bedeutet „Insider-Information“ auch eine Information, die von einem Kunden mitgeteilt wurde und sich auf die noch nicht erledigten Aufträge des Kunden bezieht, die präzise ist, die direkt oder indirekt einen oder mehrere Emittenten von Finanzinstrumenten oder ein oder mehrere Finanzinstrumente betrifft und die, wenn sie öffentlich bekannt würde, geeignet wäre, den Kurs dieser Finanzinstrumente oder den Kurs sich darauf beziehender derivativer Finanzinstrumente erheblich zu beeinflussen.

2. „Marktmanipulation“ sind

   a) Geschäfte oder Kauf- bzw. Verkaufsaufträge, die

      – falsche oder irreführende Signale für das Angebot von Finanzinstrumenten, die Nachfrage danach oder ihren Kurs geben oder geben könnten, oder

      – den Kurs eines oder mehrerer Finanzinstrumente durch eine Person oder mehrere, in Absprache handelnde Personen in der Weise beeinflussen, dass ein anormales oder künstliches Kursniveau erzielt wird,

      es sei denn, die Person, welche die Geschäfte abgeschlossen oder die Aufträge erteilt hat, weist nach, dass sie legitime Gründe dafür hatte und dass diese Geschäfte oder Aufträge nicht gegen die zulässige Marktpraxis auf dem betreffenden geregelten Markt verstoßen.

   b) Geschäfte oder Kauf- bzw. Verkaufsaufträge unter Vorspiegelung falscher Tatsachen oder unter Verwendung sonstiger Kunstgriffe oder Formen der Täuschung;

   c) Verbreitung von Informationen über die Medien einschließlich Internet oder auf anderem Wege, die falsche oder irreführende Signale in Bezug auf Finanzinstrumente geben oder geben könnten, u.a. durch Verbreitung von Gerüchten sowie falscher oder irreführender Nachrichten, wenn die Person, die diese Informationen verbreitet hat, wusste oder hätte wissen müssen, dass sie falsch oder irreführend waren. Bei Journalisten, die in Ausübung ihres Berufs handeln, ist eine solche

Verbreitung von Informationen unbeschadet des Artikels 11 unter Berücksichtigung der für ihren Berufsstand geltenden Regeln zu beurteilen, es sei denn, dass diese Personen aus der Verbreitung der betreffenden Informationen direkt oder indirekt einen Nutzen ziehen oder Gewinne schöpfen.

Von der Basisdefinition der Buchstaben a), b) und c) leiten sich insbesondere folgende Beispiele ab:

- Sicherung einer marktbeherrschenden Stellung in Bezug auf das Angebot eines Finanzinstruments oder die Nachfrage danach durch eine Person oder mehrere in Absprache handelnde Personen mit der Folge einer direkten oder indirekten Festsetzung des Ankaufs- oder Verkaufspreises oder anderer unlauterer Handelsbedingungen;
- Kauf oder Verkauf von Finanzinstrumenten bei Börsenschluss mit der Folge, dass Anleger, die aufgrund des Schlusskurses tätig werden, irregeführt werden;
- Ausnutzung eines gelegentlichen oder regelmäßigen Zugangs zu den traditionellen oder elektronischen Medien durch Abgabe einer Stellungnahme zu einem Finanzinstrument (oder indirekt zu dem Emittenten dieses Finanzinstruments), wobei zuvor Positionen bei diesem Finanzinstrument eingegangen wurden und anschließend Nutzen aus den Auswirkungen der Stellungnahme auf den Kurs dieses Finanzinstruments gezogen wird, ohne dass der Öffentlichkeit gleichzeitig dieser Interessenkonflikt auf ordnungsgemäße und effiziente Weise mitgeteilt wird;

Die Definitionen der „Marktmanipulation“ werden so angepasst, dass auch neue Handlungsmuster, die den Tatbestand der Marktmanipulation in der Praxis erfuellen, einbezogen werden können.

3. „Finanzinstrumente“ sind
   - Wertpapiere im Sinne der Richtlinie 93/22/EWG des Rates vom 10. Mai 1993 über Wertpapierdienstleistungen[7],
   - Anteile an Organismen für gemeinsame Anlagen in Wertpapieren,
   - Geldmarktinstrumente,
   - Finanzterminkontrakte (Futures) einschließlich gleichwertiger bar abgerechneter Instrumente,
   - Zinsausgleichsvereinbarungen (Forward Rate Agreement),
   - Zins- und Devisenswaps sowie Swaps auf Aktien oder Aktienindexbasis (Equityswaps),
   - Kauf- und Verkaufsoptionen auf alle unter diese Kategorien fallenden Instrumente einschließlich gleichwertiger bar abgerechneter Instrumente; dazu gehören insbesondere Devisen- und Zinsoptionen,
   - Warenderivate,

[7] ABl. L 141 vom 11.6.1993, S. 27. Zuletzt geändert durch die Richtlinie 2000/64/EG des Europäischen Parlaments und des Rates (ABl. L 290 vom 17.11.2000, S. 27).

– alle sonstigen Instrumente, die zum Handel auf einem geregelten Markt in einem Mitgliedstaat zugelassen sind oder für die ein Antrag auf Zulassung zum Handel auf einem solchen Markt gestellt wurde.

4. „Geregelter Markt“ ist ein Markt im Sinne des Artikels 1 Absatz 13 der Richtlinie 93/22/EWG.

5. „Zulässige Marktpraxis“ sind Gepflogenheiten, die auf einem oder mehreren Finanzmärkten nach vernünftigem Ermessen erwartet werden und von den zuständigen Behörden gemäß den Leitlinien, die von der Kommission nach dem Verfahren des Artikels 17 Absatz 2 erlassen werden, anerkannt werden.

6. „Person“ ist eine natürliche oder eine juristische Person.

7. „Zuständige Behörde“ ist die gemäß Artikel 11 benannte zuständige Stelle.

Um den Entwicklungen auf den Finanzmärkten Rechnung zu tragen und eine einheitliche Anwendung dieser Richtlinie in der Gemeinschaft zu gewährleisten, erlässt die Kommission nach dem Verfahren des Artikels 17 Absatz 2 Durchführungsmaßnahmen für die Definitionen der Nummern 1, 2 und 3 dieses Artikels.

Artikel 2

(1) Die Mitgliedstaaten untersagen Personen im Sinne von Unterabsatz 2, die über eine Insider-Information verfügen, unter Nutzung derselben für eigene oder fremde Rechnung direkt oder indirekt Finanzinstrumente, auf die sich die Information bezieht, zu erwerben oder zu veräußern oder dies zu versuchen.

Unterabsatz 1 gilt für Personen, die

a) als Mitglied eines Verwaltungs-, Leitungs- oder Aufsichtsorgans des Emittenten,

b) durch ihre Beteiligung am Kapital des Emittenten oder

c) dadurch, dass sie aufgrund ihrer Arbeit, ihres Berufs oder ihrer Aufgaben Zugang zu der betreffenden Information haben, oder

d) aufgrund ihrer kriminellen Aktivitäten

über diese Information verfügen.

(2) Handelt es sich bei der in Absatz 1 genannten Person um eine juristische Person, so gilt das dort niedergelegte Verbot auch für die natürlichen Personen, die an dem Beschluss beteiligt sind, das Geschäft für Rechnung der betreffenden juristischen Person zu tätigen.

(3) Dieser Artikel findet keine Anwendung auf Geschäfte, die getätigt werden, um einer fällig gewordenen Verpflichtung zum Erwerb oder zur Veräußerung von Finanzinstrumenten nachzukommen, wenn diese Verpflichtung auf einer Vereinbarung beruht, die geschlossen wurde, bevor die betreffende Person die Insider-Information erhalten hat.

Artikel 3

Die Mitgliedstaaten untersagen den Personen, die dem Verbot nach Artikel 2 unterliegen,

a) Insider-Informationen an Dritte weiterzugeben, soweit dies nicht im normalen Rahmen der Ausübung ihrer Arbeit oder ihres Berufes oder der Erfuellung ihrer Aufgaben geschieht;

b) auf der Grundlage von Insider-Informationen zu empfehlen oder andere Personen zu verleiten, Finanzinstrumente, auf die sich die Information bezieht, zu erwerben oder zu veräußern oder sie von einem Dritten erwerben oder veräußern zu lassen.

Artikel 4

Die Mitgliedstaaten stellen sicher, dass die Artikel 2 und 3 auch für nicht in diesen Artikeln genannte Personen gelten, die über Insider-Informationen verfügen, sofern diese Personen wussten oder hätten wissen müssen, dass es sich um Insider-Informationen handelt.

Artikel 5

Die Mitgliedstaaten untersagen jedermann, Marktmanipulation zu betreiben.

Artikel 6

(1) Die Mitgliedstaaten sorgen dafür, dass alle Emittenten von Finanzinstrumenten Insider-Informationen, die sie unmittelbar betreffen, so bald als möglich der Öffentlichkeit bekannt geben.

Unbeschadet der Maßnahmen, die getroffen werden können, um den Bestimmungen des Unterabsatzes 1 Folge zu leisten, sorgen die Mitgliedstaaten dafür, dass Emittenten alle Insider-Informationen, die sie der Öffentlichkeit mitteilen müssen, während eines angemessenen Zeitraums auf ihrer Internet-Site anzeigen.

(2) Ein Emittent darf die Bekanntgabe von Insider-Informationen gemäß Absatz 1 auf eigene Verantwortung aufschieben, wenn diese Bekanntgabe seinen berechtigten Interessen schaden könnte, sofern diese Unterlassung nicht geeignet ist, die Öffentlichkeit irrezuführen, und der Emittent in der Lage ist, die Vertraulichkeit der Information zu gewährleisten. Die Mitgliedstaaten können vorsehen, dass der Emittent die zuständige Behörde unverzüglich von der Entscheidung, die Bekanntgabe der Insider-Informationen aufzuschieben, zu unterrichten hat.

(3) Die Mitgliedstaaten sehen vor, dass Emittenten oder in ihrem Auftrag oder für ihre Rechnung handelnde Personen, die Insider-Informationen im normalen Rahmen der Ausübung ihrer Arbeit oder ihres Berufes oder der Erfuellung ihrer Aufgaben im Sinne von Artikel 3 Buchstabe a) an einen Dritten weitergeben, diese Informationen der Öf-

fentlichkeit vollständig und tatsächlich bekannt zu geben haben, und zwar zeitgleich bei absichtlicher Weitergabe der Informationen und unverzüglich im Fall einer nicht absichtlichen Weitergabe.

Unterabsatz 1 gilt nicht, wenn die Person, an die die Information weitergegeben wird, zur Vertraulichkeit verpflichtet ist, unabhängig davon, ob sich diese Verpflichtung aus Rechts- oder Verwaltungsvorschriften, einer Satzung oder einem Vertrag ergibt.

Die Mitgliedstaaten sehen vor, dass Emittenten oder in ihrem Auftrag oder für ihre Rechnung handelnde Personen ein Verzeichnis der Personen führen, die für sie auf Grundlage eines Arbeitsvertrags oder anderweitig tätig sind und Zugang zu Insider-Informationen haben. Die Emittenten bzw. die in ihrem Auftrag oder die für ihre Rechnung handelnden Personen müssen dieses Verzeichnis regelmäßig aktualisieren und der zuständigen Behörde auf Anfrage übermitteln.

(4) Personen, die bei einem Emittenten von Finanzinstrumenten Führungsaufgaben wahrnehmen, sowie gegebenenfalls in enger Beziehung zu ihnen stehende Personen unterrichten zumindest die zuständige Behörde über alle Eigengeschäfte mit Aktien des genannten Emittenten oder mit sich darauf beziehenden Derivaten oder anderen Finanzinstrumenten. Die Mitgliedstaaten sorgen dafür, dass diese Informationen zumindest einzeln der Öffentlichkeit so bald wie möglich auf einfache Weise zugänglich gemacht werden.

(5) Die Mitgliedstaaten stellen sicher, dass geeignete Regelungen getroffen werden, wonach Personen, die Analysen von Finanzinstrumenten oder von Emittenten von Finanzinstrumenten oder sonstige für Informationsverbreitungskanäle oder die Öffentlichkeit bestimmte Informationen mit Empfehlungen oder Anregungen zu Anlagestrategien erstellen oder weitergeben, in angemessener Weise dafür Sorge tragen, dass die Information sachgerecht dargeboten wird, und etwaige Interessen oder Interessenkonflikte im Zusammenhang mit den Finanzinstrumenten, auf die sich die Information bezieht, offen gelegt werden. Diese Regelungen werden der Kommission mitgeteilt.

(6) Die Mitgliedstaaten sorgen dafür, dass die Betreiber von Märkten strukturelle Vorkehrungen zur Vorbeugung gegen und zur Aufdeckung von Marktmanipulationspraktiken treffen.

(7) Um die Einhaltung der Absätze 1 bis 5 zu gewährleisten, kann die zuständige Behörde alle erforderlichen Maßnahmen ergreifen, um sicherzustellen, dass die Öffentlichkeit ordnungsgemäß informiert wird.

(8) Öffentliche Stellen, die Statistiken verbreiten, welche die Finanzmärkte erheblich beeinflussen könnten, haben dies auf sachgerechte und transparente Weise zu tun.

(9) Die Mitgliedstaaten sehen vor, dass Personen, die beruflich Geschäfte mit Finanzinstrumenten tätigen, unverzüglich die zuständige Behörde informieren, wenn sie den begründeten Verdacht haben, dass eine Transaktion ein Insider-Geschäft oder eine Marktmanipulation darstellen könnte.

(10) Um den technischen Entwicklungen auf den Finanzmärkten Rechnung zu tragen und die einheitliche Anwendung dieser Richtlinie sicherzustellen, erlässt die Kommission gemäß dem Verfahren des Artikels 17 Absatz 2 Durchführungsmaßnahmen zu

- den technischen Modalitäten einer angemessenen Bekanntgabe von Insider-Informationen im Sinne der Absätze 1 und 3,

– den technischen Modalitäten für die Aufschiebung der Bekanntgabe von Insider-Informationen im Sinne von Absatz 2,
– den technischen Modalitäten, um einen gemeinsamen Ansatz bei der Durchführung von Absatz 2 Satz 2 zu fördern,
– den Modalitäten, nach denen Emittenten oder in ihrem Auftrag handelnde Personen das Verzeichnis gemäß Absatz 3 der für sie tätigen Personen mit Zugang zu Insider-Informationen zu erstellen und zu aktualisieren haben,
– den Kategorien von Personen, die unter die Informationspflicht gemäß Absatz 4 fallen, und den Merkmalen einer Transaktion, einschließlich ihres Umfangs, welche diese Informationspflicht auslösen, sowie zu den technischen Modalitäten, nach denen die Unterrichtung der zuständigen Behörde zu erfolgen hat,
– den technischen Modalitäten einer sachgerechten Darbietung von Analysen und sonstigen Informationen mit Empfehlungen zu Anlagestrategien sowie der Offenlegung bestimmter Interessen oder Interessenkonflikte im Sinne von Absatz 5 im Hinblick auf die in Absatz 5 genannten verschiedenen Personengruppen. Bei solchen Modalitäten werden die Regeln – einschließlich der Selbstkontrolle – für den Berufsstand der Journalisten berücksichtigt,
– den technischen Modalitäten, nach denen die in Absatz 9 genannten Personen der zuständigen Behörde Meldung erstatten müssen.

(...)

Artikel 14

(1) Unbeschadet des Rechts der Mitgliedstaaten, strafrechtliche Sanktionen zu verhängen, sorgen die Mitgliedstaaten entsprechend ihrem jeweiligen innerstaatlichen Recht dafür, dass bei Verstößen gegen die gemäß dieser Richtlinie erlassenen Vorschriften gegen die verantwortlichen Personen geeignete Verwaltungsmaßnahmen ergriffen oder im Verwaltungsverfahren zu erlassende Sanktionen verhängt werden können. Die Mitgliedstaaten sorgen dafür, dass diese Maßnahmen wirksam, verhältnismäßig und abschreckend sind.

(2) Die Kommission erstellt nach dem Verfahren des Artikels 17 Absatz 2 eine der Unterrichtung dienende Aufstellung der Verwaltungsmaßnahmen und im Verwaltungsverfahren zu erlassenden Sanktionen nach Absatz 1.

(3) Die Mitgliedstaaten legen im Einzelnen fest, wie die Verweigerung der Zusammenarbeit im Rahmen von Ermittlungen im Sinne von Artikel 12 zu ahnden ist.

(4) Die Mitgliedstaaten sehen vor, dass die zuständige Behörde Maßnahmen oder Sanktionen, die wegen Verstößen gegen aufgrund dieser Richtlinie erlassene Vorschriften ergriffen bzw. verhängt werden, öffentlich bekannt geben kann, es sei denn, diese Bekanntgabe würde Finanzmärkte erheblich gefährden oder zu einem unverhältnismäßigen Schaden bei den Beteiligten führen.

(...)

Anhang II

Marktmissbrauchsverordnung (Auszug)

Verordnung (EU) Nr. 596/2014 des Europäischen Parlaments und des Rates[8]

vom 16. April 2014

über Marktmissbrauch (Marktmissbrauchsverordnung) und zur Aufhebung der Richtlinie 2003/6/EG des Europäischen Parlaments und des Rates und der Richtlinien 2003/124/EG, 2003/125/EG und 2004/72/EG der Kommission

(Text von Bedeutung für den EWR)

DAS EUROPÄISCHE PARLAMENT UND DER RAT DER EUROPÄISCHEN UNION –

gestützt auf den Vertrag über die Arbeitsweise der Europäischen Union, insbesondere auf Artikel 114,

auf Vorschlag der Europäischen Kommission,

nach Zuleitung des Entwurfs des Gesetzgebungsakts an die nationalen Parlamente,

nach Stellungnahme der Europäischen Zentralbank[9],

nach Stellungnahme des Europäischen Wirtschafts- und Sozialausschusses[10],

gemäß dem ordentlichen Gesetzgebungsverfahren[11],

in Erwägung nachstehender Gründe:

(1) Ein echter Binnenmarkt für Finanzdienstleistungen ist für das Wirtschaftswachstum und die Schaffung von Arbeitsplätzen in der Union von entscheidender Bedeutung.

(2) Ein integrierter, effizienter und transparenter Finanzmarkt setzt Marktintegrität voraus. Das reibungslose Funktionieren der Wertpapiermärkte und das Vertrauen der Öffentlichkeit in die Märkte sind Voraussetzungen für Wirtschaftswachstum und Wohlstand. Marktmissbrauch verletzt die Integrität der Finanzmärkte und untergräbt das Vertrauen der Öffentlichkeit in Wertpapiere und Derivate.

---

[8] Offizielle Berichtigungen und Neufassungen *kursiv* gedruckt mit Angabe der Änderungsdokuments in der Fußnote. Stand: 03/07/2016, abrufbar unter: http://eur-lex.europa.eu/legal-content/DE/TXT/?qid=1511694089888&uri=CELEX:02014R0596-20160703 (letzter Abruf am 26.11.2017).

[9] ABl. C 161 vom 7.6.2012, S. 3.

[10] ABl. C 181 vom 21.6.2012, S. 64.

[11] Standpunkt des Europäischen Parlaments vom 10. September 2013 und Beschluss des Rates vom 14. April 2014.

(3) Die Richtlinie 2003/6/EG des Europäischen Parlaments und des Rates[12] hat den Rechtsrahmen der Union zum Schutz der Marktintegrität vervollständigt und aktualisiert. Angesichts der rechtlichen, kommerziellen und technologischen Entwicklungen seit dem Inkrafttreten jener Richtlinie, die zu erheblichen Änderungen in der Finanzwelt geführt haben, sollte diese Richtlinie nun ersetzt werden. Ein neues Rechtsinstrument ist auch erforderlich, um für einheitliche Regeln, die Klarheit zentraler Begriffe und ein einheitliches Regelwerk im Einklang mit den Schlussfolgerungen des Berichts vom 25. Februar 2009 der Hochrangigen Gruppe für Fragen der Finanzaufsicht in der EU unter dem Vorsitz von Jacques de Larosière (im Folgenden „De-Larosière-Gruppe") zu sorgen.

(4) Es muss ein einheitlicherer und stärkerer Rahmen geschaffen werden, um die Marktintegrität zu wahren, potenzieller Aufsichtsarbitrage vorzubeugen, Rechenschaftspflicht bei Manipulationsversuchen vorzusehen und den Marktteilnehmern mehr Rechtssicherheit und unkompliziertere Vorschriften zu bieten. Diese Verordnung zielt darauf ab, einen entscheidenden Beitrag zum reibungslosen Funktionieren des Binnenmarkts zu leisten und er sollte sich daher auf Artikel 114 des Vertrags über die Arbeitsweise der Europäischen Union (AEUV) gemäß der Auslegung in der ständigen Rechtsprechung des Gerichtshofs der Europäischen Union stützen.

(5) Um die noch bestehenden Handelshemmnisse und die aus den Unterschieden zwischen dem jeweiligen nationalen Recht resultierenden erheblichen Wettbewerbsverzerrungen zu beseitigen und dem Entstehen weiterer Handelshemmnisse und erheblicher Wettbewerbsverzerrungen vorzubeugen, muss eine Verordnung erlassen werden, durch die eine einheitlichere Auslegung des Regelwerks der Union zum Marktmissbrauch erreicht wird und in der in allen Mitgliedstaaten geltende Regeln klarer definiert sind. Indem den Vorschriften in Bezug auf Marktmissbrauch die Form einer Verordnung gegeben wird, ist deren unmittelbare Anwendbarkeit sichergestellt. Dadurch werden infolge der Umsetzung einer Richtlinie voneinander abweichende nationale Vorschriften verhindert, so dass einheitliche Bedingungen gewährleistet sind. Diese Verordnung wird zur Folge haben, dass in der gesamten Union alle natürlichen und juristischen Personen die gleichen Regeln zu befolgen haben. Eine Verordnung dürfte auch die rechtliche Komplexität und insbesondere für grenzüberschreitend tätige Gesellschaften die Compliance-Kosten reduzieren sowie zur Beseitigung von Wettbewerbsverzerrungen beitragen.

(...)

(7) Marktmissbrauch ist ein Oberbegriff für unrechtmäßige Handlungen an den Finanzmärkten und sollte für die Zwecke dieser Verordnung Insidergeschäfte oder die unrechtmäßige Offenlegung von Insiderinformationen und Marktmanipulation umfassen. Solche Handlungen verhindern vollständige und ordnungsgemäße Markttransparenz, die eine Voraussetzung dafür ist, dass alle Wirtschaftsakteure an integrierten Finanzmärkten teilnehmen können.

(...)

(14) Verständige Investoren stützen ihre Anlageentscheidungen auf Informationen, die ihnen vorab zur Verfügung stehen (Ex-ante-Informationen). Die Prüfung der Frage, ob

[12] Richtlinie 2003/6/EG des Europäischen Parlaments und des Rates vom 28. Januar 2003 über Insider-Geschäfte und Marktmanipulation (Marktmissbrauch) (ABl. L 96 vom 12.4. 2003, S. 16).

ein verständiger Investor einen bestimmten Sachverhalt oder ein bestimmtes Ereignis im Rahmen seiner Investitionsentscheidung wohl berücksichtigen würde, sollte folglich anhand der Ex-ante-Informationen erfolgen. Eine solche Prüfung sollte auch die voraussichtlichen Auswirkungen der Informationen in Betracht ziehen, insbesondere unter Berücksichtigung der Gesamttätigkeit des Emittenten, der Verlässlichkeit der Informationsquelle und sonstiger Marktvariablen, die das Finanzinstrument, die damit verbundenen Waren-Spot-Kontrakte oder die auf den Emissionszertifikaten beruhenden Auktionsobjekte unter den gegebenen Umständen beeinflussen dürften.

(15) Im Nachhinein vorliegende Informationen (Ex-post-Informationen) können zur Überprüfung der Annahme verwendet werden, dass die Ex-ante-Informationen kurserheblich waren, sollten allerdings nicht dazu verwendet werden, Maßnahmen gegen Personen zu ergreifen, die vernünftige Schlussfolgerungen aus den ihnen vorliegenden Ex-ante-Informationen gezogen hat.

(...)

(23) Das wesentliche Merkmal von Insidergeschäften ist ein ungerechtfertigter Vorteil, der mittels Insiderinformationen zum Nachteil Dritter erzielt wird, die diese Informationen nicht kennen, und infolgedessen in der Untergrabung der Integrität der Finanzmärkte und des Vertrauens der Investoren. Folglich sollte das Verbot von Insidergeschäften gelten, wenn eine Person im Besitz von Insiderinformationen dadurch einen ungerechtfertigten Vorteil aus dem mit Hilfe dieser Informationen erzielten Nutzen zieht, dass er aufgrund dieser Informationen Markttransaktionen durchführt, indem er für eigene Rechnung oder für Rechnung Dritter, sei es unmittelbar oder mittelbar, Finanzinstrumente, auf die sich diese Informationen beziehen, erwirbt oder veräußert bzw. zu erwerben oder zu veräußern versucht oder einen Auftrag zum Kauf bzw. Verkauf storniert oder ändert bzw. zu stornieren oder zu ändern versucht. Die Nutzung von Insiderinformationen kann auch im Handel mit Emissionszertifikaten und deren Derivaten und im Bieten auf den Versteigerungen von Emissionszertifikaten oder anderen darauf beruhenden Auktionsobjekten gemäß der Verordnung (EU) Nr. 1031/2010 der Kommission[13] bestehen.

(24) Wenn eine juristische oder natürliche Personen im Besitz von Insiderinformationen für eigene Rechnung oder für Rechnung Dritter, sei es unmittelbar oder mittelbar, Finanzinstrumente, auf die sich diese Informationen beziehen, erwirbt oder veräußert bzw. zu erwerben oder zu veräußern versucht, sollte unterstellt werden, dass diese Person diese Informationen genutzt hat. Diese Annahme lässt die Verteidigungsrechte unberührt. Ob eine Person gegen das Verbot von Insidergeschäften verstoßen hat oder versucht hat, Insidergeschäfte durchzuführen, sollte im Hinblick auf den Zweck dieser Verordnung untersucht werden, der darin besteht, die Integrität des Finanzmarkts zu schützen und das Vertrauen der Investoren zu stärken, das wiederum auf der Gewissheit beruht, dass die Investoren gleichbehandelt und vor der missbräuchlichen Verwendung von Insiderinformationen geschützt werden.

(...)

---

[13] Verordnung (EU) Nr. 1031/2010 der Kommission vom 12. November 2010 über den zeitlichen und administrativen Ablauf sowie sonstige Aspekte der Versteigerung von Treibhausgasemissionszertifikaten gemäß der Richtlinie 2003/87/EG des Europäischen Parlaments und des Rates über ein System für den Handel mit Treibhausgasemissionszertifikaten in der Gemeinschaft (ABl. L 302 vom 18.11.2010, S. 1).

(40) Damit sowohl die juristische Person als auch jede natürliche Person, die an der Beschlussfassung der juristischen Person beteiligt ist, haftbar gemacht werden kann, ist es erforderlich, die unterschiedlichen nationalen rechtlichen Mechanismen in den Mitgliedstaaten anzuerkennen. Diese Mechanismen beziehen sich unmittelbar auf die Methoden der Haftbarmachung im nationalen Recht.

(41) Zur Ergänzung des Verbots der Marktmanipulation sollte diese Verordnung ein Verbot der versuchten Marktmanipulation enthalten. Da beide Aktivitäten gemäß dieser Verordnung verboten sind, sollte ein Versuch der Marktmanipulation von Handlungen unterschieden werden, bei denen davon auszugehen ist, dass sie zu Marktmanipulation führen. Ein solcher Versuch kann sich unter anderem auf Situationen erstrecken, in denen die Aktivität begonnen, aber nicht vollendet wird, beispielsweise aufgrund technischen Versagens oder eines Handelsauftrags, der nicht ausgeführt wird. Das Verbot der versuchten Marktmanipulation ist erforderlich, um die zuständigen Behörden in die Lage zu versetzen, entsprechende Versuche mit Sanktionen zu belegen.

(42) Unbeschadet des Zwecks dieser Verordnung und ihrer unmittelbar anwendbaren Bestimmungen könnte eine Person, die Geschäfte abschließt oder Kauf- bzw. Verkaufsaufträge ausführt, die so betrachtet werden können, dass sie den Tatbestand einer Marktmanipulation erfüllen, geltend machen, dass sie legitime Gründe hatte, diese Geschäfte abzuschließen oder Aufträge auszuführen, und dass diese nicht gegen die zulässige Praxis auf dem betreffenden Markt verstoßen. Eine zulässige Marktpraxis kann nur von der zuständigen Stelle festgelegt werden, die für die Beaufsichtigung des betreffenden Marktes in Bezug auf Marktmissbrauch zuständig ist. Eine Praxis, die auf einem bestimmten Markt akzeptiert ist, kann auf anderen Märkten erst als zulässig betrachtet werden, nachdem sie von den für diese anderen Märkte zuständigen Behörden offiziell zugelassen worden ist. Dessen ungeachtet könnte von einer Rechtsverletzung ausgegangen werden, wenn die zuständige Behörde feststellt, dass sich hinter den betreffenden Geschäften oder Handelsaufträgen ein rechtswidriger Grund verbirgt.

(...)

(48) Da Websites, Blogs und soziale Medien immer stärker genutzt werden, ist es wichtig klarzustellen, dass die Verbreitung falscher oder irreführender Informationen über das Internet, einschließlich über Websites sozialer Medien oder anonyme Blogs, im Sinne dieser Verordnung als gleichwertig mit der Verbreitung über traditionellere Kommunikationskanäle betrachtet werden sollte.

(49) Die öffentliche Bekanntgabe von Insiderinformationen durch Emittenten ist von wesentlicher Bedeutung, um Insidergeschäften und der Irreführung von Anlegern vorzubeugen. Die Emittenten sollten daher verpflichtet werden, der Öffentlichkeit Insiderinformationen so bald wie möglich bekanntzugeben. Diese Verpflichtung kann jedoch unter besonderen Umständen den berechtigten Interessen des Emittenten abträglich sein. Unter solchen Umständen sollte eine aufgeschobene Offenlegung erlaubt sein, vorausgesetzt, eine Irreführung der Öffentlichkeit durch den Aufschub ist unwahrscheinlich und der Emittent kann die Geheimhaltung der Informationen gewährleisten. Der Emittent ist nur verpflichtet, Insiderinformationen offenzulegen, wenn er die Zulassung des Finanzinstruments zum Handel beantragt oder genehmigt hat.

(50) Für die Zwecke der Anwendung der Anforderungen betreffend der Offenlegung von Insiderinformationen und des Aufschubs dieser Offenlegung dieser Verordnung

können sich die berechtigten Interessen insbesondere auf folgende nicht erschöpfende Fallbeispiele beziehen: a) laufende Verhandlungen oder damit verbundene Umstände, wenn das Ergebnis oder der normale Ablauf dieser Verhandlungen von der Veröffentlichung wahrscheinlich beeinträchtigt werden würden; insbesondere wenn die finanzielle Überlebensfähigkeit des Emittenten stark und unmittelbar gefährdet ist — auch wenn er noch nicht unter das geltende Insolvenzrecht fällt — kann die Bekanntgabe von Informationen für einen befristeten Zeitraum verzögert werden, sollte eine derartige Bekanntgabe die Interessen der vorhandenen und potenziellen Aktionäre erheblich gefährden, indem der Abschluss spezifischer Verhandlungen vereitelt werden würde, die eigentlich zur Gewährleistung einer langfristigen finanziellen Erholung des Emittenten gedacht sind; b) vom Geschäftsführungsorgan eines Emittenten getroffene Entscheidungen oder abgeschlossene Verträge, die der Zustimmung durch ein anderes Organ des Emittenten bedürfen, um wirksam zu werden, sofern die Struktur eines solchen Emittenten die Trennung zwischen diesen Organen vorsieht und eine Bekanntgabe der Informationen vor der Zustimmung zusammen mit der gleichzeitigen Ankündigung, dass die Zustimmung noch aussteht, die korrekte Bewertung der Informationen durch das Publikum gefährden würde.

(51) Daneben muss die Anforderung der Offenlegung von Insiderinformationen sich an die Teilnehmer am Markt für Emissionszertifikate richten. Um dem Markt eine nutzlose Berichterstattung zu ersparen und die Kosteneffizienz der vorgesehenen Maßnahme zu wahren, erscheint es erforderlich, die rechtlichen Auswirkungen dieser Anforderung nur auf diejenigen Betreiber im Rahmen des EU-EHS zu beschränken, von denen aufgrund ihrer Größe und Tätigkeit zu erwarten ist, dass sie den Preis von Emissionszertifikaten, darauf beruhenden Auktionsobjekten oder damit verbundenen derivativen Finanzinstrumenten und das Bieten in den Versteigerungen gemäß der Verordnung (EU) Nr. 1031/2010 erheblich beeinflussen können. Die Kommission sollte Maßnahmen in Form eines delegierten Rechtsakts erlassen, durch die ein Mindestschwellenwert für die Anwendung dieser Ausnahme festgelegt wird. Die offenzulegende Information sollte die physischen Aktivitäten der weitergebenden Partei und nicht deren eigene Pläne oder Strategien für den Handel von Emissionszertifikaten, darauf beruhenden Auktionsobjekten oder damit verbundenen derivativen Finanzinstrumenten betreffen. Soweit die Teilnehmer am Markt für Emissionszertifikate, insbesondere gemäß der Verordnung (EU) Nr. 1227/2011, bereits gleichwertige Anforderungen zur Offenlegung von Insiderinformationen erfüllen, sollte die Pflicht zur Offenlegung von Insiderinformationen in Bezug auf Emissionszertifikate nicht dazu führen, dass mehrfach obligatorische Meldungen mit im Wesentlichen gleichem Inhalt gemacht werden müssen. Da im Fall von Teilnehmern am Markt für Emissionszertifikate mit aggregierten Emissionen oder einer thermischen Nennleistung in Höhe oder unterhalb des festgelegten Schwellenwerts die Informationen über die physischen Aktivitäten dieser Teilnehmer als nicht maßgeblich für die Offenlegung betrachtet werden, sollte von diesen Informationen auch angenommen werden, dass sie keine erheblichen Auswirkungen auf die Preise der Emissionszertifikate und der darauf beruhenden Auktionsobjekte oder auf die damit verbundenen derivativen Finanzinstrumente haben. Für solche Teilnehmer am Markt für Emissionszertifikate sollte dessen ungeachtet in Bezug auf sämtliche anderen Insiderinformationen, zu denen sie Zugang haben, das Verbot von Insidergeschäften gelten.

(52) Um das öffentliche Interesse zu schützen, die Stabilität des Finanzsystems zu wahren und um beispielsweise zu verhindern, dass sich Liquiditätskrisen von Finanzinstitu-

ten aufgrund eines plötzlichen Abzugs von Mitteln zu Solvenzkrisen entwickeln, kann es unter besonderen Umständen angemessen sein, Kreditinstituten und Finanzinstituten einen Aufschub der Offenlegung systemrelevanter Insiderinformationen zu gestatten. Dies kann insbesondere für Informationen im Zusammenhang mit zeitweiligen Liquiditätsproblemen gelten, bei denen Zentralbankkredite, einschließlich Krisen-Liquiditätshilfe seitens einer Zentralbank, erforderlich sind und die Offenlegung der Informationen systemische Auswirkungen hätte. Die Gewährung des Aufschubs sollte daran geknüpft sein, dass der Emittent das Einverständnis der betreffenden zuständigen Behörde einholt und dass das weitere öffentliche und wirtschaftliche Interesse am Aufschub der Offenlegung gegenüber dem Interesse des Marktes am Erhalt der Informationen, die Gegenstand des Aufschubs sind, überwiegt.

(53) In Bezug auf Finanzinstitute, insbesondere solche, die Zentralbankkredite einschließlich Krisen-Liquiditätshilfe erhalten, sollte von der zuständigen Behörde, gegebenenfalls nach Anhörung der nationalen Zentralbank, der nationalen makroprudenziellen Behörde oder einer anderen relevanten nationalen Behörde geprüft werden, ob die Informationen systemrelevant sind und ob ein Aufschub der Offenlegung im öffentlichen Interesse liegt.

(...)

(70) Ein solider Rahmen für Aufsicht und Unternehmensführung im Finanzsektor sollte sich auf eine wirkungsvolle Aufsichts-, Untersuchungs- und Sanktionsordnung stützen können. Dazu sollten die Aufsichtsbehörden mit ausreichenden Handlungsbefugnissen ausgestattet sein und auf gleichwertige, starke und abschreckende Sanktionsregelungen für alle Finanzvergehen zurückgreifen können, und die Sanktionen sollten wirksam durchgesetzt werden. Nach Ansicht der De-Larosière-Gruppe ist jedoch gegenwärtig keine dieser Voraussetzungen in der Praxis gegeben. Im Rahmen der Mitteilung der Kommission vom 8. Dezember 2010 über die Stärkung der Sanktionsregelungen im Finanzdienstleistungssektor wurde eine Überprüfung der bestehenden Sanktionsbefugnisse und deren praktischer Anwendung zur Förderung der Konvergenz von Sanktionen über das gesamte Spektrum der Aufsichtstätigkeiten hinweg vorgenommen.

(71) Deshalb sollte eine Reihe von verwaltungsrechtlichen Sanktionen und anderen verwaltungsrechtlichen Maßnahmen vorgesehen werden, um einen gemeinsamen Ansatz in den Mitgliedstaaten sicherzustellen und ihre abschreckende Wirkung zu verstärken. Die zuständige Behörde sollte über die Möglichkeit verfügen, ein Verbot der Wahrnehmung von Führungsaufgaben innerhalb von Wertpapierfirmen zu verhängen. Bei der Verhängung von Sanktionen in besonderen Fällen sollte je nach Sachlage Faktoren wie dem Einzug etwaiger festgestellter finanzieller Vorteile, der Schwere und Dauer des Verstoßes, erschwerenden oder mildernden Umständen und der Notwendigkeit einer abschreckenden Wirkung von Geldbußen Rechnung getragen und je nach Sachlage eine Ermäßigung für Zusammenarbeit mit der zuständigen Behörde vorgesehen werden. So kann insbesondere die tatsächliche Höhe von Geldbußen, die in einem bestimmten Fall verhängt werden müssen, die in dieser Verordnung festgesetzte Obergrenze oder die für sehr schwere Verstöße durch nationale Rechtsvorschriften festgesetzte höher liegende Obergrenze erreichen, während bei geringfügigen Verstößen oder im Fall einer Verständigung Geldbußen verhängt werden können, die weit unterhalb der Obergrenze liegen. Diese Verordnung schränkt nicht die Fähigkeit der Mitgliedstaaten ein, strengere ver-

waltungsrechtliche Sanktionen oder andere verwaltungsrechtliche Maßnahmen festzusetzen.

(72) Obwohl es den Mitgliedstaaten vollkommen freisteht, für ein und dieselben Verstöße Vorschriften für verwaltungsrechtliche und strafrechtliche Sanktionen festzulegen, sollten die Mitgliedstaaten nicht verpflichtet sein, für die Verstöße gegen diese Verordnung, die bereits mit Wirkung vom 3. Juli 2016 Gegenstand ihres Strafrechts sind, Vorschriften für verwaltungsrechtliche Sanktionen festzulegen. In Übereinstimmung mit dem nationalen Recht sind die Mitgliedstaaten nicht verpflichtet, für ein und dasselbe Vergehen sowohl verwaltungsrechtliche als auch strafrechtliche Sanktionen zu verhängen, dies steht ihnen jedoch frei, wenn dies nach ihrem jeweiligen nationalen Recht zulässig ist. Die Aufrechterhaltung strafrechtlicher Sanktionen anstelle von verwaltungsrechtlichen Sanktionen für Verstöße gegen diese Verordnung oder gegen die Richtlinie 2014/57/EU sollte jedoch nicht die Möglichkeiten der zuständigen Behörden einschränken oder in anderer Weise beeinträchtigen, sich für die Zwecke dieser Verordnung rechtzeitig mit den zuständigen Behörden in anderen Mitgliedstaaten zusammenzuarbeiten und Zugang zu ihren Informationen zu erhalten und mit ihnen Informationen auszutauschen, und zwar auch dann, wenn die zuständigen Justizbehörden bereits mit der strafrechtlichen Verfolgung der betreffenden Verstöße befasst wurden.

(...)

HABEN FOLGENDE VERORDNUNG ERLASSEN:

KAPITEL 1
ALLGEMEINE BESTIMMUNGEN

Artikel 1

Gegenstand

Mit dieser Verordnung wird ein gemeinsamer Rechtsrahmen für Insidergeschäfte, die unrechtmäßige Offenlegung von Insiderinformationen und Marktmanipulation (Marktmissbrauch) sowie für Maßnahmen zur Verhinderung von Marktmissbrauch geschaffen, um die Integrität der Finanzmärkte in der Union sicherzustellen und den Anlegerschutz und das Vertrauen der Anleger in diese Märkte zu stärken.

Artikel 2

Anwendungsbereich

(1) Diese Verordnung gilt für

a) Finanzinstrumente, die zum Handel auf einem geregelten Markt zugelassen sind oder für die ein Antrag auf Zulassung zum Handel auf einem geregelten Markt gestellt wurde;

b) Finanzinstrumente, die in einem multilateralen Handelssystem gehandelt werden, zum Handel in einem multilateralen Handelssystem zugelassen sind oder für die ein Antrag auf Zulassung zum Handel in einem multilateralen Handelssystem gestellt wurde;

c) Finanzinstrumente, die in einem organisierten Handelssystem gehandelt werden;

d) Finanzinstrumente, die nicht unter die Buchstaben a, b oder c fallen, deren Kurs oder Wert jedoch von dem Kurs oder Wert eines unter diesen Buchstaben genannten Finanzinstruments abhängt oder sich darauf auswirkt; sie umfassen Kreditausfall-Swaps oder Differenzkontrakte, sind jedoch nicht darauf beschränkt.

Diese Verordnung gilt außerdem für Handlungen und Geschäfte, darunter Gebote, bezüglich Versteigerungen von Treibhausgasemissionszertifikaten und anderen darauf beruhenden Auktionsobjekten auf einer als geregelten Markt zugelassenen Versteigerungsplattform gemäß der Verordnung (EU) Nr. 1031/2010, selbst wenn die versteigerten Produkte keine Finanzinstrumente sind. Sämtliche Vorschriften und Verbote dieser Verordnung in Bezug auf Handelsaufträge gelten unbeschadet etwaiger besonderer Bestimmungen zu den im Rahmen einer Versteigerung abgegebenen Geboten für diese Gebote.

(2) Die Artikel 12 und 15 gelten auch für

a) Waren-Spot-Kontrakte, die keine Energiegroßhandelsprodukte sind, bei denen die Transaktion, der Auftrag oder die Handlung eine Auswirkung auf den Kurs oder den Wert eines Finanzinstruments gemäß Absatz 1 hat, *oder eine solche Auswirkung wahrscheinlich oder beabsichtigt ist;*[14]

b) Arten von Finanzinstrumenten, darunter Derivatekontrakte und derivative Finanzinstrumente für die Übertragung von Kreditrisiken, bei denen das Geschäft, der Auftrag, das Gebot oder das Verhalten eine Auswirkung auf den Kurs oder Wert eines Waren-Spot-Kontrakts hat oder voraussichtlich haben wird, dessen Kurs oder Wert vom Kurs oder Wert dieser Finanzinstrumente abhängen, und

c) Handlungen in Bezug auf Referenzwerte

(3) Diese Verordnung gilt für alle Geschäfte, Aufträge und Handlungen, die eines der in den Absätzen 1 und 2 genannten Finanzinstrumente betreffen, unabhängig davon, ob ein solches Geschäft, ein solcher Auftrag oder eine solche Handlung auf einem Handelsplatz getätigt wurden.

(4) Die Verbote und Anforderungen dieser Verordnung gelten für Handlungen und Unterlassungen in der Union und in Drittländern in Bezug auf die in den Absätzen 1 und 2 genannten Instrumente.

---

[14] Berichtigung der Verordnung (EU) Nr. 596/2014 des Europäischen Parlaments und des Rates vom 16. April 2014 über Marktmissbrauch (Marktmissbrauchsverordnung) und zur Aufhebung der Richtlinie 2003/6/EG des Europäischen Parlaments und des Rates und der Richtlinien 2003/124/EG, 2003/125/EG und 2004/72/EG der Kommission (ABl. L 173 vom 12.6.2014). Im Folgenden: ABl. L 173 vom 12.6.2014 (C1).

Artikel 3

Begriffsbestimmungen

(1) Für die Zwecke dieser Verordnung gelten folgende Begriffsbestimmungen:

1. „Finanzinstrument" bezeichnet ein Finanzinstrument im Sinne von Artikel 4 Absatz 1 Nummer 15 der Richtlinie 2014/65/EU;
2. „Wertpapierfirma" bezeichnet eine Wertpapierfirma im Sinne von Artikel 4 Absatz 1 Nummer 1 der Richtlinie 2014/65/EU;
3. „Kreditinstitut" bezeichnet ein Kreditinstitut oder im Sinne des Artikels 4 Absatz 1 Nummer 1 der Verordnung (EU) Nr. 575/2013 des Europäischen Parlaments und des Rates[15];
4. „Finanzinstitut" bezeichnet ein Finanzinstitut im Sinne von Artikel 4 Absatz 1 Nummer 26 der Verordnung (EU) Nr. 575/2013;
5. „*Marktbetreiber*" bezeichnet einen *Marktbetreiber* im Sinne von Artikel 4 Absatz 1 Nummer 18 der Richtlinie 2014/65/EU;[16]
6. „geregelter Markt" bezeichnet einen geregelten Markt im Sinne von Artikel 4 Absatz 1 Nummer 21 der Richtlinie 2014/65/EU;
7. „multilaterales Handelssystem" bezeichnet ein multilaterales System in der Union im Sinne von Artikel 4 Absatz 1 Nummer 22 der Richtlinie 2014/65/EU;
8. „organisiertes Handelssystem" bezeichnet ein System oder eine Fazilität in der Union im Sinne von Artikel 4 Absatz 1 Nummer 23 der Richtlinie 2014/65/EU;
9. „zulässige Marktpraxis" bezeichnet eine bestimmte Marktpraxis, die von einer zuständigen Behörde gemäß Artikel 13 anerkannt wurde;
10. „Handelsplatz" bezeichnet einen Handelsplatz im Sinne von Artikel 4 Absatz 1 Nummer 24 der [17] Richtlinie 2014/65/EU;
11. „KMU-Wachstumsmarkt" bezeichnet einen KMU-Wachstumsmarkt im Sinne von Artikel 4 Absatz 1 Nummer 12 der Richtlinie 2014/65/EU;
12. „zuständige Behörde" bezeichnet eine gemäß Artikel 22 benannte zuständige Behörde, sofern nicht in dieser Verordnung etwas anderes bestimmt ist;
13. „Person" bezeichnet eine natürliche oder juristische Person;
14. „Ware" bezeichnet eine Ware im Sinne von Artikel 2 Nummer 1 der Verordnung (EG) Nr. 1287/2006 der Kommission[18];

---

[15] Verordnung (EU) Nr. 575/2013 des Europäischen Parlaments und des Rates vom 26. Juni 2013 über Aufsichtsanforderungen an Kreditinstitute und Wertpapierfirmen und zur Änderung der Verordnung (EU) Nr. 648/2012 (ABl. L 176 vom 27.6.2013, S. 1)

[16] ABl. L 173 vom 12.6.2014 (C1).

[17] An dieser Stelle stand in der ursprünglichen Fassung zusätzlich das Wort „Verordnung", vgl. ABl. L 173 vom 12.6.2014 (C1).

[18] Verordnung (EG) Nr. 1287/2006 der Kommission vom 10. August 2006 zur Durchführung der Richtlinie 2004/39/EG des Europäischen Parlaments und des Rates betreffend die

15. „Waren-Spot-Kontrakt" bezeichnet einen Kontrakt über die Lieferung einer an einem Spotmarkt gehandelten Ware, die bei Abwicklung des Geschäfts unverzüglich geliefert wird, sowie einen Kontrakt über die Lieferung einer Ware, die kein Finanzinstrument ist, einschließlich physisch abzuwickelnde Terminkontrakte;
16. „Spotmarkt" bezeichnet einen Warenmarkt, an dem Waren gegen bar verkauft und bei Abwicklung des Geschäfts unverzüglich geliefert werden, und andere Märkte, die keine Finanzmärkte sind, beispielsweise Warenterminmärkte;
17. „Rückkaufprogramm" bezeichnet den Handel mit eigenen Aktien gemäß den Artikeln 21 bis 27 der Richtlinie 2012/30/EU des Europäischen Parlaments und des Rates[19];
18. „algorithmischer Handel" bezeichnet den algorithmischen Handel mit im Sinne von Artikel 4 Absatz 1 Nummer 39 der Richtlinie 2014/65/EU;
19. „Emissionszertifikat" bezeichnet ein Emissionszertifikat im Sinne von Anhang I Abschnitt C Nummer 11 der Richtlinie 2014/65/EU;
20. „Teilnehmer am Markt für Emissionszertifikate" bezeichnet eine Person, die Geschäfte einschließlich der Erteilung von Handelsaufträgen, mit Emissionszertifikaten und anderen darauf beruhenden Auktionsobjekten oder Derivaten betreibt, und die nicht unter die Ausnahme von Artikel 17 Absatz 2 Unterabsatz 2 fällt;
21. „Emittent" bezeichnet eine juristische Person des privaten oder öffentlichen Rechts, die Finanzinstrumente emittiert oder deren Emission vorschlägt, wobei der Emittent im Fall von Hinterlegungsscheinen, die Finanzinstrumente repräsentieren, der Emittent des repräsentierten Finanzinstruments ist;
22. „Energiegroßhandelsprodukt" bezeichnet ein Energiegroßhandelsprodukt im Sinne von Artikel 2 Nummer 4 der Verordnung (EU) Nr. 1227/2011;
23. „nationale Regulierungsbehörde" bezeichnet eine nationale Regulierungsbehörde im Sinne von Artikel 2 Nummer 10 der Verordnung (EU) Nr. 1227/2011;
24. „Warenderivate" bezeichnet Warenderivate im Sinne von Artikel 2 Absatz 1 Nummer 30 der Verordnung (EU) Nr. 600/2014 des Europäischen Parlaments und des Rates[20];
25. eine „Person, die Führungsaufgaben wahrnimmt", bezeichnet eine Person innerhalb eines Emittenten, eines Teilnehmers am Markt für Emissionszertifikate oder eines anderen in Artikel 19 Absatz 10 genannten Unternehmens,

---

Aufzeichnungspflichten für Wertpapierfirmen, die Meldung von Geschäften, die Markttransparenz, die Zulassung von Finanzinstrumenten zum Handel und bestimmte Begriffe im Sinne dieser Richtlinie (ABl. L 241 vom 2.9.2006, S. 1).

[19] Richtlinie 2012/30/EU des Europäischen Parlaments und des Rates vom 25. Oktober 2012 zur Koordinierung der Schutzbestimmungen, die in den Mitgliedstaaten den Gesellschaften im Sinne des Artikels 54 Absatz 2 des Vertrags über die Arbeitsweise der Europäischen Union im Interesse der Gesellschafter sowie Dritter für die Gründung der Aktiengesellschaft sowie für die Erhaltung und Änderung ihres Kapitals vorgeschrieben sind, um diese Bestimmungen gleichwertig zu gestalten (ABl. L 315 vom 14.11.2012, S. 74).

[20] Verordnung (EU) Nr. 600/2014 des Europäischen Parlaments und des Rates vom 15. Mai 2014 über Märkte für Finanzinstrumente und zur Änderung der Verordnung (EU) Nr. 648/2012.

a) die einem Verwaltungs-, Leitungs- oder Aufsichtsorgan dieses Unternehmens angehört oder

b) die als höhere Führungskraft zwar keinem der unter Buchstabe a genannten Organe angehört, aber regelmäßig Zugang zu Insiderinformationen mit direktem oder indirektem Bezug zu diesem Unternehmen hat und befugt ist, unternehmerische Entscheidungen über zukünftige Entwicklungen und Geschäftsperspektiven dieses Unternehmens zu treffen;

26. „eng verbundene Person" bezeichnet

a) den Ehepartner oder einen Partner dieser Person, der nach nationalem Recht einem Ehepartner gleichgestellt ist;

b) ein unterhaltsberechtigtes Kind entsprechend dem nationalen Recht;

c) einen Verwandten, der zum Zeitpunkt der Tätigung des betreffenden Geschäfts seit mindestens einem Jahr demselben Haushalt angehört oder

d) eine juristische Person, Treuhand oder Personengesellschaft, deren Führungsaufgaben durch eine Person, die Führungsaufgaben wahrnimmt, oder *durch* eine in den Buchstaben a, b oder c genannte Person wahrgenommen werden, *oder* die direkt oder indirekt von einer solchen Person kontrolliert wird, *oder* die zugunsten einer solchen Person gegründet wurde oder deren wirtschaftliche Interessen weitgehend denen einer solchen Person entsprechen;[21]

27. „Datenverkehrsaufzeichnungen" bezeichnet die Aufzeichnungen von Verkehrsdaten im Sinne von Artikel 2 Buchstabe b Unterabsatz 2 der Richtlinie 2002/58/EG des Europäischen Parlaments und des Rates[22];

28. „Person, die *beruflich* Geschäfte vermittelt oder ausführt" bezeichnet eine Person, die *beruflich* mit der Entgegennahme und Übermittlung von Aufträgen oder der Ausführung von Geschäften mit Finanzinstrumenten befasst ist;[23]

29. „Referenzwert" bezeichnet einen Kurs, Index oder Wert, der der Öffentlichkeit zugänglich gemacht oder veröffentlicht wird und periodisch oder regelmäßig durch die Anwendung einer Formel auf den Wert eines oder mehrerer Basiswerte oder -preise, einschließlich geschätzter Preise, tatsächlicher oder geschätzter Zinssätze oder sonstiger Werte, oder auf Erhebungsdaten ermittelt bzw. auf der Grundlage dieser Werte bestimmt wird und auf den bei der Festsetzung des für ein Finanzinstrument zu entrichtenden Betrags oder des Wertes eines Finanzinstruments Bezug genommen wird;

---

[21] ABl. L 173 vom 12.6.2014 (C1).

[22] Richtlinie 2002/58/EG des Europäischen Parlaments und des Rates vom 12. Juli 2002 über die Verarbeitung personenbezogener Daten und den Schutz der Privatsphäre in der elektronischen Kommunikation (Datenschutzrichtlinie für elektronische Kommunikation) (ABl. L 201 vom 31.7.2002, S. 37).

[23] Berichtigung der Verordnung (EU) Nr. 596/2014 des Europäischen Parlaments und des Rates vom 16. April 2014 über Marktmissbrauch (Marktmissbrauchsverordnung) und zur Aufhebung der Richtlinie 2003/6/EG des Europäischen Parlaments und des Rates und der Richtlinien 2003/124/EG, 2003/125/EG und 2004/72/EG der Kommission (ABl. L 173 vom 12.6.2014). Im Folgenden: ABl. L 173 vom 12.6.2014 (C3).

30. „Market-Maker“ bezeichnet einen Market-Maker im Sinne von Artikel 4 Absatz 1 Nummer 7 der Richtlinie 2014/65/EU;

31. „Beteiligungsaufbau“ bezeichnet den Erwerb von Anteilen an einem Unternehmen, durch den keine rechtliche oder regulatorische Verpflichtung entsteht, in Bezug auf das Unternehmen ein öffentliches Übernahmeangebot abzugeben;

32. „offenlegender Marktteilnehmer“ bezeichnet eine natürliche oder juristische Person, die zu einer der Kategorien gemäß Artikel 11 Absatz 1 Buchstaben a bis d sowie Artikel 11 Absatz 2 gehört und im Zuge einer Marktsondierung Informationen offenlegt;

33. „Hochfrequenzhandel“ bezeichnet die Methode des algorithmischen Hochfrequenzhandels im Sinne des Artikels 4 Absatz 1 Nummer 40 der Richtlinie 2014/65/EU;

34. „Empfehlung oder Vorschlag einer Anlagestrategie“ bezeichnet

    i. eine von einem unabhängigen Analysten, einer Wertpapierfirma, einem Kreditinstitut oder einer sonstigen Person, deren Haupttätigkeit in der Erstellung von Anlageempfehlungen besteht, oder einer bei den genannten Einrichtungen im Rahmen eines Arbeitsvertrags oder anderweitig tätigen natürlichen Person erstellte Information, die direkt oder indirekt einen bestimmten Anlagevorschlag zu einem Finanzinstrument oder einem Emittenten darstellt;

    ii. eine von anderen als den in Ziffer i genannten Personen erstellte Information, die direkt eine bestimmte Anlageentscheidung zu einem Finanzinstrument vorschlägt;

35. „Anlageempfehlungen“ bezeichnet Informationen mit expliziten oder impliziten Empfehlungen oder Vorschlägen zu Anlagestrategien in Bezug auf ein oder mehrere Finanzinstrumente oder Emittenten, die für Verbreitungskanäle oder die Öffentlichkeit vorgesehen sind, einschließlich einer Beurteilung des aktuellen oder künftigen Wertes oder Kurses solcher Instrumente.

(2) Für die Anwendung des Artikels 5 gelten folgende Begriffsbestimmungen

a) „Wertpapiere“ bezeichnet:

    i. Aktien und andere Wertpapiere, die Aktien entsprechen;

    ii. Schuldverschreibungen und sonstige verbriefte Schuldtitel oder

    iii. verbriefte Schuldtitel, die in Aktien oder andere Wertpapiere, die Aktien entsprechen, umgewandelt bzw. gegen diese eingetauscht werden können.

b) „verbundene Instrumente“ bezeichnet die nachstehend genannten Finanzinstrumente selbst wenn sie nicht zum Handel auf einem Handelsplatz zugelassen sind, gehandelt werden oder für sie kein Antrag auf Zulassung zum Handel auf einem solchen Handelsplatz gestellt wurde:

    i. Verträge über bzw. Rechte auf Zeichnung, Kauf oder Verkauf von Wertpapieren,

    ii. Finanzderivate auf Wertpapiere,

iii. bei wandel- oder austauschbaren Schuldtiteln die Wertpapiere, in die diese wandel- oder austauschbaren Titel umgewandelt bzw. gegen die sie eingetauscht werden können,

iv. Instrumente, die vom Emittenten oder Garantiegeber der Wertpapiere ausgegeben werden bzw. besichert sind und deren Marktkurs den Kurs der Wertpapiere erheblich beeinflussen könnte oder umgekehrt,

v. in Fällen, in denen die Wertpapiere Aktien entsprechen, die von diesen vertretenen Aktien bzw. die von diesen vertretenen anderen Wertpapiere, die Aktien entsprechen;

c) „signifikantes Zeichnungsangebot" bezeichnet eine Erst- oder Zweitplatzierung von Wertpapieren, die sich sowohl hinsichtlich des Werts der angebotenen Wertpapiere als auch hinsichtlich der Verkaufsmethoden vom üblichen Handel unterscheidet;

d) „Kursstabilisierung" ist jeder Kauf bzw. jedes Angebot zum Kauf von Wertpapieren oder eine Transaktion mit vergleichbaren verbundenen Instrumenten, die ein Kreditinstitut oder eine Wertpapierfirma im Rahmen eines signifikanten Zeichnungsangebots für diese Wertpapiere mit dem alleinigen Ziel tätigen, den Marktkurs dieser Wertpapiere für einen im Voraus bestimmten Zeitraum zu stützen, wenn auf diese Wertpapiere Verkaufsdruck besteht.

(...)

KAPITEL 2

INSIDERINFORMATIONEN, INSIDERGESCHÄFTE, UNRECHTMÄSSIGE OFFENLEGUNG VON INSIDERINFORMATIONEN UND MARKTMANIPULATION

Artikel 7

Insiderinformationen

(1) Für die Zwecke dieser Verordnung umfasst der Begriff „Insiderinformationen" folgende Arten von Informationen:

a) nicht öffentlich bekannte präzise Informationen, die direkt oder indirekt einen oder mehrere Emittenten oder ein oder mehrere Finanzinstrumente betreffen und die, wenn sie öffentlich bekannt würden, geeignet wären, den Kurs dieser Finanzinstrumente oder den Kurs damit verbundener derivativer Finanzinstrumente erheblich zu beeinflussen;

b) in Bezug auf Warenderivate nicht öffentlich bekannte präzise Informationen, die direkt oder indirekt ein oder mehrere Derivate dieser Art oder direkt damit verbundene Waren-Spot-Kontrakte betreffen und die, wenn sie öffentlich bekannt würden, geeignet wären, den Kurs dieser Derivate oder damit verbundener Waren-Spot-Kontrakte erheblich zu beeinflussen, und bei denen es sich um solche Informationen handelt, die nach Rechts- und Verwaltungsvorschriften der Union oder der Mitgliedstaaten, Handelsregeln, Verträgen, Praktiken oder Regeln auf dem betreffenden Warenderivate- oder Spotmarkt offengelegt werden müssen bzw. deren Offenlegung nach vernünftigem Ermessen erwartet werden kann;

c) in Bezug auf Emissionszertifikate oder darauf beruhende Auktionsobjekte nicht öffentlich bekannte präzise Informationen, die direkt oder indirekt ein oder mehrere Finanzinstrumente dieser Art betreffen und die, wenn sie öffentlich bekannt würden, geeignet wären, den Kurs dieser Finanzinstrumente oder damit verbundener derivativer Finanzinstrumente erheblich zu beeinflussen;

d) für Personen, die mit der Ausführung von Aufträgen in Bezug auf Finanzinstrumente beauftragt sind, bezeichnet der Begriff auch Informationen, die von einem Kunden mitgeteilt wurden und sich auf die noch nicht ausgeführten Aufträge des Kunden in Bezug auf Finanzinstrumente beziehen, die präzise sind, direkt oder indirekt einen oder mehrere Emittenten oder ein oder mehrere Finanzinstrumente betreffen und die, wenn sie öffentlich bekannt würden, geeignet wären, den Kurs dieser Finanzinstrumente, damit verbundener Waren-Spot-Kontrakte oder zugehöriger derivativer Finanzinstrumente erheblich zu beeinflussen.

(2) Für die Zwecke des Absatzes 1 sind Informationen dann als präzise anzusehen, wenn damit eine Reihe von Umständen gemeint ist, die bereits gegeben sind oder bei denen man vernünftigerweise erwarten kann, dass sie in Zukunft gegeben sein werden, oder ein Ereignis, das bereits eingetreten ist oder von den vernünftigerweise erwarten kann, dass es in Zukunft eintreten wird, und diese Informationen darüber hinaus spezifisch genug sind, um einen Schluss auf die mögliche Auswirkung dieser Reihe von Umständen oder dieses Ereignisses auf die Kurse der Finanzinstrumente oder des damit verbundenen derivativen Finanzinstruments, der damit verbundenen Waren-Spot-Kontrakte oder der auf den Emissionszertifikaten beruhenden Auktionsobjekte zuzulassen. So können im Fall eines zeitlich gestreckten Vorgangs, der einen bestimmten Umstand oder ein bestimmtes Ereignis herbeiführen soll oder hervorbringt, dieser betreffende zukünftige Umstand bzw. das betreffende zukünftige Ereignis und auch die Zwischenschritte in diesem Vorgang, die mit der Herbeiführung oder Hervorbringung dieses zukünftigen Umstandes oder Ereignisses verbunden sind, in dieser Hinsicht als präzise Information betrachtet werden.

(3) Ein Zwischenschritt in einem gestreckten Vorgang wird als eine Insiderinformation betrachtet, falls er für sich genommen die Kriterien für Insiderinformationen gemäß diesem Artikel erfüllt.

(4) Für die Zwecke des Absatzes 1 ist sind unter „Informationen, die, wenn sie öffentlich bekannt würden, geeignet wären, den Kurs von Finanzinstrumenten, derivativen Finanzinstrumenten, damit verbundenen Waren-Spot-Kontrakten oder auf Emissionszertifikaten beruhenden Auktionsobjekten spürbar zu beeinflussen“ Informationen zu verstehen, die ein verständiger Anleger wahrscheinlich als Teil der Grundlage seiner Anlageentscheidungen nutzen würde.

Im Fall von Teilnehmern am Markt für Emissionszertifikate mit aggregierten Emissionen oder einer thermischen Nennleistung in Höhe oder unterhalb des gemäß Artikel 17 Absatz 2 Unterabsatz 2 festgelegten Schwellenwerts wird von den Informationen über die physischen Aktivitäten dieser Teilnehmer angenommen, dass sie keine erheblichen Auswirkungen auf die Preise der Emissionszertifikate und der auf diesen beruhenden Auktionsobjekte oder auf damit verbundene Finanzinstrumente haben.

(5) Die ESMA gibt Leitlinien für die Erstellung einer nicht erschöpfenden indikativen Liste von Informationen gemäß Absatz 1 Buchstabe b heraus, deren Offenlegung nach vernünftigem Ermessen erwartet werden kann oder die nach Rechts- und Verwaltungsvorschriften des Unionsrechts oder des nationalen Rechts, Handelsregeln, Verträgen, Praktiken oder Regeln auf den in Absatz 1 Buchstabe b genannten betreffenden Warenderivate- oder Spotmärkten offengelegt werden müssen. Die ESMA trägt den Besonderheiten dieser Märkte gebührend Rechnung.

Artikel 8

Insidergeschäfte

(1) Für die Zwecke dieser Verordnung liegt ein Insidergeschäft vor, wenn eine Person über Insiderinformationen verfügt und unter Nutzung derselben für eigene oder fremde Rechnung direkt oder indirekt Finanzinstrumente, auf die sich die Informationen beziehen, erwirbt oder veräußert. Die Nutzung von Insiderinformationen in Form der Stornierung oder Änderung eines Auftrags in Bezug auf ein Finanzinstrument, auf das sich die Informationen beziehen, gilt auch als Insidergeschäft, wenn der Auftrag vor Erlangen der Insiderinformationen erteilt wurde. In Bezug auf Versteigerungen von Emissionszertifikaten oder anderen darauf beruhenden Auktionsobjekten, die gemäß der Verordnung (EU) Nr. 1031/2010 *gehalten werden*, schließt die Nutzung von Insiderinformationen auch die Übermittlung, Änderung oder Zurücknahme eines Gebots durch eine Person für eigene Rechnung oder für Rechnung eines Dritten ein.[24]

(2) Für die Zwecke dieser Verordnung liegt eine Empfehlung zum Tätigen von Insidergeschäften oder die *Verleitung* Dritter hierzu vor, wenn eine Person über Insiderinformationen verfügt und

a) auf der Grundlage dieser Informationen Dritten empfiehlt, Finanzinstrumente, auf die sich die Informationen beziehen, zu erwerben oder zu veräußern, oder sie dazu *verleitet*, einen solchen Erwerb oder eine solche Veräußerung vorzunehmen, oder

b) auf der Grundlage dieser Informationen Dritten empfiehlt, einen Auftrag, der ein Finanzinstrument betrifft, auf das sich die Informationen beziehen, zu stornieren oder zu ändern, oder sie dazu *verleitet*, eine solche Stornierung oder Änderung vorzunehmen.[25]

(3) Die Nutzung von Empfehlungen oder *Verleitungen* gemäß Absatz 2 erfüllt den Tatbestand des Insidergeschäfts im Sinne dieses Artikels, wenn die Person, die die Empfehlung nutzt oder der *Verleitung* folgt, weiß oder wissen sollte, dass diese auf Insiderinformationen beruht.[26]

(4) Dieser Artikel gilt für jede Person, die über Insiderinformationen verfügt, weil sie

a) dem Verwaltungs-, Leitungs- oder Aufsichtsorgan des Emittenten oder des Teilnehmers am Markt für Emissionszertifikate angehört;

---

[24] ABl. L 173 vom 12.6.2014 (C1).
[25] ABl. L 173 vom 12.6.2014 (C1).
[26] ABl. L 173 vom 12.6.2014 (C1).

b) am Kapital des Emittenten oder des Teilnehmers am Markt für Emissionszertifikate beteiligt ist;

c) aufgrund der Ausübung einer Arbeit oder eines Berufs oder der Erfüllung von Aufgaben Zugang zu den betreffenden Informationen hat oder

d) an kriminellen Handlungen beteiligt ist.

Dieser Artikel gilt auch für jede Person, die Insiderinformationen unter anderen Umständen als nach Unterabsatz 1 besitzt und weiß oder wissen müsste, dass es sich dabei um Insiderinformationen handelt.

(5) Handelt es sich bei der in diesem Artikel genannten Person um eine juristische Person, so gilt dieser Artikel nach Maßgabe des nationalen Rechts auch für die natürlichen Personen, die an dem Beschluss, den Erwerb, die Veräußerung, die Stornierung oder Änderung eines Auftrags für Rechnung der betreffenden juristischen Person zu tätigen, beteiligt sind oder diesen beeinflussen.

Artikel 9

Legitime Handlungen

(1) Für die Zwecke der Artikel 8 und 14 wird aufgrund der bloßen Tatsache, dass eine juristische Person im Besitz von Insiderinformationen ist oder war, nicht angenommen, dass sie diese Informationen genutzt und daher auf der Grundlage eines Erwerbs oder einer Veräußerung Insidergeschäfte getätigt hat, wenn diese juristische Person

a) zuvor angemessene und wirksame interne Regelungen und Verfahren eingeführt, umgesetzt und aufrechterhalten hat, durch die wirksam sichergestellt wird, dass weder die natürliche Person, die in ihrem Auftrag den Beschluss gefasst hat, Finanzinstrumente zu erwerben oder zu veräußern, auf die sich die Informationen beziehen, noch irgendeine andere natürliche Person, die diesen Beschluss in irgendeiner Weise beeinflusst haben könnte, im Besitz der Insiderinformationen gewesen ist, und

b) die natürliche Person, die im Auftrag der juristischen Person Finanzinstrumente, auf die sich die Informationen beziehen, erworben oder veräußert hat, nicht auffordert, ihr keine Empfehlungen gegeben, sie nicht angestiftet oder anderweitig beeinflusst hat.

(2) Für die Zwecke der Artikel 8 und 14 wird aufgrund der bloßen Tatsache, dass eine Person im Besitz von Insiderinformationen ist, nicht angenommen, dass sie diese Informationen genutzt und daher auf der Grundlage eines Erwerbs oder einer Veräußerung Insidergeschäfte getätigt hat, wenn diese Person

a) ein Market-Maker für die Finanzinstrumente ist, auf die sich diese Informationen beziehen, oder eine Person, die als Gegenpartei für die Finanzinstrumente zugelassen ist, auf die sich diese Informationen beziehen, und wenn der Erwerb oder die Veräußerung von Finanzinstrumenten, auf die sich diese Informationen beziehen, rechtmäßig im Zuge der normalen Ausübung ihrer Funktion als Market-Maker oder Gegenpartei für das betreffende Finanzinstrument erfolgt, oder

b) wenn diese Person zur Ausführung von Aufträgen für Dritte zugelassen ist und der Erwerb oder die Veräußerung von Finanzinstrumenten, auf die sich der Auftrag bezieht, dazu dient, einen solchen Auftrag rechtmäßig im Zuge der normalen Ausübung der Beschäftigung des Berufs oder der Aufgaben dieser Person auszuführen.

(3) Für die Zwecke der Artikel 8 und 14 wird aufgrund der bloßen Tatsache, dass eine Person im Besitz von Insiderinformationen ist, nicht angenommen, dass sie diese Informationen genutzt und daher auf der Grundlage eines Erwerbs oder einer Veräußerung Insidergeschäfte getätigt hat, wenn diese Person ein Geschäft zum Erwerb oder zur Veräußerung von Finanzinstrumenten tätigt, das, in gutem Glauben und nicht zur Umgehung des Verbots von Insidergeschäften, durchgeführt wird, um einer fällig gewordenen Verpflichtung nachzukommen, und wenn

a) die betreffende Verpflichtung auf der Erteilung eines Auftrags oder dem Abschluss einer Vereinbarung aus der Zeit vor dem Erhalt der Insiderinformationen beruht oder

b) das Geschäft der Erfüllung einer rechtlichen Verpflichtung oder Regulierungsauflage dient, die vor dem Erhalt der Insiderinformationen entstanden ist.

(4) Für die Zwecke des Artikels 8 und 14 wird aufgrund der bloßen Tatsache, dass eine Person Insiderinformationen besitzt, nicht angenommen, dass sie diese Informationen genutzt und daher Insidergeschäfte getätigt hat, wenn sie diese Insiderinformation im Zuge der Übernahme eines Unternehmens oder eines Unternehmenszusammenschlusses auf der Grundlage eines öffentlichen Angebots erworben hat und diese Insiderinformationen ausschließlich nutzt, um den Unternehmenszusammenschluss oder die Übernahme auf der Grundlage eines öffentlichen Angebots weiterzuführen, unter der Voraussetzung, dass zum Zeitpunkt der Genehmigung des Unternehmenszusammenschlusses oder der Annahme des Angebotes durch die Anteilseigner des betreffenden Unternehmens sämtliche Insiderinformationen öffentlich gemacht worden sind oder auf andere Weise ihren Charakter als Insiderinformationen verloren haben.

Dieser Absatz gilt nicht für den Beteiligungsaufbau.

(5) Für die Zwecke der Artikel 8 und 14 stellt die bloße Tatsache, dass eine Person ihr Wissen darüber, dass sie beschlossen hat, Finanzinstrumente zu erwerben oder zu veräußern, beim Erwerb oder der Veräußerung dieser Finanzinstrumente nutzt, an sich noch keine Nutzung von Insiderinformationen dar.

(6) Unbeschadet der Absätze 1 bis 5 des vorliegenden Artikels kann es als Verstoß gegen das Verbot von Insidergeschäften gemäß Artikel 14 betrachtet werden, wenn die zuständige Behörde feststellt, dass sich hinter den betreffenden Handelsaufträgen, Geschäften oder Handlungen ein rechtswidriger Grund verbirgt.

(...)

Artikel 12

Marktmanipulation

(1) Für die Zwecke dieser Verordnung umfasst der Begriff „Marktmanipulation" folgende Handlungen:

a) Abschluss eines Geschäfts, Erteilung eines Handelsauftrags sowie jede andere Handlung,

   i. *der bzw. die* falsche oder irreführende Signale hinsichtlich des Angebots, der Nachfrage oder des Preises eines Finanzinstruments, eines damit verbundenen Waren-Spot- Kontrakts oder eines auf Emissionszertifikaten beruhenden Auktionsobjekts gibt oder bei der dies wahrscheinlich ist, oder[27]

   ii. *durch das bzw. die* ein anormales oder künstliches Kursniveau eines oder mehrerer Finanzinstrumente, eines damit verbundenen Waren-Spot-Kontrakts oder eines auf Emissionszertifikaten beruhenden Auktionsobjekts *erzielt wird* oder bei *dem*/der dies wahrscheinlich ist;[28]

b) es sei denn, die Person, die ein Geschäft abschließt, einen Handelsauftrag erteilt oder eine andere Handlung vornimmt, *weist* nach, dass das Geschäft, der Auftrag oder die Handlung legitime Gründe hat und im Einklang mit der zulässigen Marktpraxis gemäß Artikel 13 steht.[29]

c) Abschluss eines Geschäfts, Erteilung eines Handelsauftrags und jegliche sonstige Tätigkeit oder Handlung[30], die unter Vorspiegelung falscher Tatsachen oder unter Verwendung sonstiger Kunstgriffe oder Formen der Täuschung den Kurs eines oder mehrerer Finanzinstrumente, eines damit verbundenen Waren-Spot-Kontrakts oder eines auf Emissionszertifikaten beruhenden Auktionsobjekts beeinflusst oder hierzu geeignet ist;

d) Verbreitung von Informationen über die Medien einschließlich des Internets oder auf anderem Wege, die falsche oder irreführende Signale hinsichtlich des Angebots oder des Kurses eines Finanzinstruments, eines damit verbundenen Waren-Spot-Kontrakts oder eines auf Emissionszertifikaten beruhenden Auktionsobjekts oder der Nachfrage danach geben oder bei denen dies wahrscheinlich ist oder ein anormales oder künstliches Kursniveau eines oder mehrerer Finanzinstrumente, eines damit verbundenen Waren-Spot-Kontrakts oder eines auf Emissionszertifikaten beruhenden Auktionsobjekts herbeiführen oder bei denen dies wahrscheinlich ist, einschließlich der Verbreitung von Gerüchten, wenn die Person, die diese Informationen verbreitet hat, wusste oder hätte wissen müssen, dass sie falsch oder irreführend waren;

e) Übermittlung falscher oder irreführender Angaben oder Bereitstellung falscher oder irreführender Ausgangsdaten bezüglich eines Referenzwerts, wenn die Per-

---

[27] ABl. L 173 vom 12.6.2014 (C1).

[28] ABl. L 173 vom 12.6.2014 (C1).

[29] ABl. L 173 vom 12.6.2014 (C1).

[30] An dieser Stelle standen vorher noch die Worte „an Finanzmärkten", siehe: ABl. L 173 vom 12.6.2014 (C3).

son, die die Informationen übermittelt oder die Ausgangsdaten bereitgestellt hat, wusste oder hätte wissen müssen, dass sie falsch oder irreführend waren, oder sonstige Handlungen, durch die die Berechnung eines Referenzwerts manipuliert wird.

(2) Als Marktmanipulation gelten unter anderem die folgenden Handlungen:

a) Sicherung einer marktbeherrschenden Stellung in Bezug auf das Angebot eines Finanzinstruments. damit verbundener Waren-Spot-Kontrakte oder eines auf Emissionszertifikaten beruhenden Auktionsobjekts oder die Nachfrage danach durch eine Person oder mehrere in Absprache handelnde Personen mit der tatsächlichen oder wahrscheinlichen Folge einer unmittelbaren oder mittelbaren Festsetzung des Kaufs- oder Verkaufspreises oder anderen unlauteren Handelsbedingungen führt oder hierzu geeignet ist;

b) Kauf oder Verkauf von Finanzinstrumenten bei Handelsbeginn oder bei Handelsschluss an einem Handelsplatz mit der tatsächlichen oder wahrscheinlichen Folge, dass Anleger, die aufgrund der angezeigten Kurse, einschließlich der Eröffnungs- und Schlusskurse, tätig werden, irregeführt werden;

c) die Erteilung von Kauf- oder Verkaufsaufträgen an einen Handelsplatz, einschließlich deren Stornierung oder Änderung, mittels aller zur Verfügung stehenden Handelsmethoden, auch in elektronischer Form, beispielsweise durch algorithmische und Hochfrequenzhandelsstrategien, die eine der in Absatz 1 Buchstabe a oder b genannten Auswirkungen hat, indem sie

   i. das Funktionieren des Handelssystems des Handelsplatzes tatsächlich oder wahrscheinlich stört oder verzögert,

   ii. Dritten die Ermittlung echter Kauf- oder Verkaufsaufträge im Handelssystem des Handelsplatzes tatsächlich oder wahrscheinlich erschwert, auch durch das Einstellen von Kauf- oder Verkaufsaufträgen, die zur Überfrachtung oder Beeinträchtigung des Orderbuchs führen, oder

   iii. tatsächlich oder wahrscheinlich ein falsches oder irreführendes Signal hinsichtlich des Angebots eines Finanzinstruments oder der Nachfrage danach oder seines Preises setzt, insbesondere durch das Einstellen von Kauf- oder Verkaufsaufträgen zur Auslösung oder Verstärkung eines Trends;

d) Ausnutzung eines gelegentlichen oder regelmäßigen Zugangs zu den traditionellen oder elektronischen Medien durch Abgabe einer Stellungnahme zu einem Finanzinstrument, einem damit verbundenen Waren-Spot-Kontrakt oder einem auf Emissionszertifikaten beruhenden Auktionsobjekt (oder indirekt zu dessen Emittenten), wobei zuvor Positionen bei diesem Finanzinstrument, einem damit verbundenen Waren-Spot-Kontrakt oder einem auf Emissionszertifikaten beruhenden Auktionsobjekt eingegangen wurden und anschließend Nutzen aus den Auswirkungen der Stellungnahme auf den Kurs dieses Finanzinstruments, eines damit verbundenen Waren-Spot-Kontrakts oder eines auf Emissionszertifikaten beruhenden Auktionsobjekts gezogen wird, ohne dass der Öffentlichkeit gleichzeitig dieser Interessenkonflikt ordnungsgemäß und wirksam mitgeteilt wird;

e) Kauf oder Verkauf von Emissionszertifikaten oder deren Derivaten auf dem Sekundärmarkt vor der Versteigerung gemäß der Verordnung (EU) Nr. 1031/2010 mit der Folge, dass der Auktionsclearingpreis für die Auktionsobjekte auf anormaler oder künstlicher Höhe festgesetzt wird oder dass Bieter, die auf den Versteigerungen bieten, irregeführt werden.

(3) Für die Anwendung von Absatz 1 Buchstaben a und b und unbeschadet der in Absatz 2 aufgeführten Formen von Handlungen enthält Anhang I eine nicht erschöpfende Aufzählung von Indikatoren in Bezug auf die Vorspiegelung falscher Tatsachen oder sonstige Kunstgriffe oder Formen der Täuschung und eine nicht erschöpfende Aufzählung von Indikatoren in Bezug auf falsche oder irreführende Signale und die Sicherung des Herbeiführung bestimmter Kurse.

(4) Handelt es sich bei der in diesem Artikel genannten Person um eine juristische Person, so gilt dieser Artikel nach Maßgabe des nationalen Rechts auch für die natürlichen Personen, die an dem Beschluss, Tätigkeiten für Rechnung der betreffenden juristischen Person auszuführen, beteiligt sind.

(5) Der Kommission wird die Befugnis übertragen, gemäß Artikel 35 zur Präzisierung der in Anhang I festgelegten Indikatoren delegierte Rechtsakte zu erlassen, um deren Elemente zu klären und den technischen Entwicklungen auf den Finanzmärkten Rechnung zu tragen.

(...)

Artikel 14

Verbot von Insidergeschäften und unrechtmäßiger Offenlegung von Insiderinformationen

Folgende Handlungen sind verboten:

a) das Tätigen von Insidergeschäften und der Versuch hierzu,

b) Dritten zu empfehlen, Insidergeschäfte zu tätigen, oder Dritte *dazu zu verleiten*, Insidergeschäfte zu tätigen, oder[31]

c) die unrechtmäßige Offenlegung von Insiderinformationen.

Artikel 15

Verbot der Marktmanipulation

Marktmanipulation und der Versuch hierzu sind verboten.

(...)

[31] ABl. L 173 vom 12.6.2014 (C1).

KAPITEL 3

OFFENLEGUNGSVORSCHRIFTEN

Artikel 17

Veröffentlichung von Insiderinformationen

(1) *Ein Emittent gibt* der Öffentlichkeit Insiderinformationen, die unmittelbar *diesen* Emittenten betreffen, *unverzüglich* bekannt.

Der Emittent stellt sicher, dass die Insiderinformationen in einer Art und Weise veröffentlicht werden, *die der Öffentlichkeit einen schnellen Zugang und eine vollständige, korrekte und rechtzeitige Bewertung ermöglicht*, und dass sie gegebenenfalls in dem amtlich bestellten System gemäß Artikel 21 der Richtlinie 2004/109/EG des Europäischen Parlaments und des Rates[32] veröffentlicht werden. *Der Emittent darf* die Veröffentlichung von Insiderinformationen nicht mit der Vermarktung *seiner* Tätigkeiten verbinden. *Der Emittent veröffentlicht* alle Insiderinformationen, die *er* der Öffentlichkeit mitteilen *muss*, auf seiner Website und *zeigt* sie dort während eines Zeitraums von mindestens fünf Jahren an.[33]

Dieser Artikel gilt für Emittenten, die für ihre Finanzinstrumente eine Zulassung zum Handel an einem geregelten Markt in einem Mitgliedstaat beantragt oder *genehmigt* haben, bzw. im Falle von Instrumenten, die nur auf einem multilateralen oder organisierten Handelssystem gehandelt werden, für Emittenten, die für ihre Finanzinstrumente eine Zulassung zum Handel auf einem multilateralen oder organisierten Handelssystem in einem Mitgliedstaat erhalten haben oder die für ihre Finanzinstrumente eine Zulassung zum Handel auf einem multilateralen Handelssystem in einem Mitgliedstaat beantragt haben.[34]

(2) Jeder Teilnehmer am Markt für Emissionszertifikate gibt Insiderinformationen in Bezug auf ihm gehörende Emissionszertifikate für seine Geschäftstätigkeit, darunter Luftverkehr gemäß Anhang I der Richtlinie 2003/87/EG und Anlagen im Sinne von Artikel 3 Buchstabe e jener Richtlinie, die der betreffende Marktteilnehmer, dessen Mutterunternehmen oder ein verbundenes Unternehmen besitzt oder kontrolliert und für dessen betriebliche Angelegenheiten der Marktteilnehmer, dessen Mutterunternehmen oder ein verbundenes Unternehmen vollständig oder teilweise verantwortlich ist, öffentlich, wirksam und rechtzeitig bekannt. In Bezug auf Anlagen umfasst diese Offenlegung die für deren Kapazität und Nutzung erheblichen Informationen, darunter die geplante oder ungeplante Nichtverfügbarkeit dieser Anlagen.

Unterabsatz 1 gilt nicht für Teilnehmer am Markt für Emissionszertifikate, wenn die Emissionen der Anlagen oder Luftverkehrstätigkeiten in ihrem Besitz, unter ihrer Kontrolle oder ihrer Verantwortlichkeit im Vorjahr eine bestimmte Kohlendioxidäquivalent-

---

[32] Richtlinie 2004/109/EG des Europäischen Parlaments und des Rates vom 15. Dezember 2004 zur Harmonisierung der Transparenzanforderungen in Bezug auf Informationen über Emittenten, deren Wertpapiere zum Handel auf einem geregelten Markt zugelassen sind, und zur Änderung der Richtlinie 2001/34/EG (ABl. L 390 vom 31.12.2004, S. 38).

[33] ABl. L 173 vom 12.6.2014 (C3).

[34] ABl. L 173 vom 12.6.2014 (C1).

Mindestschwelle nicht überschritten haben und, sofern dort eine Verbrennung erfolgt, deren thermische Nennleistung eine bestimmte Mindestschwelle nicht überschreitet.

Der Kommission wird die Befugnis übertragen, gemäß Artikel 35 zur Anwendung der im Unterabsatz 2 dieses Absatzes vorgesehenen Ausnahme delegierte Rechtsakte zur Festlegung einer Kohlendioxidäquivalent-Mindestschwelle und einer Mindestschwelle für die thermische Nennleistung zu erlassen.

(3) Der Kommission wird die Befugnis übertragen, delegierte Rechtsakte gemäß Artikel 35 zur Festlegung der zuständigen Behörde für die Mitteilungen gemäß den Absätzen 4 und 5 des vorliegenden Artikels zu erlassen.

(4) Ein Emittent oder ein Teilnehmer am Markt für Emissionszertifikate, kann auf eigene Verantwortung die Offenlegung von Insiderinformationen für die Öffentlichkeit aufschieben, sofern sämtliche nachfolgenden Bedingungen erfüllt sind:

a) die unverzügliche Offenlegung wäre geeignet die berechtigten Interessen des Emittenten oder Teilnehmers am Markt für Emissionszertifikate zu beeinträchtigen,

b) die Aufschiebung der Offenlegung wäre nicht geeignet, die Öffentlichkeit irrezuführen,

c) der Emittent oder Teilnehmer am Markt für Emissionszertifikate kann die Geheimhaltung dieser Informationen sicherstellen.

Im Falle eines zeitlich gestreckten Vorgangs, der aus mehreren Schritten besteht und einen bestimmten Umstand oder ein bestimmtes Ereignis herbeiführen soll oder hervorbringt, kann ein Emittent oder Teilnehmer am Markt für Emissionszertifikate auf eigene Verantwortung die Offenlegung von Insiderinformationen zu diesem Vorgang vorbehaltlich des Unterabsatzes 1 Buchstaben a, b und c aufschieben.

Hat ein Emittent oder ein Teilnehmer am Markt für Emissionszertifikate die Offenlegung von Insiderinformationen nach diesem Absatz aufgeschoben, so informiert er die gemäß Absatz 3 festgelegte zuständige Behörde unmittelbar nach der Offenlegung der Informationen über den Aufschub der Offenlegung und erläutert schriftlich, inwieweit die in diesem Absatz festgelegten Bedingungen erfüllt waren. Alternativ können Mitgliedstaaten festlegen, dass die Aufzeichnung einer solchen Erläuterung nur auf Ersuchen der gemäß Absatz 3 festgelegten zuständigen Behörde übermittelt werden muss.

(5) Zur Wahrung der Stabilität des Finanzsystems kann ein Emittent, bei dem es sich um ein Kreditinstitut oder ein Finanzinstitut handelt, auf eigene Verantwortung die Offenlegung von Insiderinformationen, einschließlich Informationen im Zusammenhang mit einem zeitweiligen Liquiditätsproblem und insbesondere in Bezug auf den Bedarf an zeitweiliger Liquiditätshilfe seitens einer Zentralbank oder eines letztinstanzlichen Kreditgebers, aufschieben, sofern sämtliche nachfolgenden Bedingungen erfüllt sind:

a) die Offenlegung der Insiderinformationen birgt das Risiko, dass die finanzielle Stabilität des Emittenten und des Finanzsystems untergraben wird;

b) der Aufschub der Veröffentlichung liegt im öffentlichen Interesse;

c) die Geheimhaltung der betreffenden Informationen kann gewährleistet werden, und

d) die gemäß Absatz 3 festgelegte zuständige Behörde hat dem Aufschub auf der Grundlage zugestimmt, dass die Bedingungen gemäß Buchstaben a, b, und c erfüllt sind.

(6) Für die Zwecke des Absatzes 5 Buchstaben a bis d setzt der Emittent die gemäß Absatz 3 festgelegte zuständige Behörde von seiner Absicht in Kenntnis, die Offenlegung der Insiderinformationen aufzuschieben, und legt Nachweise vor, dass die Voraussetzungen gemäß Absatz 5 Buchstaben a, b, und c vorliegen. Die gemäß Absatz 3 festgelegte zuständige Behörde hört gegebenenfalls die nationale Zentralbank oder, falls eingerichtet, die makroprudenzielle Behörde oder andernfalls die folgenden Stellen an:

a) falls es sich bei dem Emittenten um ein Kreditinstitut oder eine Wertpapierfirma handelt, die gemäß Artikel 133 Absatz 1 der Richtlinie 2013/36/EU des Europäischen Parlaments und des Rates[35] benannte Behörde;

b) in anderen als den in Buchstabe a genannten Fällen jede andere für die Aufsicht über den Emittenten zuständige nationale Behörde.

Die gemäß Absatz 3 festgelegte zuständige Behörde stellt sicher, dass der Aufschub für die Offenlegung von Insiderinformationen nur für den im öffentlichen Interesse erforderlichen Zeitraum gewährt wird. Die gemäß Absatz 3 festgelegte zuständige Behörde bewertet mindestens wöchentlich, ob die Voraussetzungen gemäß Absatz 5 Buchstaben a, b und c noch vorliegen.

Wenn die gemäß Absatz 3 festgelegte zuständige Behörde dem Aufschub der Veröffentlichung von Insiderinformationen nicht zustimmt, muss der Emittent die Insiderinformationen unverzüglich offenlegen.

Dieser Absatz gilt für Fälle, in denen der Emittent nicht beschließt, die Offenlegung von Insiderinformationen gemäß Absatz 4 aufzuschieben.

Verweise in diesem Absatz auf die gemäß Absatz 3 festgelegte zuständige Behörde in diesem Absatz lassen die Befugnis der zuständigen Behörde, ihre Aufgaben gemäß Artikel 23 Absatz 1 wahrzunehmen, unberührt.

(7) Wenn die Offenlegung von Insiderinformationen gemäß Absatz 4 oder 5 aufgeschoben wurde und die Vertraulichkeit der dieser Insiderinformationen nicht mehr gewährleistet ist, muss der Emittent die Öffentlichkeit so schnell wie möglich über diese Informationen informieren.

Dieser Absatz schließt Sachverhalte ein, bei denen ein Gerücht auf eine Insiderinformation Bezug nimmt, die gemäß Absatz 4 oder 5 nicht offengelegt wurden, wenn dieses Gerücht ausreichend präzise ist, dass zu vermuten ist, dass die Vertraulichkeit dieser Information nicht mehr gewährleistet ist.

(8) Legt ein Emittent oder ein Teilnehmer am Markt für Emissionszertifikate oder eine in ihrem Auftrag oder für ihre Rechnung handelnde Person im Zuge der normalen Ausübung ihrer Arbeit oder ihres Berufs oder der normalen Erfüllung ihrer Aufgaben gemäß Artikel 10 Absatz 1 Insiderinformationen gegenüber einem Dritten offen, so veröffentlicht er diese Informationen vollständig und wirksam, und zwar zeitgleich bei absichtlicher Offenlegung und unverzüglich im Fall einer nicht absichtlichen Offenlegung.

---

[35] Richtlinie 2013/36/EU des Europäischen Parlaments und des Rates vom 26. Juni 2013 über den Zugang zur Tätigkeit von Kreditinstituten und die Beaufsichtigung von Kreditinstituten und Wertpapierfirmen, zur Änderung der Richtlinie 2002/87/EG und zur Aufhebung der Richtlinien 2006/48/EG und 2006/49/EG (ABl. L 176 vom 27.6.2013, S. 338).

Dieser Absatz gilt nicht, wenn die die Informationen erhaltende Person zur Verschwiegenheit verpflichtet ist, unabhängig davon, ob sich diese Verpflichtung aus Rechts- oder Verwaltungsvorschriften, einer Satzung oder einem Vertrag ergibt.

(9) Insiderinformationen in Bezug auf Emittenten, deren Finanzinstrumente zum Handel an einem KMU-Wachstumsmarkt zugelassen sind, können auf der Website des Handelsplatzes anstatt der Website des Emittenten angezeigt werden, falls der Handelsplatz sich für die Bereitstellung dieser Möglichkeit für Emittenten auf jenem Markt entscheidet.

(10) Um einheitliche Bedingungen für die Anwendung dieses Artikels sicherzustellen, arbeitet die ESMA Entwürfe technischer Durchführungsstandards zur Festlegung

a) der technischen Mittel für die angemessene Bekanntgabe von Insiderinformationen gemäß den Absätzen 1, 2, 8 und 9 und

b) der technischen Mittel für den Aufschub der Bekanntgabe von Insiderinformationen gemäß den Absätzen 4 und 5 aus.

Die ESMA legt der Kommission diese Entwürfe technischer Durchführungsstandards bis zum 3. Juli 2016. vor.

Der Kommission wird die Befugnis übertragen, die in Unterabsatz 1 genannten technischen Durchführungsstandards nach Artikel 15 der Verordnung (EU) Nr. 1095/2010 zu erlassen.

(11) Die ESMA gibt Leitlinien für die Erstellung einer nicht abschließenden indikativen Liste der in Absatz 4 Buchstabe a genannten berechtigten Interessen des Emittenten und von Fällen heraus, in denen die Aufschiebung der Offenlegung von Insiderinformationen gemäß Absatz 4 Buchstabe b geeignet ist, die Öffentlichkeit irrezuführen.

(...)

Artikel 19

Eigengeschäfte von Führungskräften

(1) Personen, die Führungsaufgaben wahrnehmen, sowie in enger Beziehung zu ihnen stehende Personen melden dem Emittenten oder dem Teilnehmer am Markt für Emissionszertifikate und der in Absatz 2 Unterabsatz 2 genannten zuständigen Behörde

a) in Bezug auf Emittenten jedes Eigengeschäft mit Anteilen oder Schuldtiteln dieses Emittenten oder damit verbundenen Derivaten oder anderen damit verbundenen Finanzinstrumenten;

b) in Bezug auf Teilnehmer am Markt für Emissionszertifikate jedes Eigengeschäft mit Emissionszertifikaten, darauf beruhenden Auktionsobjekten oder deren damit verbundenen Derivaten.

Diese Meldungen sind unverzüglich und spätestens drei Geschäftstage nach dem Datum des Geschäft vorzunehmen.

Unterabsatz 1 gilt ab dem Zeitpunkt, an dem der sich aus den Geschäften ergebende Gesamtbetrag den in Absatz 8 beziehungsweise 9 genannten Schwellenwert innerhalb eines Kalenderjahrs erreicht hat.

(1a)[36] *Die in Absatz 1 genannte Meldepflicht gilt nicht für Geschäfte mit Finanzinstrumenten in Verbindung mit in jenem Absatz genannten Anteilen oder Schuldtiteln des Emittenten, wenn zum Zeitpunkt des Geschäfts eine der folgenden Voraussetzung vorliegt:*

a) Das Finanzinstrument ist ein Anteil oder eine Aktie an einem Organismus für gemeinsame Anlagen, bei dem die Risikoposition gegenüber den Anteilen oder Schuldtiteln des Emittenten 20 % der von dem Organismus für gemeinsame Anlagen gehaltenen Vermögenswerte nicht übersteigt.[37]

b) Das Finanzinstrument stellt eine Risikoposition gegenüber einem Portfolio von Vermögenswerten dar, bei dem die Risikoposition gegenüber den Anteilen oder Schuldtiteln des Emittenten 20 % der Vermögenswerte des Portfolios nicht übersteigt;

c) Das Finanzinstrument ist ein Anteil oder eine Aktie an einem Organismus für gemeinsame Anlagen oder stellt eine Risikoposition gegenüber einem Portfolio von Vermögenswerten dar, und die Person, die Führungsaufgaben wahrnimmt, oder eine zu ihr in enger Beziehung stehende Person kennt und konnte die Anlagezusammensetzung oder die Risikoposition eines solchen Organismus für gemeinsame Anlagen bzw. eines solchen Portfolios von Vermögenswerten gegenüber den Anteilen oder Schuldtiteln des Emittenten nicht kennen, und darüber hinaus besteht für diese Person kein Grund zu der Annahme, dass die Anteile oder Schuldtitel des Emittenten die in Buchstabe a oder Buchstabe b genannten Schwellenwerte überschreiten.

Sind Informationen über die Anlagezusammensetzung des Organismus für gemeinsame Anlagen oder die Risikoposition gegenüber dem Portfolio von Vermögenswerten verfügbar, unternimmt die Person, die Führungsaufgaben wahrnimmt, oder eine zu ihr in enger Beziehung stehende Person alle zumutbaren Anstrengungen, um diese Informationen zu erhalten.

(2) Zum Zweck von Absatz 1 und unbeschadet des Rechts der Mitgliedstaaten, über die in diesem Artikel genannten hinausgehende Meldepflichten festzulegen, müssen alle Eigengeschäfte von in Absatz 1 genannten Personen zuständigen Behörden von diesen Personen gemeldet werden.

Für diese Meldungen gelten für die in Absatz 1 genannten Personen die Vorschriften des Mitgliedstaats, in dem der Emittent oder Teilnehmer am Markt für Emissionszertifikate registriert ist. Die Meldungen sind innerhalb von drei Arbeitstagen nach dem Datum des Geschäfts bei der zuständigen Behörde dieses Mitgliedstaats vorzunehmen. Ist der Emittent nicht in einem Mitgliedstaat registriert, erfolgt diese Meldung bei der zu-

---

[36] Abs. 1a wurde eingefügt durch Art. 56 Abs. 1 Nr. 1 lit. a der Verordnung (EU) 2016/1011 des Europäischen Parlaments und des Rates vom 8. Juni 2016 über Indizes, die bei Finanzinstrumenten und Finanzkontrakten als Referenzwert oder zur Messung der Wertentwicklung eines Investmentfonds verwendet werden, und zur Änderung der Richtlinien 2008/48/EG und 2014/17/EU sowie der Verordnung (EU) Nr. 596/2014 (Text von Bedeutung für den EWR).

[37] Berichtigung der Verordnung (EU) 2016/1011 des Europäischen Parlaments und des Rates vom 8. Juni 2016 über Indizes, die bei Finanzinstrumenten und Finanzkontrakten als Referenzwert oder zur Messung der Wertentwicklung eines Investmentfonds verwendet werden, und zur Änderung der Richtlinien 2008/48/EG und 2014/17/EU sowie der Verordnung (EU) Nr. 596/2014 (ABl. L 171 vom 29.6.2016). Im Folgenden: ABl. L 171 vom 29.6.2016 (C2).

ständigen Behörde des Herkunftsmitgliedstaats im Einklang mit Artikel 2 Absatz 1 Buchstabe i der Richtlinie 2004/109/EG, oder, wenn eine solche Behörde nicht besteht, der zuständigen Behörde des Handelsplatzes.

(3) Der Emittent oder Teilnehmer am Markt für Emissionszertifikate stellt sicher, dass die Informationen, die im Einklang mit Absatz 1 gemeldet werden, unverzüglich und spätestens drei Geschäftstage nach dem Geschäft so veröffentlicht werden, dass diese Informationen schnell und nichtdiskriminierend im Einklang mit den in Artikel 17 Absatz 10 Buchstabe a genannten Standards zugänglich sind.

Der Emittent oder Teilnehmer am Markt für Emissionszertifikate greift auf Medien zurück, bei denen vernünftigerweise davon ausgegangen werden kann, dass sie die Informationen tatsächlich an die Öffentlichkeit in der gesamten Union weiterleiten, und gegebenenfalls ist das in Artikel 21 der Richtlinie 2004/109/EG amtlich bestellte System zu nutzen.

Das nationale Recht kann abweichend davon auch bestimmen, dass eine zuständige Behörde die Informationen selbst veröffentlichen kann.

(4) Dieser Artikel gilt für Emittenten die

a) für ihre Finanzinstrumente eine Zulassung zum Handel an einem geregelten Markt beantragt oder *genehmigt* haben, bzw.[38]

b) im Falle von Instrumenten, die nur auf einem multilateralen oder organisierten Handelssystem gehandelt werden, für Emittenten, die eine Zulassung zum Handel auf einem multilateralen oder organisierten Handelssystem erhalten haben oder die für ihre Finanzinstrumente eine Zulassung zum Handel auf einem multilateralen Handelssystem beantragt haben.

(5) Die Emittenten und Teilnehmer am Markt für Emissionszertifikate setzen die Personen, die Führungsaufgaben wahrnehmen, von ihren Verpflichtungen im Rahmen dieses Artikels schriftlich in Kenntnis. Die Emittenten und Teilnehmer am Markt für Emissionszertifikate erstellen eine Liste der Personen, die Führungsaufgaben wahrnehmen, sowie der Personen, die zu diesen in enger Beziehung stehen.

Personen, die Führungsaufgaben wahrnehmen, setzen die zu ihnen in enger Beziehung stehenden Personen schriftlich von deren Verpflichtungen im Rahmen dieses Artikels in Kenntnis und bewahren eine Kopie dieses Dokuments auf.

(6) Die Meldung von Geschäften nach Absatz 1 muss folgende Angaben enthalten:

a) Name der Person;

b) Grund der Meldung;

c) Bezeichnung des betreffenden Emittenten oder Teilnehmers am Markt für Emissionszertifikate;

d) Beschreibung und Kennung des Finanzinstruments;

e) Art des Geschäfts bzw. der Geschäfte (d. h. Erwerb oder Veräußerung), einschließlich der Angabe, ob ein Zusammenhang mit der Teilnahme an Belegschaftsaktienprogrammen oder mit den konkreten Beispielen gemäß Absatz 7 besteht;

f) Datum und Ort des Geschäfts bzw. der Geschäfte und

[38] ABl. L 173 vom 12.6.2014 (C1).

g) Kurs und Volumen des Geschäfts bzw. der Geschäfte. Bei einer Verpfändung, deren Konditionen eine Wertänderung bedingen, sollten dieser Umstand und der Wert zum Zeitpunkt der Verpfändung offengelegt werden.

(7) Zu den für die Zwecke von Absatz 1 zu meldenden Geschäften gehören auch:

a) das Verpfänden oder Verleihen von Finanzinstrumenten durch oder im Auftrag einer der in Absatz 1 genannten Person, die Führungsaufgaben wahrnimmt, oder einer mit dieser enge verbundenen Person;

b) von Personen, die *beruflich* Geschäfte vermitteln oder ausführen, oder einer anderen Person im Auftrag einer der in Absatz 1 genannten Personen, die Führungsaufgaben wahrnehmen oder mit zu solchen Personen enger verbunden ist, unternommene Geschäfte, auch wenn dabei ein Ermessen ausgeübt wird;[39]

c) Geschäfte im Sinne der Richtlinie 2009/138/EG des Europäischen Parlaments und des Rates[40], die im Rahmen einer Lebensversicherung getätigt werden, wenn

   i. der Versicherungsnehmer eine in Absatz 1 genannte Person ist, die Führungsaufgaben wahrnimmt, oder eine Person, die mit einer solchen Person eng verbunden ist,

   ii. der Versicherungsnehmer das Investitionsrisiko trägt und

   iii. der Versicherungsnehmer über die Befugnis oder das Ermessen verfügt, Investitionsentscheidungen in Bezug auf spezifische Instrumente im Rahmen dieser Lebensversicherung zu treffen oder Geschäfte in Bezug auf spezifische Instrumente für diese Lebensversicherung auszuführen.

Für die Zwecke von Buchstabe a muss eine Verpfändung von Wertpapieren oder eine ähnliche Sicherung von Finanzinstrumenten im Zusammenhang mit der Hinterlegung der Finanzinstrumente in ein Depotkonto nicht gemeldet werden, sofern und solange eine derartige Verpfändung oder andere Sicherung *nicht* dazu dient, eine spezifische Kreditfazilität zu sichern.[41]

Für die Zwecke von Buchstabe b brauchen Geschäfte, die in Anteilen oder Schuldtiteln eines Emittenten bzw. Derivaten oder anderen damit verbundenen Finanzinstrumenten von Führungskräften eines Organismus für gemeinsame Anlagen ausgeführt wurden, bei denen die Person, die Führungsaufgaben wahrnimmt, oder eine zu ihr in enger Beziehung stehende Person investiert hat, nicht gemeldet zu werden, wenn die Führungskraft des Organismus für gemeinsame Anlagen bei ihren Transaktionen über vollen Ermessensspielraum verfügt, was ausschließt, dass die Führungskraft von Anlegern in diesem Organismus für gemeinsame Anlagen irgendwelche direkten oder indirekten Anweisungen oder Empfehlungen bezüglich der Zusammensetzung des Portfolios erhält.[42]

---

[39] ABl. L 173 vom 12.6.2014 (C3).

[40] Richtlinie 2009/138/EG des Europäischen Parlaments und des Rates vom 25. November 2009 betreffend die Aufnahme und Ausübung der Versicherungs- und der Rückversicherungstätigkeit (Solvabilität II) (ABl. L 335 vom 17.12.2009, S. 1).

[41] ABl. L 173 vom 12.6.2014 (C1).

[42] Unterabsatz 3 eingefügt durch Art. 56 Abs. 1 Nr. 1 lit. b der Verordnung (EU) 2016/1011 des Europäischen Parlaments und des Rates vom 8. Juni 2016 über Indizes, die bei Finanzinstrumenten und Finanzkontrakten als Referenzwert oder zur Messung der Wertentwicklung eines Investmentfonds verwendet werden, und zur Änderung der Richtlinien 2008/48/EG

Sofern der Versicherungsnehmer eines Versicherungsvertrags gemäß diesem Absatz verpflichtet ist, Geschäfte zu melden, obliegt dem Versicherungsunternehmen keine Verpflichtung, eine Meldung vorzunehmen.

(8) Absatz 1 gilt für Geschäfte, die getätigt werden, nachdem innerhalb eines Kalenderjahrs ein Gesamtvolumen von 5000 EUR erreicht worden ist. Der Schwellenwert von 5000 EUR errechnet sich aus der Addition aller in Absatz 1 genannten Geschäfte ohne Netting.

(9) Eine zuständige Behörde kann beschließen, den in Absatz 8 genannten Schwellenwert auf 20 000 EUR anzuheben, und sie setzt die ESMA von ihrer Entscheidung, einen höheren Schwellenwert anzunehmen, und der Begründung für ihre Entscheidung unter besonderer Bezugnahme auf die Marktbedingungen in Kenntnis, bevor sie diesen Schwellenwert anwendet. Die ESMA veröffentlicht auf ihrer Website die Liste der Schwellenwerte, die gemäß diesem Artikel anwendbar sind, sowie die von den zuständigen Behörden vorgelegten Begründungen für diese Schwellenwerte.

(10) Dieser Artikel gilt auch für Geschäfte von Personen, die, die bei Versteigerungsplattformen, Versteigerern und der Auktionsaufsicht, die an Auktionen gemäß der Verordnung (EU) Nr. 1031/2010 beteiligt sind, Führungsaufgaben wahrnehmen, sowie für Personen, die zu solchen Personen in enger Beziehung stehen, soweit ihre Geschäfte Emissionszertifikate, deren Derivative und darauf beruhende Auktionsprodukte umfassen. Diese Personen teilen ihre Geschäfte je nach Einschlägigkeit den Versteigerungsplattformen, den Versteigerern und der Auktionsaufsicht mit, sowie der zuständigen Behörde, bei welcher die Versteigerungsplattform, der Versteigerer und die Auktionsaufsicht gegebenenfalls registriert sind. Die entsprechend übermittelte Information wird von der Versteigerungsplattform, den Versteigerern, der Auktionsaufsicht oder der zuständigen Behörde gemäß Absatz 3 veröffentlicht.

(11) Unbeschadet der Artikel 14 und 15 darf eine Person, die bei einem Emittenten Führungsaufgaben wahrnimmt, weder direkt noch indirekt Eigengeschäfte oder Geschäfte für Dritte im Zusammenhang mit den Anteilen oder Schuldtiteln des Emittenten oder mit Derivaten oder anderen mit diesen in Zusammenhang stehenden Finanzinstrumenten während eines geschlossenen Zeitraums von 30 Kalendertagen vor Ankündigung eines Zwischenberichts oder eines Jahresabschlussberichts tätigen, zu deren Veröffentlichung der Emittent verpflichtet ist:

a) gemäß den Vorschriften des Handelsplatzes, auf dem die Anteile des Emittenten zum Handel zugelassen sind, oder

b) gemäß nationalem Recht.

(12) Unbeschadet der Artikel 14 und 15 darf ein Emittent einer Person, die Führungsaufgaben bei ihr wahrnimmt, erlauben Eigengeschäfte oder Geschäfte für Dritte während eines geschlossenen Zeitraums gemäß Absatz 11 vorzunehmen, vorausgesetzt, dass diese Geschäfte entweder

a) im Einzelfall aufgrund außergewöhnlicher Umstände, wie beispielsweise schwerwiegende finanzielle Schwierigkeiten, die den unverzüglichen Verkauf von Anteilen erforderlich machen, oder

---

und 2014/17/EU sowie der Verordnung (EU) Nr. 596/2014 (Text von Bedeutung für den EWR).

b) durch die Merkmale des betreffenden Geschäfts für Handel bedingt sind, die im Rahmen von Belegschaftsaktien oder einem Arbeitnehmersparplan, von Pflichtaktien oder von Bezugsberechtigungen auf Aktien oder Geschäfte getätigt werden, wenn sich die nutzbringende Beteiligung an dem einschlägigen Wertpapier nicht ändert.

(13) Die Kommission wird ermächtigt, delegierte Rechtsakte nach Artikel 35 zu erlassen, in denen festgelegt wird, unter welchen Umständen der Handel während eines geschlossenen Zeitraums durch den Emittenten gemäß Absatz 12 erlaubt werden kann, einschließlich der Umstände, die als außergewöhnlich zu betrachten wären, und der Arten von Geschäften, die eine Erlaubnis zum Handel rechtfertigen würden.

(14) Der Kommission wird die Befugnis übertragen, gemäß Artikel 35 in Bezug auf die Festlegung der Arten von Geschäften, welche die in Absatz 1 genannte Anforderung auslösen, delegierte Rechtsakte zu erlassen.

(15) Damit Absatz 1 einheitlich angewendet wird, arbeitet die ESMA Entwürfe technischer Durchführungsstandards in Bezug auf das Format und ein Muster aus, in dem die in Absatz 1 genannten Informationen gemeldet und veröffentlicht werden müssen.

Die ESMA legt der Kommission bis zum 3. Juli 2015 diese Entwürfe technischer Durchführungsstandards vor.

Der Kommission wird die Befugnis übertragen, die in Unterabsatz 1 genannten technischen Durchführungsstandards nach Artikel 15 der Verordnung (EU) Nr. 1095/2010 zu erlassen.

(...)

KAPITEL 5

VERWALTUNGSRECHTLICHE MASSNAHMEN UND SANKTIONEN

Artikel 30

Verwaltungsrechtliche Sanktionen und andere verwaltungsrechtliche Maßnahmen

(1) Unbeschadet strafrechtlicher Sanktionen und unbeschadet der Aufsichtsbefugnisse der zuständigen Behörden nach Artikel 23 übertragen die Mitgliedstaaten im Einklang mit nationalem Recht den zuständigen Behörden die Befugnis, angemessene verwaltungsrechtliche Sanktionen und andere verwaltungsrechtliche Maßnahmen in Bezug auf mindestens die folgenden Verstöße zu ergreifen:

a) Verstöße gegen Artikel 14 und 15, Artikel 16 Absätze 1 und 2, Artikel 17 Absätze 1, 2, 4, 5 und 8, Artikel 18 Absätze 1 bis 6, Artikel 19 Absätze 1, 2, 3, 5, 6, 7 und 11 und Artikel 20 Absatz 1 und

b) Verweigerung der Zusammenarbeit mit einer Ermittlung oder einer Prüfung oder einer in Artikel 23 Absatz 2 genannten Anfrage.

Die Mitgliedstaaten können beschließen, keine Regelungen für die in Unterabsatz 1 genannten verwaltungsrechtlichen Sanktionen festzulegen, sofern die in Unterabsatz 1 Buchstaben a oder b genannten Verstöße bis zum 3. Juli 2016. gemäß dem nationalen Recht bereits strafrechtlichen Sanktionen unterliegen. Beschließen sie dies, so melden die Mitgliedstaaten der Kommission und der ESMA die entsprechenden Bestimmungen ihres Strafrechts in ihren Einzelheiten.

Die Mitgliedstaaten unterrichten die Kommission und die ESMA detailliert über die in den Unterabsätzen 1 und 2 genannten Vorschriften bis zum 3. Juli 2016. Sie melden der Kommission und der ESMA unverzüglich spätere Änderungen dieser Vorschriften.

(2) Die Mitgliedstaaten stellen sicher, dass die zuständigen Behörden im Einklang mit dem nationalen Recht über die Befugnis verfügen, im Falle von Verstößen gemäß Absatz 1 Unterabsatz 1 Buchstabe a mindestens die folgenden verwaltungsrechtliche Sanktionen zu verhängen und die folgenden verwaltungsrechtlichen Maßnahmen zu ergreifen:

a) eine Anordnung, wonach die für den Verstoß verantwortliche Person die Verhaltensweise einzustellen und von einer Wiederholung abzusehen hat;

b) den Einzug der infolge des Verstoßes erzielten Gewinne oder der vermiedenen Verluste, sofern diese sich beziffern lassen;

c) eine öffentliche Warnung betreffend die für den Verstoß verantwortliche Person und die Art des Verstoßes;

d) den Entzug oder die Aussetzung der Zulassung einer Wertpapierfirma;

e) ein vorübergehendes Verbot für Personen, die in einer Wertpapierfirma Führungsaufgaben wahrnehmen, oder für jedwede andere für den Verstoß verantwortliche natürliche Person, in Wertpapierfirmen Führungsaufgaben wahrzunehmen;

f) bei wiederholten Verstößen gegen Artikel 14 oder 15 ein dauerhaftes Verbot für Personen, die in einer Wertpapierfirma Führungsaufgaben wahrnehmen, oder eine andere verantwortliche natürliche Person, in Wertpapierfirmen Führungsaufgaben wahrzunehmen;

g) ein vorübergehendes Verbot für Personen, die in einer Wertpapierfirma Führungsaufgaben wahrnehmen, oder eine andere verantwortliche natürliche Person, Eigengeschäfte zu tätigen;

h) maximale verwaltungsrechtliche finanzielle Sanktionen, die mindestens bis zur dreifachen Höhe der durch die Verstöße erzielten Gewinne oder vermiedenen Verluste gehen können, sofern diese sich beziffern lassen;

i) im Falle einer natürlichen Person maximale verwaltungsrechtliche finanzielle Sanktionen von mindestens

i. bei Verstößen gegen Artikel 14 und 15 5 000 000 EUR bzw. in den Mitgliedstaaten, deren Währung nicht der Euro nicht ist, Sanktionen in entsprechender Höhe in der Landeswährung am 2. Juli 2014;

ii. bei Verstößen gegen Artikel 16 und 17 1 000 000 EUR bzw. in den Mitgliedstaaten, deren Währung nicht der Euro ist, Sanktionen in entsprechender Höhe in der Landeswährung am 2. Juli 2014 und

iii. bei Verstößen gegen Artikel 18, 19 und 20 500 000 EUR bzw. in den Mitgliedstaaten, deren Währung nicht der Euro ist, Sanktionen in entsprechender Höhe in der Landeswährung am 2. Juli 2014 und

j) im Falle einer juristischen Person maximale verwaltungsrechtliche finanzielle Sanktionen von mindestens

   i. bei Verstößen gegen Artikel 14 und *15 15 000 000 EUR* oder 15 % des jährlichen Gesamtumsatzes der juristischen Person entsprechend dem letzten verfügbaren durch das Leitungsorgan genehmigten Abschluss bzw. in den Mitgliedstaaten, deren Währung nicht der Euro ist, in entsprechender Höhe in der Landeswährung am 2. Juli 2014;[43]

   ii. bei Verstößen gegen die Artikel 16 und 17 2 500 000 EUR oder 2 % des jährlichen Gesamtumsatzes des Unternehmens entsprechend dem letzten verfügbaren durch das Leitungsorgan genehmigten Abschluss bzw. in den Mitgliedstaaten, deren Währung nicht der Euro ist, in entsprechender Höhe in der Landeswährung am 2. Juli 2014 und

   iii. bei Verstößen gegen Artikel 18, 19 und 20 1 000 000 EUR bzw. in den Mitgliedstaaten, deren Währung nicht der Euro ist, in entsprechender Höhe in der Landeswährung am 2. Juli 2014.

Verweise auf die zuständige Behörde in diesem Absatz lassen die Befugnis der zuständigen Behörde, ihre Aufgaben gemäß Artikel 23 Absatz 1 wahrzunehmen, unberührt.

Falls es sich bei der juristischen Person um eine Muttergesellschaft oder eine Tochtergesellschaft handelt, die einen konsolidierten Abschluss gemäß der Richtlinie 2013/34/EU des Europäischen Parlaments und des Rates[44] aufzustellen hat, bezeichnet „jährlicher Gesamtumsatz“ für die Zwecke des Unterabsatz 1 Buchstabe j Ziffern i und ii den jährlichen Gesamtumsatz oder die entsprechende Einkunftsart gemäß den einschlägigen Rechnungslegungsrichtlinien — Richtlinie 86/635/EWG des Rates[45] in Bezug auf Banken, Richtlinie 91/674/EWG des Rates[46] in Bezug auf Versicherungsunternehmen —, der bzw. die im letzten verfügbaren durch das Leitungsorgan genehmigten konsolidierten Abschluss der Muttergesellschaft an der Spitze ausgewiesen ist.

(3) Die Mitgliedstaaten können den zuständigen Behörden neben den in Absatz 2 aufgeführten Befugnissen weitere Befugnisse übertragen und höhere Sanktionen als die in jenem Absatz genannten verhängen.

(…)

---

[43] ABl. L 173 vom 12.6.2014 (C3).

[44] Richtlinie 2013/34/EU des Europäischen Parlaments und des Rates vom 26. Juni 2013 über den Jahresabschluss, den konsolidierten Abschluss und damit verbundene Berichte von Unternehmen bestimmter Rechtsformen und zur Änderung der Richtlinie 2006/43/EG des Europäischen Parlaments und des Rates und zur Aufhebung der Richtlinien 78/660/EWG und 83/349/EWG des Rates (ABl. L 182 vom 29.6.2013, S. 19).

[45] Richtlinie 86/635/EWG des Rates vom 8. Dezember 1986 über den Jahresabschluss und den konsolidierten Abschluss von Banken und anderen Finanzinstituten (ABl. L 372 vom 31.12.1986, S. 1).

[46] Richtlinie 91/674/EWG des Rates vom 19. Dezember 1991 über den Jahresabschluss und den konsolidierten Abschluss von Versicherungsunternehmen (ABl. L 374 vom 31.12.1991, S. 7).

Anhang III

Synopse § 26 WpHG

Fassung aufgrund des Zweiten Finanzmarktnovellierungsgesetzes vom 23.06.2017 (BGBl. I S. 1693, 2446), in Kraft getreten am 03.01.2018	Fassung aufgrund des Zweiten Finanzmarktnovellierungsgesetzes vom 23.06.2017 (BGBl. I S. 1693), in Kraft getreten am 25.06.2017	Fassung aufgrund des Ersten Finanzmarktnovellierungsgesetzes vom 30.06.2016 (BGBl. I S. 1514), in Kraft getreten am 02.07.2016
§ 26 *Übermittlung von Insiderinformationen und von Eigengeschäften; Verordnungsermächtigung*	**§ 15** *Übermittlung von Insiderinformationen und von Eigengeschäften; Rechtsverordnung*	
(1) Ein Inlandsemittent, ein MTF-Emittent oder ein OTF-Emittent, der gemäß Artikel 17 Absatz 1, 7 oder 8 der Verordnung (EU) Nr. 596/2014 verpflichtet ist, Insiderinformationen zu veröffentlichen, hat diese vor ihrer Veröffentlichung der Bundesanstalt und den Geschäftsführungen der Handelsplätze, an denen seine Finanzinstrumente zum Handel zugelassen oder in den Handel einbezogen sind, mitzuteilen sowie unverzüglich nach ihrer Veröffentlichung dem Unternehmensregister im Sinne des § 8b des Handelsgesetzbuchs zur Speicherung zu übermitteln.	(1) Ein Inlandsemittent oder ein MTF-Emittent, der gemäß Artikel 17 Absatz 1, 7 oder 8 der Verordnung (EU) Nr. 596/2014 verpflichtet ist, Insiderinformationen zu veröffentlichen, hat diese vor ihrer Veröffentlichung der Bundesanstalt und den Geschäftsführungen der Handelsplätze, an denen seine Finanzinstrumente zum Handel zugelassen oder in den Handel einbezogen sind, mitzuteilen sowie unverzüglich nach ihrer Veröffentlichung dem Unternehmensregister im Sinne des § 8b des Handelsgesetzbuchs zur Speicherung zu übermitteln.	
(2) Ein Inlandsemittent, ein MTF-Emittent oder ein OTF-Emittent, der gemäß Artikel 19 Absatz 3 der Verordnung (EU) Nr. 596/2014 verpflichtet ist, Informationen zu Eigengeschäften von Führungskräften zu veröffentlichen, hat diese Informationen unverzüglich, jedoch nicht vor ihrer Veröffentlichung, dem Unternehmensregister im Sinne des § 8b des Handelsgesetzbuchs zur Speicherung zu übermitteln sowie die Veröffentlichung der Bundesanstalt mitzuteilen.	(2) Ein Inlandsemittent oder ein MTF-Emittent, der gemäß Artikel 19 Absatz 3 der Verordnung (EU) Nr. 596/2014 verpflichtet ist, Informationen zu Eigengeschäften von Führungskräften zu veröffentlichen, hat diese Informationen unverzüglich, jedoch nicht vor ihrer Veröffentlichung, dem Unternehmensregister im Sinne des § 8b des Handelsgesetzbuchs zur Speicherung zu übermitteln sowie die Veröffentlichung der Bundesanstalt mitzuteilen.	

<table>
<tr><th>Fassung aufgrund des
Transparenzrichtlinien-Umsetzungsgesetzes
vom 05.01.2007
(BGBl. I S. 10),
in Kraft getreten am 20.01.2007</th><th>Fassung aufgrund des
Anlegerschutzverbesserungsgesetzes
vom 28.10.2004
(BGBl. I S. 2630),
in Kraft getreten am 30.10.2004</th></tr>
<tr><td>§ 15
Mitteilung, Veröffentlichung und Übermittlung von Insiderinformationen an das Unternehmensregister</td><td>§ 15
Veröffentlichung und Mitteilung von Insiderinformationen</td></tr>
<tr><td>(1) [1]Ein Inlandsemittent von Finanzinstrumenten muss Insiderinformationen, die ihn unmittelbar betreffen, unverzüglich veröffentlichen; er hat sie außerdem unverzüglich, jedoch nicht vor ihrer Veröffentlichung dem Unternehmensregister im Sinne des § 8b des Handelsgesetzbuchs zur Speicherung zu übermitteln. [2]Als Inlandsemittent gilt im Sinne dieser Vorschrift auch ein solcher, für dessen Finanzinstrumente erst ein Antrag auf Zulassung gestellt ist. [3]Eine Insiderinformation betrifft den Emittenten insbesondere dann unmittelbar, wenn sie sich auf Umstände bezieht, die in seinem Tätigkeitsbereich eingetreten sind. [4]Wer als Emittent oder als eine Person, die in dessen Auftrag oder auf dessen Rechnung handelt, im Rahmen seiner Befugnis einem anderen Insiderinformationen mitteilt oder zugänglich macht, hat diese gleichzeitig nach Satz 1 zu veröffentlichen und dem Unternehmensregister im Sinne des § 8b des Handelsgesetzbuchs zur Speicherung zu übermitteln, es sei denn, der andere ist rechtlich zur Vertraulichkeit verpflichtet. [5]Erfolgt die Mitteilung oder Zugänglichmachung der Insiderinformation nach Satz 4 unwissentlich, so ist die Veröffentlichung und die Übermittlung unverzüglich nachzuholen. [6]In einer Veröffentlichung genutzte Kennzahlen müssen im Geschäftsverkehr üblich sein und einen Vergleich mit den zuletzt genutzten Kennzahlen ermöglichen.</td><td>(1) [1]Der Emittent von Finanzinstrumenten, die zum Handel an einem inländischen organisierten Markt zugelassen sind oder für die er eine solche Zulassung beantragt hat, muss Insiderinformationen, die ihn unmittelbar betreffen, unverzüglich veröffentlichen. [2]Eine Insiderinformation betrifft den Emittenten insbesondere dann unmittelbar, wenn sie sich auf Umstände bezieht, die in seinem Tätigkeitsbereich eingetreten sind. [3]Wer als Emittent oder als eine Person, die in dessen Auftrag oder auf dessen Rechnung handelt, im Rahmen seiner Befugnis einem anderen Insiderinformationen mitteilt oder zugänglich macht, hat diese zeitgleich zu veröffentlichen, es sei denn, der andere ist rechtlich zur Vertraulichkeit verpflichtet. [4]Erfolgt die Mitteilung oder Zugänglichmachung der Insiderinformation nach Satz 3 unwissentlich, so ist die Veröffentlichung unverzüglich nachzuholen. [5]In einer Veröffentlichung genutzte Kennzahlen müssen im Geschäftsverkehr üblich sein und einen Vergleich mit den zuletzt genutzten Kennzahlen ermöglichen.</td></tr>
<tr><td colspan="2">(2) [1]Sonstige Angaben, die die Voraussetzungen des Absatzes 1 offensichtlich nicht erfüllen, dürfen, auch in Verbindung mit veröffentlichungspflichtigen Informationen im Sinne des Absatzes 1, nicht veröffentlicht werden. [2]Unwahre Informationen, die nach Absatz 1 veröffentlicht wurden, sind unverzüglich in einer Veröffentlichung nach Absatz 1 zu berichtigen, auch wenn die Voraussetzungen des Absatzes 1 nicht vorliegen.</td></tr>
</table>

<table>
<tr><td>Fassung aufgrund des Zweiten Finanzmarktnovellierungs-gesetzes vom 23.06.2017 (BGBl. I S. 1693, 2446), in Kraft getreten am 03.01.2018</td><td>Fassung aufgrund des Zweiten Finanzmarktnovellierungs-gesetzes vom 23.06.2017 (BGBl. I S. 1693), in Kraft getreten am 25.06.2017</td><td>Fassung aufgrund des Ersten Finanzmarktnovellierungs-gesetzes vom 30.06.2016 (BGBl. I S. 1514), in Kraft getreten am 02.07.2016</td></tr>
<tr><td>§ 26
Übermittlung von Insiderinformationen und von Eigengeschäften; Verordnungsermächtigung</td><td colspan="2">§ 15
Übermittlung von Insiderinformationen und von Eigengeschäften; Rechtsverordnung</td></tr>
<tr><td colspan="3">(3) [1]Verstößt der Emittent gegen die Verpflichtungen nach Absatz 1 oder nach Artikel 17 Absatz 1, 7 oder 8 der Verordnung (EU) Nr. 596/2014, so ist er einem anderen nur unter den Voraussetzungen der §§ 37b und 37c zum Ersatz des daraus entstehenden Schadens verpflichtet. [2]Schadensersatzansprüche, die auf anderen Rechtsgrundlagen beruhen, bleiben unberührt.</td></tr>
<tr><td colspan="3">(4) [1]Das Bundesministerium der Finanzen kann durch Rechtsverordnung, die nicht der Zustimmung des Bundesrates bedarf, nähere Bestimmungen erlassen über</td></tr>
<tr><td colspan="3">1. den Mindestinhalt, die Art, die Sprache, den Umfang und die Form einer Mitteilung nach Absatz 1 oder Absatz 2,</td></tr>
<tr><td colspan="2">2. den Mindestinhalt, die Art, die Sprache, den Umfang und die Form einer Veröffentlichung nach Artikel 17 Absatz 1, 2 und 6 bis 9 der Verordnung (EU) Nr. 596/2014,
3. die Bedingungen, die ein Emittent oder Teilnehmer am Markt für Emissionszertifikate nach Artikel 17 Absatz 4 Unterabsatz 1 der Verordnung (EU) Nr. 596/2014 erfüllen muss, um die Offenlegung von Insiderinformationen aufzuschieben,
4. die Art und Weise der Übermittlung sowie den Mindestinhalt einer Mitteilung nach Artikel 17 Absatz 4 Unterabsatz 3 Satz 1 und Absatz 6 Unterabsatz 1 Satz 1 der Verordnung (EU) Nr. 596/2014,
5. die Art und Weise der Übermittlung einer Insiderliste nach Artikel 18 Absatz 1 Buchstabe c der Verordnung (EU) Nr. 596/2014,
6. die Art und Weise der Übermittlung sowie der Sprache einer Meldung nach Artikel 19 Absatz 1 der Verordnung (EU) Nr. 596/2014 und
7. den Inhalt, die Art, den Umfang und die Form einer zusätzlichen Veröffentlichung der Informationen nach Artikel 19 Absatz 3 der Verordnung (EU) Nr. 596/2014 durch die Bundesanstalt gemäß Artikel 19 Absatz 3 Unterabsatz 3 der Verordnung (EU) Nr. 596/2014.
[2]Das Bundesministerium der Finanzen kann die Ermächtigung durch Rechtsverordnung auf die Bundesanstalt übertragen.</td><td>2. die Bedingungen, die ein Emittent oder Teilnehmer am Markt für Emissionszertifikate nach Artikel 17 Absatz 4 Unterabsatz 1 der Verordnung (EU) Nr. 596/2014 erfüllen muss, um die Offenlegung von Insiderinformationen aufzuschieben,
3. die Art und Weise der Übermittlung einer Mitteilung nach Artikel 17 Absatz 4 Unterabsatz 3 Satz 1 und Absatz 6 Unterabsatz 1 Satz 1 der Verordnung (EU) Nr. 596/2014,
4. die Art und Weise der Übermittlung einer Insiderliste nach Artikel 18 Absatz 1 Buchstabe c der Verordnung (EU) Nr. 596/2014 und
5. die Art und Weise der Übermittlung einer Meldung nach Artikel 19 Absatz 1 der Verordnung (EU) Nr. 596/2014.
[2]Das Bundesministerium der Finanzen kann die Ermächtigung durch Rechtsverordnung auf die Bundesanstalt übertragen.</td></tr>
</table>

<table>
<tr><th>Fassung aufgrund des
Transparenzrichtlinien-Umsetzungsgesetzes
vom 05.01.2007
(BGBl. I S. 10),
in Kraft getreten am 20.01.2007</th><th>Fassung aufgrund des
Anlegerschutzverbesserungsgesetzes
vom 28.10.2004
(BGBl. I S. 2630),
in Kraft getreten am 30.10.2004</th></tr>
<tr><td>§ 15
Mitteilung, Veröffentlichung und Übermittlung von Insiderinformationen an das Unternehmensregister</td><td>§ 15
Veröffentlichung und Mitteilung von Insiderinformationen</td></tr>
<tr><td colspan="2">(3) [1]Der Emittent ist von der Pflicht zur Veröffentlichung nach Absatz 1 Satz 1 solange befreit, wie es der Schutz seiner berechtigten Interessen erfordert, keine Irreführung der Öffentlichkeit zu befürchten ist und der Emittent die Vertraulichkeit der Insiderinformation gewährleisten kann. [2]Die Veröffentlichung ist unverzüglich nachzuholen. [3]Absatz 4 gilt entsprechend. [4]Der Emittent hat die Gründe für die Befreiung zusammen mit der Mitteilung nach Absatz 4 Satz 1 der Bundesanstalt unter Angabe des Zeitpunktes der Entscheidung über den Aufschub der Veröffentlichung mitzuteilen.</td></tr>
<tr><td colspan="2">(4) [1]Der Emittent hat die nach Absatz 1 oder Absatz 2 Satz 2 zu veröffentlichende Information vor der Veröffentlichung</td></tr>
<tr><td>1. der Geschäftsführung der inländischen organisierten Märkte, an denen die Finanzinstrumente zum Handel zugelassen sind,
2. der Geschäftsführung der inländischen organisierten Märkte, an denen Derivate gehandelt werden, die sich auf die Finanzinstrumente beziehen, und
3. der Bundesanstalt
mitzuteilen. [2]Absatz 1 Satz 6 sowie die Absätze 2 und 3 gelten entsprechend. [3]Die Geschäftsführung darf die ihr nach Satz 1 mitgeteilte Information vor der Veröffentlichung nur zum Zweck der Entscheidung verwenden, ob die Ermittlung des Börsenpreises auszusetzen oder einzustellen ist. [4]Die Bundesanstalt kann gestatten, dass Emittenten mit Sitz im Ausland die Mitteilung nach Satz 1 gleichzeitig mit der Veröffentlichung vornehmen, wenn dadurch die Entscheidung der Geschäftsführung über die Aussetzung oder Einstellung der Ermittlung des Börsenpreises nicht beeinträchtigt wird.</td><td>1. der Geschäftsführung der organisierten Märkte, an denen die Finanzinstrumente zum Handel zugelassen sind,
2. der Geschäftsführung der organisierten Märkte, an denen Derivate gehandelt werden, die sich auf die Finanzinstrumente beziehen, und
3. der Bundesanstalt
mitzuteilen. [2]Absatz 1 Satz 5 sowie die Absätze 2 und 3 gelten entsprechend. [3]Die Geschäftsführung darf die ihr nach Satz 1 mitgeteilte Information vor der Veröffentlichung nur zum Zweck der Entscheidung verwenden, ob die Ermittlung des Börsenpreises auszusetzen oder einzustellen ist. [4]Die Bundesanstalt kann gestatten, dass Emittenten mit Sitz im Ausland die Mitteilung nach Satz 1 gleichzeitig mit der Veröffentlichung vornehmen, wenn dadurch die Entscheidung der Geschäftsführung über die Aussetzung oder Einstellung der Ermittlung des Börsenpreises nicht beeinträchtigt wird.</td></tr>
</table>

Fassung aufgrund des Zweiten Finanzmarktnovellierungsgesetzes vom 23.06.2017 (BGBl. I S. 1693, 2446), in Kraft getreten am 03.01.2018	Fassung aufgrund des Zweiten Finanzmarktnovellierungsgesetzes vom 23.06.2017 (BGBl. I S. 1693), in Kraft getreten am 25.06.2017	Fassung aufgrund des Ersten Finanzmarktnovellierungsgesetzes vom 30.06.2016 (BGBl. I S. 1514), in Kraft getreten am 02.07.2016
§ 26 *Übermittlung von Insiderinformationen und von Eigengeschäften; Verordnungsermächtigung*	**§ 15** *Übermittlung von Insiderinformationen und von Eigengeschäften; Rechtsverordnung*	

<table>
<tr><th>Fassung aufgrund des
Transparenzrichtlinien-Umsetzungsgesetzes
vom 05.01.2007
(BGBl. I S. 10),
in Kraft getreten am 20.01.2007</th><th>Fassung aufgrund des
Anlegerschutzverbesserungsgesetzes
vom 28.10.2004
(BGBl. I S. 2630),
in Kraft getreten am 30.10.2004</th></tr>
<tr><td>§ 15
Mitteilung, Veröffentlichung und Übermittlung von Insiderinformationen an das Unternehmensregister</td><td>§ 15
Veröffentlichung und Mitteilung von Insiderinformationen</td></tr>
<tr><td>(5) [1]Eine Veröffentlichung von Insiderinformationen in anderer Weise als nach Absatz 1 in Verbindung mit einer Rechtsverordnung nach Absatz 7 Satz 1 Nr. 1 darf nicht vor der Veröffentlichung nach Absatz 1 Satz 1, 4 oder 5 oder Absatz 2 Satz 2 vorgenommen werden. [2]Der Inlandsemittent hat gleichzeitig mit den Veröffentlichungen nach Absatz 1 Satz 1, Satz 4 oder Satz 5 oder Absatz 2 Satz 2 diese der Geschäftsführung der in Absatz 4 Satz 1 Nr. 1 und 2 erfassten organisierten Märkte und der Bundesanstalt mitzuteilen; diese Verpflichtung entfällt, soweit die Bundesanstalt nach Absatz 4 Satz 4 gestattet hat, bereits die Mitteilung nach Absatz 4 Satz 1 gleichzeitig mit der Veröffentlichung vorzunehmen.</td><td>(5) [1]Eine Veröffentlichung von Insiderinformationen in anderer Weise als nach Absatz 1 in Verbindung mit einer Rechtsverordnung nach Absatz 7 Nr. 1 darf nicht vor der Veröffentlichung nach Absatz 1 Satz 1, 3 oder 4 oder Absatz 2 Satz 2 vorgenommen werden. [2]Der Emittent hat die Veröffentlichungen nach Satz 1 unverzüglich der Geschäftsführung der in Absatz 4 Satz 1 Nr. 1 und 2 erfassten organisierten Märkte und der Bundesanstalt zu übersenden, soweit nicht die Bundesanstalt nach Absatz 4 Satz 4 gestattet hat, die Mitteilung nach Absatz 4 Satz 1 gleichzeitig mit der Veröffentlichung vorzunehmen.</td></tr>
<tr><td colspan="2">(6) [1]Verstößt der Emittent gegen die Verpflichtungen nach den Absätzen 1 bis 4, so ist er einem anderen nur unter den Voraussetzungen der §§ 37b und 37c zum Ersatz des daraus entstehenden Schadens verpflichtet. [2]Schadenersatzansprüche, die auf anderen Rechtsgrundlagen beruhen, bleiben unberührt.
(7) [1]Das Bundesministerium der Finanzen kann durch Rechtsverordnung, die nicht der Zustimmung des Bundesrates bedarf, nähere Bestimmungen erlassen über</td></tr>
<tr><td>1. den Mindestinhalt, die Art, die Sprache, den Umfang und die Form der Veröffentlichung nach Absatz 1 Satz 1, 4 und 5 sowie Absatz 2 Satz 2,
2. den Mindestinhalt, die Art, die Sprache, den Umfang und die Form einer Mitteilung nach Absatz 3 Satz 4, Absatz 4 und Absatz 5 Satz 2 und</td><td>1. den Mindestinhalt, die Art, den Umfang und die Form der Veröffentlichung nach Absatz 1 Satz 1, 3 und 4 sowie Absatz 2 Satz 2,
2. den Mindestinhalt, die Art, den Umfang und die Form einer Mitteilung nach Absatz 3 Satz 4 und Absatz 4 und</td></tr>
<tr><td colspan="2">3. berechtigte Interessen des Emittenten und die Gewährleistung der Vertraulichkeit nach Absatz 3.
[2]Das Bundesministerium der Finanzen kann die Ermächtigung durch Rechtsverordnung auf die Bundesanstalt für Finanzdienstleistungsaufsicht übertragen.</td></tr>
</table>

Anhang IV

Synopse § 97 WpHG

Fassung aufgrund des Zweiten Finanzmarktnovellierungsgesetzes vom 23.06.2017 (BGBl. I S. 1693), in Kraft getreten am 03.01.2018	Fassung aufgrund des Kleinanlegerschutzgesetzes vom 03.07.2015 (BGBl. I S. 1114), in Kraft getreten am 10.07.2015	Fassung aufgrund des Anlegerschutzverbesserungsgesetzes vom 28.10.2004 (BGBl. I S. 2630), in Kraft getreten am 30.10.2004
§ 97 *Schadenersatz wegen unterlassener unverzüglicher Veröffentlichung von Insiderinformationen*	§ 37b *Schadenersatz wegen unterlassener unverzüglicher Veröffentlichung von Insiderinformationen*	
(1) Unterlässt es ein Emittent, der für seine Finanzinstrumente die Zulassung zum Handel an einem inländischen Handelsplatz genehmigt oder an einem inländischen regulierten Markt oder multilateralen Handelssystem beantragt hat, unverzüglich eine Insiderinformation, die ihn unmittelbar betrifft, nach Artikel 17 der Verordnung (EU) Nr. 596/2014 zu veröffentlichen, ist er einem Dritten zum Ersatz des durch die Unterlassung entstandenen Schadens verpflichtet, wenn der Dritte	(1) Unterlässt es der Emittent von Finanzinstrumenten, die zum Handel an einer inländischen Börse zugelassen sind, unverzüglich eine Insiderinformation zu veröffentlichen, die ihn unmittelbar betrifft, ist er einem Dritten zum Ersatz des durch die Unterlassung entstandenen Schadens verpflichtet, wenn der Dritte	
1. die Finanzinstrumente nach der Unterlassung erwirbt und er bei Bekanntwerden der Insiderinformation noch Inhaber der Finanzinstrumente ist oder 2. die Finanzinstrumente vor dem Entstehen der Insiderinformation erwirbt und nach der Unterlassung veräußert. (2) Nach Absatz 1 kann nicht in Anspruch genommen werden, wer nachweist, dass die Unterlassung nicht auf Vorsatz oder grober Fahrlässigkeit beruht. (3) Der Anspruch nach Absatz 1 besteht nicht, wenn der Dritte die Insiderinformation im Falle des Absatzes 1 Nr. 1 bei dem Erwerb oder im Falle des Absatzes 1 Nr. 2 bei der Veräußerung kannte.		
(4) Weitergehende Ansprüche, die nach Vorschriften des bürgerlichen Rechts auf Grund von Verträgen oder vorsätzlichen unerlaubten Handlungen erhoben werden können, bleiben unberührt.		(4) Der Anspruch nach Absatz 1 verjährt in einem Jahr von dem Zeitpunkt an, zu dem der Dritte von der Unterlassung Kenntnis erlangt, spätestens jedoch in drei Jahren seit der Unterlassung.
(5) Eine Vereinbarung, durch die Ansprüche des Emittenten gegen Vorstandsmitglieder wegen der Inanspruchnahme des Emittenten nach Absatz 1 im Voraus ermäßigt oder erlassen werden, ist unwirksam.	(5) Weitergehende Ansprüche, die nach Vorschriften des bürgerlichen Rechts auf Grund von Verträgen oder vorsätzlichen unerlaubten Handlungen erhoben werden können, bleiben unberührt.	
		(6) Eine Vereinbarung, durch die Ansprüche des Emittenten gegen Vorstandsmitglieder wegen der Inanspruchnahme des Emittenten nach Absatz 1 im Voraus ermäßigt oder erlassen werden, ist unwirksam.

Anhang V

Synopse § 98 WpHG

Fassung aufgrund des Zweiten Finanzmarktnovellierungsgesetzes vom 23.06.2017 (BGBl. I S. 1693), in Kraft getreten am 03.01.2018	Fassung aufgrund des Ersten Finanzmarktnovellierungsgesetzes vom 30.06.2016 (BGBl. I S. 1514), in Kraft getreten am 02.07.2016	Fassung aufgrund des Kleinanlegerschutzgesetzes vom 03.07.2015 (BGBl. I S. 1114), in Kraft getreten am 10.07.2015	Fassung aufgrund des Anlegerschutzverbesserungsgesetzes vom 28.10.2004 (BGBl. I S. 2630), in Kraft getreten am 30.10.2004
§ 98 *Schadenersatz wegen Veröffentlichung unwahrer Insiderinformationen*	§ 37c *Schadenersatz wegen Veröffentlichung unwahrer Insiderinformationen*		
(1) Veröffentlicht ein Emittent, der für seine Finanzinstrumente die Zulassung zum Handel an einem inländischen Handelsplatz genehmigt oder an einem inländischen regulierten Markt oder multilateralen Handelssystem beantragt hat, in einer Mitteilung nach Artikel 17 der Verordnung (EU) Nr. 596/2014 eine unwahre Insiderinformation, die ihn unmittelbar betrifft, ist er einem Dritten zum Ersatz des Schadens verpflichtet, der dadurch entsteht, dass der Dritte auf die Richtigkeit der Insiderinformation vertraut, wenn der Dritte	(1) Veröffentlicht der Emittent von Finanzinstrumenten, die zum Handel an einer inländischen Börse zugelassen sind, in einer Mitteilung nach Artikel 17 der Verordnung (EU) Nr. 596/2014 eine unwahre Insiderinformation, die ihn unmittelbar betrifft, ist er einem Dritten zum Ersatz des Schadens verpflichtet, der dadurch entsteht, dass der Dritte auf die Richtigkeit der Insiderinformation vertraut, wenn der Dritte	(1) Veröffentlicht der Emittent von Finanzinstrumenten, die zum Handel an einer inländischen Börse zugelassen sind, in einer Mitteilung nach § 15 eine unwahre Insiderinformation, die ihn unmittelbar betrifft, ist er einem Dritten zum Ersatz des Schadens verpflichtet, der dadurch entsteht, dass der Dritte auf die Richtigkeit der Insiderinformation vertraut, wenn der Dritte	
1. die Finanzinstrumente nach der Veröffentlichung erwirbt und er bei dem Bekanntwerden der Unrichtigkeit der Insiderinformation noch Inhaber der Finanzinstrumente ist oder 2. die Finanzinstrumente vor der Veröffentlichung erwirbt und vor dem Bekanntwerden der Unrichtigkeit der Insiderinformation veräußert. (2) Nach Absatz 1 kann nicht in Anspruch genommen werden, wer nachweist, dass er die Unrichtigkeit der Insiderinformation nicht gekannt hat und die Unkenntnis nicht auf grober Fahrlässigkeit beruht. (3) Der Anspruch nach Absatz 1 besteht nicht, wenn der Dritte die Unrichtigkeit der Insiderinformation im Falle des Absatzes 1 Nr. 1 bei dem Erwerb oder im Falle des Absatzes 1 Nr. 2 bei der Veräußerung kannte.			
(4) Weitergehende Ansprüche, die nach Vorschriften des bürgerlichen Rechts auf Grund von Verträgen oder vorsätzlichen unerlaubten Handlungen erhoben werden können, bleiben unberührt.			(4) Der Anspruch nach Absatz 1 verjährt in einem Jahr von dem Zeitpunkt an, zu dem der Dritte von der Unrichtigkeit der Insiderinformation Kenntnis erlangt, spätestens jedoch in drei Jahren seit der Veröffentlichung.
(5) Eine Vereinbarung, durch die Ansprüche des Emittenten gegen Vorstandsmitglieder wegen der Inanspruchnahme des Emittenten nach Absatz 1 im Voraus ermäßigt oder erlassen werden, ist unwirksam.			(5) Weitergehende Ansprüche, die nach Vorschriften des bürgerlichen Rechts auf Grund von Verträgen oder vorsätzlichen unerlaubten Handlungen erhoben werden können, bleiben unberührt.
			(6) Eine Vereinbarung, durch die Ansprüche des Emittenten gegen Vorstandsmitglieder wegen der Inanspruchnahme des Emittenten nach Absatz 1 im Voraus ermäßigt oder erlassen werden, ist unwirksam.

Literaturverzeichnis

Abril, Patricia Sánchez/Olazábal, Ann Morales: The Locus of Corporate Scienter, Columbia Business Law Review 2006, S. 81–166.

Adler, Andree: Wissen und Wissenszurechnung, insbesondere bei arbeitsteilig aufgebauten Organisationen, Mainz 1997.

Aghion, Philippe et. al.: Introduction, The Journal of Law, Economics, and Organization 30 (2014), Supplement, S. I1 – I12.

Akerlof, George A.: The Market for "Lemons": Quality Uncertainty and the Market Mechanism, The Quarterly Journal of Economics 84 (1970), S. 488–500.

Alexander, Janet Cooper: Rethinking Damages in Securities Class Actions, Stanford Law Review 48 (1996), S. 1487–1538.

Alexy, Robert: Theorie der Grundrechte, Frankfurt a. M. 1994.

Anderson, Karen/Edwards, Harry: England & Wales, in: Savitt, William (Hrsg.): The Securities Litigation Review, 3. Auflage, London 2017, S. 91–111.

Aristoteles: Nikomachische Ethik, Hamburg 1995.

Arlen, Jennifer H./Carney, William J.: Vicarious Liability for Fraud on Securities Markets: Theory and Evidence, University of Illinois Law Review 1992, S. 691–740.

Arlen, Jennifer H./Kraakman, Reinier H.: Controlling Corporate Misconduct: An Analysis of Corporate Liability Regimes, New York University Law Review 72 (1997), S. 687–779.

Armbrüster, Christian: § 119, in: Münchener Kommentar zum BGB, 7. Auflage, München 2015.

– § 123, in: Münchener Kommentar zum BGB, 7. Auflage, München 2015.

Armour, John/Eidenmüller, Horst: Negotiating Brexit, München 2017.

Arnold, Stefan: Vertrag und Verteilung, Tübingen 2014.

Arsouze, Charles: Réflexions sur les propositions du Rapport Coulon concernant le pouvoir de sanction de l'AMF, Bulletin Joly Bourse, 2008, S. 246 – 257

Arsouze, Charles/Ledoux, Patrick: Indemnisation des victimes d'infractions boursières, Bulletin Joly Bourse, 2006, S. 399–442.

Bachmann, Gregor: Anmerkung zum Urteil des BGH vom 13.12.2011 über die Haftung wegen fehlerhafter Kapitalmarktinformation (XI ZR 51/10), JZ 2012, S. 578–582.

Bainbridge, Stephen M.: An overview of insider trading law and policy: an introduction to the *Research Handbook on Insider Trading,* in: Bainbridge, Stephen M./Warren, William D. (Hrsg.): Research Handbook on Insider Trading, Cheltenham 2013, S. 1–30.

Barth, Marcel: Schadensberechnung bei Haftung wegen fehlender Kapitalmarktinformation, Frankfurt a. M. 2006.

Bartmann, Niklas: Ad-hoc-Publizität im Konzern, Berlin 2017.

Baum, Marcus: Die Wissenszurechnung, Berlin 1999.

Baumann, Horst: Die Kenntnis juristischer Personen des Privatrechts von rechtserheblichen Umständen, ZGR 1973, S. 284–299.

Baums, Theodor: Haftung wegen Falschinformation des Sekundärmarktes, ZHR 167 (2003), S. 139–192.

Bebchuk, Lucian A/Ferrell, Allen: Rethinking *Basic*, The Business Lawyer 69 (2014), S. 671–697.

Berger, Christian: Schadensersatzleistung an den Sachbesitzer – Grundlagen, Voraussetzungen und Rechtsfolgen des § 851 BGB, VersR 2001, S. 419–422.

Böckel, Margret/Grünewald, Andreas: Portugal, in: Hopt, Klaus J./Voigt, Hans-Christoph (Hrsg.): Prospekt- und Kapitalmarktinformationshaftung, Tübingen 2005, S. 897–934.

Bohrer, Michael: Anmerkung zu BGH, Urteil vom 8.12.1989 – V ZR 246/87: Wissenszurechnung bei Organen juristischer Personen, DNotZ 1991, S. 124–131.

Bork, Reinhard: Allgemeiner Teil des Bürgerlichen Gesetzbuchs, 4. Auflage, Tübingen 2016.

Bratton, William W./Wachter, Michael L.: The Political Economy of Fraud on the Market, University of Pennsylvania Law Review 160 (2011), S. 69–168.

Brellochs, Michael: Publizität und Haftung von Aktiengesellschaften im System des Europäischen Kapitalmarktrechts, München 2005.

Bruchwitz, Sebastian: §§ 37b, 37c, in: Just, Clemens et.al. (Hrsg.): Wertpapierhandelsgesetz (WpHG), Kommentar, 1. Auflage, München 2015.

Buck-Heeb, Petra: Wissen und juristische Person, Wissenszurechnung und Herausbildung zivilrechtlicher Organisationspflichten, Tübingen 2001.

– Private Kenntnis in Banken und Unternehmen – Haftungsvermeidung durch Einhaltung von Organisationspflichten, WM 2008, S. 281–285.

– Wissenszurechnung und Verschwiegenheitspflicht von Aufsichtsratsmitgliedern – Zugleich Besprechung der Urteile des XI. Zivilsenats vom 26.4.2016, WM 2016, S. 1469–1474.

– Neuere Rechtsprechung zur Haftung wegen fehlerhafter oder fehlender Kapitalmarktinformation, NZG 2016, S. 1125–1133.

Busche, Jan: § 142, in: Münchener Kommentar zum BGB, 7. Auflage, München 2015.

Busch, Danny: Private Enforcement of MAR in European Law, 2016, verfügbar bei: https://ssrn.com/abstract=2900854.

Caemmerer, Ernst von: Das Verschuldensprinzip in rechtsvergleichender Sicht, RabelsZ 42 (1978), S. 5–27.

Cahn, Andreas: Grenzen des Markt- und Anlegerschutzes durch das WpHG, ZHR 162 (1998), S. 1–50.

Calabresi, Guido: The Costs of Accidents – A Legal and Economic Analysis, New Haven and London 1970.

Campobasso, Mario: L'Imputazione di conoscenza nelle società, Mailand 2002.

Cardi, Bertrand/Mennesson, Nicolas: France, in: Savitt, William (Hrsg.): The Securities Litigation Review, 3. Auflage, London 2017, S. 112–122.

Casanova, Nuno Salazar/Cordas, Nair Maurício: Portugal, in: Savitt, William (Hrsg.): The Securities Litigation Review, 3. Auflage, London 2017, S. 204–214.

Casper, Matthias: The Significance of the Law of Tort with the Example of the Civil Liability for Erroneous ad hoc Disclosure, in: Schulze, Reiner (Hrsg.): Compensation of Private Losses, München 2011, S. 91–114.

Caspers, Georg: § 276, in: Staudinger Kommentar zum BGB, Berlin 2014.

Christensen, Hans B./Hail, Luzi/Leuz, Christian: Capital-Market Effects of Securities Regulation: Prior Conditions, Implementation, and Enforcement, Review of Financial Studies 29 (2016), S. 2885–2924.

Claussen, Carsten P.: Die vier aktienrechtlichen Änderungsgesetze des 12. Bundestages, AG 1995, S. 163–172.

Claussen, Carsten P./Florian, Ulrich: Der Emittentenleitfaden, AG 2005, S. 745–765.

Coase, Ronald H.: The Nature of the Firm, Economica 4 (1937), S. 386–405.

Coen, Christoph: § 14, in: Graf, Jürgen-Peter (Hrsg.): Beck'scher Online-Kommentar OWiG, 17. Edition, Stand: 01.01.2018.

Coffee, Jr., John C.: Market Failure and the Economic Case for a Mandatory Disclosure System, Virginia Law Review 70 (1984), S. 717–753.

– Reforming the Securities Class Action: An Essay on Deterrence and Its Implementation, Columbia Law Review 106 (2006), S. 1534–1586.

Cumming, Douglas J./Groh, Alexander Peter/Johan, Sofia: Same Rules, Different Enforcement: Market Abuse in Europe, 2016, verfügbar unter: https://papers.ssrn.com/sol3/papers.cfm?abstract_id=2399064.

Daeniker, Daniel: Unternehmenskommunikation am Kapitalmarkt: Ein Balanceakt zwischen Reputation und Recht, in: Weber, Rolf H. et. al.: Aktuelle Herausforderungen des Gesellschafts- und Finanzmarktrechts: Festschrift für Hans Caspar von der Crone zum 60. Geburtstag, Zürich 2017, S. 535–554.

Davies, Paul: Liability for misstatements to the market: A discussion paper by Professor Paul Davies QC, Davies Review of Issuer Liability, London 2007.

Dedeyan, Daniel: Regulierung der Unternehmenskommunikation – Aktien- und Kapitalmarktrecht auf kommunikationstheoretischer Grundlage, Zürich 2015.

– Haftung als Regulierungsinstrument im Finanzmarktrecht? – Am Beispiel der Ad-hoc-Publizität, in: Weber, Rolf H./Stoffel, Walter A./Chenaux, Jean-Luc/Sethe, Rolf: Aktuelle Herausforderungen des Gesellschafts- und Finanzmarktrechts: Festschrift für Hans Caspar von der Crone zum 60. Geburtstag, Zürich 2017, S. 619–635.

DeMott, Deborah A.: When is a Principal Charged with an Agent's Knowledge?, Duke Journal of Comparative & International Law 13 (2003), S. 291–320.

Dirigo, Alexander: Haftung für fehlerhafte Ad-hoc-Publizität, Berlin 2011.

Dörr, Oliver: Art. 55 EUV, in: Grabitz, Eberhard (Begr.)/Hilf, Meinhard (Fortg.)/Nettesheim, Martin (Hrsg.): Das Recht der Europäischen Union, 62. EL (Juli 2017).

Drobnig, Ulrich: Methodenfragen der Rechtsvergleichung im Lichte der "International Encyclopedia of Comparative Law", in: Caemmerer, Ernst von/Mentschikoff, Soia/Zweigert, Konrad (Hrsg.): Ius privatum gentium, Festschrift für Max Rheinstein zum 70. Geburtstag am 5. Juli 1969, Band I: Rechtsmethodik und Internationales Recht, Tübingen 1969, S. 221–233.

Duffy, Michael: "Fraud on the Market": Judicial Approaches to Causation and Loss from Securities Nondisclosure in the United States, Canada and Australia, Melbourne University Law Review 29 (2005), S. 621–664.

Easterbrook, Frank H./Fischel, Daniel R.: Limited Liability and the Corporation, University of Chicago Law Review 52 (1985), S. 89–117.

Eckl, Christian: Spanien, in: Hopt, Klaus J./Voigt, Hans-Christoph (Hrsg.): Prospekt- und Kapitalmarktinformationshaftung, Tübingen 2005, S. 945–998.

Ehricke, Ulrich: Deutschland, in: Hopt, Klaus J./Voigt, Hans-Christoph (Hrsg.): Prospekt- und Kapitalmarktinformationshaftung, Tübingen 2005, S. 187–326.

Eidenmüller, Horst: Effizienz als Rechtsprinzip, Möglichkeiten und Grenzen der ökonomischen Analyse des Rechts, 4. Auflage, Tübingen 2015.

Enneccerus, Ludwig/Nipperdey, Hans Carl: Allgemeiner Teil des Bürgerlichen Rechts, Band I/1, 15. Auflage, Tübingen 1959/60.

Erlei, Mathias/Leschke, Martin/Sauerland, Dirk: Institutionenökonomik, 3. Auflage, Stuttgart 2016.

Ernst, Wolfgang: § 311a, in: Münchener Kommentar zum BGB, 7. Auflage, München 2016.

Ertel, Karin: Die Wissenszurechnung im deutschen und anglo-amerikanischen Zivilrecht, Mannheim 1998.

Fama, Eugene F.: Efficient Capital Markets: A Review of Theory and Empirical Work, The Journal of Finance 25 (1970), S. 383–417.

– Efficient Capital Markets: II, The Journal of Finance 46 (1991), S. 1575–1617.

– Market efficiency, long-term returns, and behavioral finance, Journal of Financial Economics 49 (1998), S. 283–306.

Faßbender, Christian A.: Innerbetriebliches Wissen und bankrechtliche Aufklärungspflichten, Berlin 1998.

Faßbender, Christian A./Neuhaus, Heiner: Zum aktuellen Stand der Diskussion in der Frage der Wissenszurechnung, WM 2002, S. 1253–1259.

Ferran, Eilis: Are US-Style Investor Suits Coming to the UK?, Journal of Corporate Law Studies 2009, S. 315–348.

Ferranini, Guido/Leonardi, Marco: Italien, in: Hopt, Klaus J./Voigt, Hans-Christoph (Hrsg.): Prospekt- und Kapitalmarktinformationshaftung, Tübingen 2005, S. 713–730.

Ferreira de Almeida, Carlos: Caducidade do Direito a Indemnização por Informação Deficiente no Âmbito dos Mercados de Valores Mobiliários, Cadernos do Mercado de Valores Mobiliários 54 (2016), S. 9–22.

Fischel, Daniel R.: Use of Modern Finance Theory in Securities Fraud Cases Involving Actively Traded Securities, The Business Lawyer 38 (1982), S. 1–20.

Fleischer, Holger: The Financial Services and Markets Act 2000: Neues Börsen- und Kapitalmarktrecht für das Vereinigte Königreich, RIW 2001, S. 817–825.

– Das Vierte Finanzmarktförderungsgesetz, NJW 2002, S. 2977–2987.

– in: Fleischer, Holger/Merkt, Hanno (Hrsg.): Verhandlungen des 64. Deutschen Juristentages Berlin 2002, Band I, Gutachten F und G, München 2002.

– Finanzinvestoren im ordnungspolitischen Gesamtgefüge von Aktien-, Bankaufsichts- und Kapitalmarktrecht, ZGR 2008, S. 185–224.

– § 78, in: Spindler, Gerald/Stilz, Eberhard (Hrsg.): Kommentar zum Aktiengesetz, 3. Auflage, München 2015.

– § 20a, in: Fuchs, Andreas (Hrsg.): Wertpapierhandelsgesetz (WpHG), Kommentar, 2. Auflage, München 2016.

– § 43, in: Münchener Kommentar zum GmbHG, 3. Auflage, München 2018.

Fleischer, Holger/Jänig, Ronny: Verantwortlichkeit für falsche Kapitalmarktinformationen in Frankreich – das droit des marchés financiers, RIW 2002, S. 729–736.

Fleischer, Holger/Schneider, Stephan/Thaten, Marlen: Kapitalmarktrechtlicher Anlegerschutz versus aktienrechtliche Kapitalerhaltung – wie entscheidet der EuGH?, NZG 2012, S. 801–809.

Florstedt, Tim: Recht als Symmetrie, Tübingen 2015.

– Fehlerhafte Ad-hoc-Publizität und Anspruchsberechtigung, AG 2017, S. 557–568.

Flume, Johannes W.: § 249, in: Bamberger, Heinz Georg/Roth, Herbert (Hrsg.): Beck'scher Online-Kommentar BGB, 44. Edition, Stand: 01.11.2017.

Freund, Georg: § 13, in: Münchener Kommentar zum StGB, 3. Auflage, München 2017.

Fritsche, Jörn: § 286, in: Münchener Kommentar zur ZPO, 5. Auflage, München 2016.

Fuchs, Andreas: Vor §§ 37b, 37c, in: Fuchs, Andreas (Hrsg.): Wertpapierhandelsgesetz (WpHG), Kommentar, 2. Auflage, München 2016.

– §§ 37b, 37c, in: Fuchs, Andreas (Hrsg.): Wertpapierhandelsgesetz (WpHG), Kommentar, 2. Auflage, München 2016.

Gasteyer, Thomas/Goldschmidt, Christoph-Ulrich: Wissenszurechnung bei juristischen Personen und im Konzern, AG 2016, S. 116–125.

Gilson, Ronald J./Gordon, Jeffrey N.: The Agency Costs of Agency Capitalism: Activist Investors and the Revaluation of Governance Rights, Columbia Law Review 113 (2013), S. 863–927.

Gilson, Ronald J./Kraakman, Reinier H.: The Mechanisms of Market Efficiency, Virginia Law Review 70 (1984), S. 549–644.

– Market Efficiency after the Financial Crisis: It's Still a Matter of Information Costs, Virginia Law Review 100 (2014), S. 313–375.

Glenn, Patrick H.: Legal Traditions of the World, 5. Auflage, Oxford 2014.

Goldschmidt, Christof-Ulrich: Die Wissenszurechnung: Ein Problem der jeweiligen Wissensnorm, entwickelt am Beispiel des § 463 S. 2 BGB, Berlin 2001.

Goshen, Zohar/Parchomovsky, Gideon: The essential role of securities regulation, Duke Law Journal 55 (2006), S. 711–782.

Grigoleit, Hans Christoph: Gesellschafterhaftung für interne Einflussnahme im Recht der GmbH, München 2006.

– Zivilrechtliche Grundlagen der Wissenszurechnung, ZHR 181 (2017), S. 160–202.

Grossman, Sanford J./Hart, Oliver D.: The Costs and Benefits of Ownership: A Theory of Vertical and Lateral Integration, Journal of Political Economy 94 (1986), S. 691–719.

Grothe, Helmut: § 199, in: Münchener Kommentar zum BGB, 7. Auflage, München 2015.

Grundmann, Stefan: § 276, in: Münchener Kommentar zum BGB, 7. Auflage, München 2016.

Grunewald, Barbara: Wissenszurechnung bei juristischen Personen, in: Beisse, Heinrich/Lutter, Marcus/Närger, Heribald (Hrsg.): Festschrift für Karl Beusch zum 68. Geburtstag am 31. Oktober 1993, Berlin 1993, S. 301–320.

Gursky, Karl-Heinz: § 892, in: Staudinger Kommentar zum BGB, Berlin 2013.

Habersack, Mathias: Die Mitgliedschaft: subjektives und „sonstiges" Recht, Tübingen 1996.

– Verschwiegenheitspflicht und Wissenszurechnung – insbesondere im Konzern und mit Blick auf die Pflicht zur Ad-hoc-Publizität, Zugleich Besprechung des BGH-Urteils vom 26.04.2016 – XI ZR 108/15, DB 2016, S. 1551–1558.

– Einleitung, in: Münchener Kommentar zum AktG, 4. Auflage, München 2016.

– § 808, in: Münchener Kommentar zum BGB, 7. Auflage, München 2017.

Hager, Johannes: § 823 G, in: Staudinger Kommentar zum BGB, Berlin 2009.

Hansmann, Henry: The Ownership of Enterprise, Harvard 1996.

Hastings, Luke/Eastwood, Andrew: Australia, in: Savitt, William (Hrsg.): The Securities Litigation Review, 3. Auflage, London 2017, S. 10–31.

Healy, Paul M./Palepu, Krishna G.: Information asymmetry, corporate disclosure, and the capital markets: A review of the empirical disclosure literature, Journal of Accounting and Economics 31 (2001), S. 405–440.

Heidrich, Carsten: Das Wissen der Bank: Untersuchung dessen, was privatrechtlich das Wissen einer Bank-Aktiengesellschaft ist (Wissenszurechnung) – was sie wissen will, wissen darf (in Auswahl) und warum sie zur Organisation ihres Wissens verpflichtet ist (Wissensorganisationspflicht), Erlangen-Nürnberg 2001.

Hellgardt, Alexander: Kapitalmarktdeliktsrecht: Haftung von Emittenten, Bietern, Organwaltern und Marktintermediären; Grundlagen, Systematik, Einzelfragen, Tübingen 2008.

– Europarechtliche Vorgaben für die Kapitalmarktinformationshaftung – de lege lata und nach Inkrafttreten der Marktmissbrauchsverordnung, AG 2012, S. 154–168.

Henssler, Martin: § 626, in: Münchener Kommentar zum BGB, 7. Auflage, München 2016.

Hernández Sainz, Esther: El abuso de información privilegiada en los mercados de valores, Cizur Menor 2007.

Hopt, Klaus: Die Haftung für Kapitalmarktinformationen – Rechtsvergleichende, rechtsdogmatische und rechtspolitische Überlegungen, in: Kalss, Susanne/Torggler, Ulrich (Hrsg.): Kapitalmarkthaftung und Gesellschaftsrecht, Beiträge zum 1. Wiener Unternehmensrechtstag (2012), Wien 2013, S. 55–81.

Hopt, Klaus J./Kumpan, Christoph: Insidergeschäfte und Ad-hoc-Publizität bei M&A, ZGR 2017, S. 756–828.

Hopt, Klaus J./Voigt, Hans-Christoph: Grundsatz- und Reformprobleme der Prospekt- und Kapitalmarktinformationshaftung, in: Hopt, Klaus J./Voigt, Hans-Christoph (Hrsg.): Prospekt- und Kapitalmarktinformationshaftung, Tübingen 2005. S. 9–160.

Huber, Michael: § 373, in: Musielak, Hans-Joachim/Voit, Wolfgang (Hrsg.), Zivilprozessordnung (ZPO), Kommentar, 14. Auflage, München 2017.

Ihrig, Hans-Christoph: Wissenszurechnung im Kapitalmarktrecht – untersucht anhand der Pflicht zur Ad-hoc-Publizität gemäß Art. 17 MAR, ZHR 181 (2017), S. 381–416.

Iribarren Blanco, Miguel: Responsabilidad civil por la información divulgada por las sociedades cotizadas: su aplicación en los mercados secundarios de valores, Murcia 2008.

Jackson, Howell E./Roe, Mark: Public and private enforcement of securities laws: Resource-based evidence, Journal of Financial Economics 93 (2009), S. 207–238.

Jakobs, Horst Heinrich/Schubert, Werner: Die Beratung des Bürgerlichen Gesetzbuchs, Allgemeiner Teil, Teilband 1, §§ 1–240, Berlin 1985.

Jayme, Erik: Narrative Normen im Internationalen Privat- und Verfahrensrecht, Tübingen 1993.

Jeng, Leslie A./Metrick, Andrew/Zeckhauser, Richard: Estimating the Returns to Insider Trading: A Performance-Evaluation Perspective, Review of Economics and Statistics 85 (2003), S. 453–471.

Jhering, Rudolf von: Das Schuldmoment im römischen Privatrecht, eine Festschrift, Gießen 1867.

Joecks, Wolfgang: § 16, in: Münchener Kommentar zum StGB, 3. Auflage, München 2017.

– § 25, in: Münchener Kommentar zum StGB, 3. Auflage, München 2017.

Jones, Michael T: Where to Point the Finger: *Omnicare*'s Attempt to Rectify the Collective Scienter Debate, Boston College Law Review 57 (2016), S. 695–729.

Kalss, Susanne: Anlegerinteressen: Der Anleger im Handlungsdreieck von Vertrag, Verband und Markt, Wien 2000.

– Der zivilrechtliche Schutz der Anleger in Österreich – ein Überblick über die große Verfahrenswelle, ZBB 2013, S. 126–137.

Kalss, Susanne/Oppitz, Martin: Prospekt- und Kapitalmarktinformationshaftung in Österreich, in: Hopt, Klaus J./Voigt, Hans-Christoph (Hrsg.): Prospekt- und Kapitalmarktinformationshaftung, Tübingen 2005, S. 811–896.

Kalss, Susanne/Oppitz, Martin/Zollner, Johannes: Kapitalmarktrecht, Band I, 2. Auflage, Wien 2015.

Klöhn, Lars: Kapitalmarkt, Spekulation und Behavioral Finance, Eine interdisziplinäre und vergleichende Analyse zum Fluch und Segen der Spekulation und ihrer Regulierung durch Recht und Markt, Berlin 2006.

– Die Regelung selektiver Informationsweitergabe gem. § 15 Abs. 1 Satz 4 u. 5 WpHG – eine Belastungsprobe, WM 2010, S. 1869–1882.

– § 13, in: Kölner Kommentar zum WpHG, 2. Auflage, Köln 2014.

– Vor § 15, in: Kölner Kommentar zum WpHG, 2. Auflage, Köln 2014.

– § 15, in: Kölner Kommentar zum WpHG, 2. Auflage, Köln 2014.

– Der Aufschub der Ad-hoc-Publizität wegen überwiegender Geheimhaltungsinteressen des Emittenten gem. § 15 Abs. 3 WpHG, ZHR 178 (2014), S. 55–97.

– Ad-hoc-Publizität und Insiderverbot im neuen Marktmissbrauchsrecht, AG 2016, S. 423–434.

– Die (Ir-)Relevanz der Wissenszurechnung im neuen Recht der Ad-hoc-Publizität und des Insiderhandelsverbots, NZG 2017, S. 1285–1292.

Klöhn, Lars/Schmolke, Klaus Ulrich: Der Aufschub der Ad-hoc-Publizität nach Art. 17 Abs. 4 MAR zum Schutz der Unternehmensreputation, ZGR 2016, S. 866–896.

Klöpper, Winfried: Börsennotierte Aktiengesellschaft und Anlegerschutz, in: Hauschka, Christoph E. (Hrsg.): Corporate Compliance, Handbuch der Haftungsvermeidung im Unternehmen, 2. Auflage, München 2010.

Koch, Jens: Wissenszurechnung aus dem Aufsichtsrat, ZIP 2015, S. 1757–1767.

– § 546, in: Saenger, Ingo (Hrsg.): Zivilprozessordnung (ZPO), Kommentar, 7. Auflage, 2017.

Koch, Philipp: § 19, Veröffentlichung von Insiderinformationen, in: Veil, Rüdiger (Hrsg.): Europäisches Kapitalmarktrecht, 2. Auflage, Tübingen 2014, S. 377–430.

Köndgen, Johannes: Die Ad hoc-Publizität als Prüfstein informationsrechtlicher Prinzipien, in: Schweizer, Rainer J. (Hrsg.): Festschrift für Jean Nicolas Druey zum 65. Geburtstag, Zürich 2002, S. 791–815.

König, Volker: Die grobe Fahrlässigkeit, Berlin 1998.

Kohler, Jürgen: § 892, in: Münchener Kommentar zum BGB, 7. Auflage, München 2017.

Kornhauser, Lewis A.: Economic Analysis of the Choice between Enterprise and Personal Liability for Accidents, California Law Review 70 (1982), S. 1345–1392.

Kowalewski, Jörn: Schweiz, in: Hopt, Klaus J./Voigt, Hans-Christoph (Hrsg.): Prospekt- und Kapitalmarktinformationshaftung, Tübingen 2005, S. 999–1100.

Kronke, Herbert/Haubold, Jens: Teil L, in: Kronke, Herbert/Melis, Werner/Schnyder, Anton K. (Hrsg.): Handbuch Internationales Wirtschaftsrecht, 2. Auflage, Köln 2017, S. 1616–1828.

Krüger, Wolfgang: § 546, in: Münchener Kommentar zur ZPO, 5. Auflage, München 2016.

Kübel, Franz Philipp von: Recht der Schuldverhältnisse, in: Schubert, Werner (Hrsg.): Die Vorlagen der Redaktoren für die erste Kommission zur Ausarbeitung des Entwurfs eines Bürgerlichen Gesetzbuches, Recht der Schuldverhältnisse, Band 1: Allgemeiner Teil, Berlin 1980.

Kudlich, Hans: § 15, in: Heintschel-Heinegg, Bernd von (Hrsg.): Beck'scher Online-Kommentar StGB, 36. Edition, Stand: 01.11.2017.
Kulms, Rainer: USA, in: Hopt, Klaus J./Voigt, Hans-Christoph (Hrsg.): Prospekt- und Kapitalmarktinformationshaftung, Tübingen 2005, S. 1101–1154.
Kumpan, Christoph: § 37b WpHG, in: Baumbach, Adolf (Begr.)/Hopt, Klaus J. et. al. (Bearb.): Handelsgesetzbuch (HGB), mit GmbH & Co., Handelsklauseln, Bank- und Börsenrecht, Transportrecht (ohne Seerecht), Kommentar, 37. Auflage, München 2016.
Langenbucher, Katja: Kapitalerhaltung und Kapitalmarkthaftung, ZIP 2005, S. 239–245.
– Zum Begriff der Insiderinformation nach dem Entwurf für eine Marktmissbrauchsverordnung, NZG 2013, S. 1401–1406.
Langevoort, Donald C.: Capping Damages for Open-Market Securities Fraud, Arizona Law Review 38 (1996), S. 639–664.
– Agency Law Inside the Corporation: Problems of Candor and Knowledge, University of Cincinnati Law Review 71 (2003), S. 1187–1231.
– On Leaving Corporate Executives "Naked, Homeless and without Wheels": Corporate Fraud, Equitable Remedies, and the Debate over Entity versus Individual Liability, Wake Forest Law Review 42 (2007), S. 627–661.
Larenz; Karl/Canaris, Claus-Wilhelm: Lehrbuch des Schuldrechts, Band II/2, 13. Auflage, München 1994.
– Methodenlehre der Rechtswissenschaft, Studienausgabe, 3. Auflage, Berlin et.al. 1995.
Lebherz, Axel: Emittenten-Compliance – Organisation zur Sicherstellung eines rechtskonformen Publizitätsverhaltens, Baden-Baden 2008.
Leipold, Dieter: § 2078, in: Münchener Kommentar zum BGB, 7. Auflage, München 2017.
Leyendecker-Langner, Benjamin E./Kleinhenz, Holger M.: Emittentenhaftung für Insiderwissen im Aufsichtsrat bei fehlender Selbstbefreiung nach § 15 Abs. 3 WpHG, AG 2015, S. 72–77.
Leyens, Patrick C./Magnus, Ulrich: England, in: Hopt, Klaus J./Voigt, Hans-Christoph (Hrsg.): Prospekt- und Kapitalmarktinformationshaftung, Tübingen 2005, S. 417–572.
Lipton, Ann M.: Slouching Towards Monell: The Disappearance of Vicarious Liability Under Section 10(B), Washington University Law Review 92 (2015), S. 1261–1323.
Looschelders, Dirk: Die Mitverantwortlichkeit des Geschädigten im Privatrecht, Tübingen 1999.
Lorenz, Stephan: § 277, in: Bamberger, Heinz Georg/Roth, Herbert (Hrsg.): Beck'scher Online-Kommentar BGB, 44. Edition, Stand: 1.2.2017.
Loss, Louis: Securities Regulation, 2. Auflage, Boston/Toronto 1961.
Luhmann, Niklas: Erkenntnis als Konstruktion, in: Jahraus, Oliver (Hrsg.): Aufsätze und Reden, Stuttgart 2007, S. 218–242.
Macey, Jonathan R.: The Genius of the Personal Benefit Test, Stanford Law Review Online 69 (October 2016), S. 64–72.
Manne, Henry G.: Insider trading and the stock market, New York 1966.
Maurer, Matthias/von der Crone, Hans Caspar: Rechtsschutz bei Dekotierungen von der Börse SIX Swiss Exchange, SZW 83 (2011), S. 400–415.
Mennicke, Petra R./Jakovou, Niko: § 13, in: Fuchs, Andreas (Hrsg.): Wertpapierhandelsgesetz (WpHG), Kommentar, 2. Auflage, München 2016.

Merkt, Hanno: Unternehmenspublizität. Die Offenlegung von Unternehmensdaten als Korrelat der Marktteilnahme, Tübingen 2001.

Mertens, Hans-Joachim: Deliktsrecht und Sonderprivatrecht – Zur Rechtsfortbildung des deliktischen Schutzes von Vermögensinteressen, AcP 178 (1978), S. 227–262.

Möllers, Thomas M.J.: § 2, Die Ad-hoc-Publizität im Gefüge der Unternehmenspublizität, in: Möllers, Thomas M. et.al. (Hrsg.): Ad-hoc-Publizität, Handbuch der Rechte und Pflichten von börsennotierten Unternehmen und Kapitalanlegern, München 2003, S. 12–29.

– Insiderinformation und Befreiung von der Ad-hoc-Publizität nach § 15 Abs. 3 WpHG – Zur Neubeurteilung von mehrstufigen Entscheidungsprozessen durch das Anlegerschutzverbesserungsgesetz, WM 2005, S. 1393–1400.

– Effizienz als Maßstab des Kapitalmarktrechts – Die Verwendung empirischer und ökonomischer Argumente zur Begründung zivil-, straf- und öffentlich-rechtlicher Sanktionen, AcP 208 (2008), S. 1–36.

– Konkrete Kausalität, Preiskausalität und uferlose Haftungsausdehnung – ComROAD I – VIII, NZG 2008, S. 413–416.

Möllers, Thomas M./Leisch, Franz Clemens: Haftung von Vorständen gegenüber Anlegern wegen fehlerhafter Ad-hoc-Meldungen nach § 826 BGB, WM 2001, S. 1648–1662.

– §§ 37b, c, in: Kölner Kommentar zum WpHG, 2. Auflage, Köln 2014.

Mülbert, Peter O.: Aktiengesellschaft, Unternehmensgruppe und Kapitalmarkt: Die Aktionärsrechte bei Bildung und Umbildung einer Unternehmensgruppe zwischen Verbands- und Anlegerschutzrecht, München 1996.

– Empfiehlt es sich, im Interesse des Anlegerschutzes und zur Förderung des Finanzplatzes Deutschland das Kapitalmarkt- und Börsenrecht neu zu regeln?, JZ 2002, S. 826–837.

Mülbert, Peter O./Sajnovits, Alexander: Verschwiegenheitspflichten von Aufsichtsratsmitgliedern als Schranken der Wissenszurechnung, NJW 2016, S, 2540–2542.

Mülbert, Peter O./Steup, Steffen: Emittentenhaftung für fehlerhafte Kapitalmarktinformation am Beispiel der fehlerhaften Regelpublizität – das System der Kapitalmarktinformationshaftung nach AnSVG und WpPG mit Ausblick auf die Transparenzrichtlinie, WM 2005, S. 1633–1655.

Müller-Erzbach, Rudolf: Die Relativität der Begriffe und ihre Begrenzung durch den Zweck des Gesetzes. Zur Beleuchtung der Begriffsjurisprudenz, in: Jherings Jahrbuch für die Dogmatik des heutigen römischen und deutschen Privatrechts 61 (1913), S. 343–384.

Naumann, Klaus-Peter/Siegel, Daniel P.: Wissensorganisation, ZHR 181 (2017), S. 273–302.

Nerlich, Heinrich: Die Tatbestandsmerkmale des Insiderhandelsverbots nach dem Wertpapierhandelsgesetz, Osnabrück 1999.

Oechsler, Jürgen: § 826, in: Staudinger Kommentar zum BGB, Berlin 2014.

– § 932, in: Münchener Kommentar zum BGB, 7. Auflage, München 2017.

Oetker, Hartmut: § 254, in: Münchener Kommentar zum BGB, 7. Auflage, München 2016.

Parmentier, Miriam: Insiderinformation nach dem EuGH und vor der Vereinheitlichung, WM 2013, S. 970–978.

Peters, Frank /Jacoby, Florian: § 199, in: Staudinger Kommentar zum BGB, Berlin 2014.

Pfeiffer, Thomas: Organwissen und Grenzen der sekundären Darlegungslast, ZIP 2017, S. 2077–2084.

Pfisterer, Valentin: Unternehmensprivatsphäre: Verfassungsrechtliche Grenzen der Pflichtpublizität im Europäischen Unternehmensrecht – Eine Studie mit vergleichenden Bezügen zum Recht der Vereinigten Staaten von Amerika, Tübingen 2014.

Pfüller, Markus: § 15, in: Fuchs, Andreas (Hrsg.): Wertpapierhandelsgesetz (WpHG), Kommentar, 2. Auflage, München 2016.

Piekenbrock, Andreas: § 199, in: beck-online-Großkommentar zum BGB, Stand: 01.02. 2018.

Pietrancosta, Alain: Public Disclosure of Inside Information and Market Abuse, in: Ventoruzzo, Marco/Mock, Sebastian (Hrsg.): Market Abuse Regulation, Oxford 2017, S. 47 – 62

– Délits boursiers: la réparation du pr´judice subi par l'investisseur, Revue Trimestrielle de Droit Financier, 2007, S. 21–27.

Poelzig, Doerte: Die Neuregelung der Offenlegungsvorschriften durch die Marktmissbrauchsverordnung, NZG 2016, S. 761–773.

Prorok, Johan: La responsabilité civile sur les marchés financiers, Dissertation an der Université Panthéon-Assas, verteidigt am 31. März 2016, Manuskript liegt Verfasser vor, Eintrag unter: http://www.theses.fr/2016PA020011.

Prütting, Hanns: § 286, in: Münchener Kommentar zur ZPO, 5. Auflage, München 2016.

Puttfarken, Hans-Jürgen/Schrader, Anne: Frankreich, in: Hopt, Klaus J./Voigt, Hans-Christoph (Hrsg.): Prospekt- und Kapitalmarktinformationshaftung, Tübingen 2005, S. 595–620.

Radbruch, Gustav: Rechtsphilosophie, 4. Auflage, Stuttgart 1950.

Reichert, Jochem/Weller, Marc-Philippe: Haftung von Kontrollorganen, Die Reform der aktienrechtlichen und kapitalmarktrechtlichen Haftung, ZRP 2002, S. 49–56.

Reich-Rohrwig, Johannes: Grundsatzfragen der Kapitalerhaltung bei der AG, GmbH sowie GmbH & Co KG, Wien 2004.

Reifner, Udo: Die Finanzkrise – Für ein Wucher- und Glücksspielverbot, Heidelberg 2017.

Reinhardt, Markus: Wissen und Wissenszurechnung im öffentlichen Recht: unter besonderer Berücksichtigung von Anforderungen an die Organisation und Folgen ihrer Verletzung im Rahmen öffentlich-rechtlicher Verwaltungstätigkeit, Berlin 2010.

Rider, Barry A. K.: Civilising the Law – The Use of Civil and Administrative Proceedings to Enforce Financial Services Law, Journal of Financial Crime 3 (1995), S. 11–33.

Riedhammer, Markus: Kenntnis, grobe Fahrlässigkeit und Verjährung, Frankfurt a. M. e.a. 2004.

Rittner, Fritz: Rechtsperson und Rechtsfähigkeit im europäischen Privatrecht, in: Kindler, Peter/Koch, Jens/Ulmer, Peter/Winter, Martin (Hrsg.): Festschrift für Uwe Hüffer zum 70. Geburtstag, München 2010, S. 843–851.

Röhl, Klaus F.: Zur Abgrenzung der groben von der einfachen Fahrlässigkeit, JZ 1974, S. 521–528.

Römmer-Collmann, Carsten: Wissenszurechnung innerhalb juristischer Personen, Frankfurt a. M. e.a. 1998.

Rolfs Christian: § 626, in: Staudinger Kommentar zum BGB, Berlin 2016.

Royé, Claudia/Fischer zu Cramburg, Ralf: § 15 WpHG, in: Heidel, Thomas (Hrsg.): Aktien- und Kapitalmarktrecht, 4. Auflage, Baden-Baden 2014.

Ruffert, Matthias: Art. 1 AEUV, in: Calliess, Christian/Ruffert, Matthias (Hrsg.): EUV/AEUV, das Verfassungsrecht der Europäischen Union mit Europäischer Grundrechtecharta, Kommentar, 5. Auflage, München 2016.

– Art. 288 AEUV, in: Calliess, Christian/Ruffert, Matthias (Hrsg.): EUV/AEUV, das Verfassungsrecht der Europäischen Union mit Europäischer Grundrechtecharta, Kommentar, 5. Auflage, München 2016.

Sachs, Michael: § 48, in: Stelkens, Paul/Bonk, Heinz Joachim/Sachs, Michael (Hrsg.): Verwaltungsverfahrensgesetz (VwVfG), Kommentar, 9. Auflage, München 2018.

Sajnovits, Alexander: Ad-hoc-Publizität und Wissenszurechnung, WM 2016, S. 765–774.

Sastre Corchado, Galo Juan: La directiva de abuso de mercado. Un nuevo marco en Europa, Revista de derecho del mercado de valores, Nr. 1-2007, S. 253–302.

Savitt, William/Yavitz, Noah B.: United States, in: Savitt, William (Hrsg.): The Securities Litigation Review, 3. Auflage, London 2017, S. 267–290.

*Schäfer, Frank A.:*Ad-hoc-Publizität, in: Marsch-Barner, Reinhard/Schäfer, Frank A. (Hrsg.): Handbuch börsennotierte AG, 4. Auflage, Köln 2017, S. 738–763.

Schäfer, Hans-Bernd/Ott, Claus: Lehrbuch der ökonomischen Analyse des Zivilrechts, 5. Auflage, Berlin e.a. 2012.

Schiemann, Gottfried: § 254, in: Staudinger Kommentar zum BGB, Berlin 2017.

Schilken, Eberhard: Wissenszurechnung im Zivilrecht – eine Untersuchung zum Anwendungsbereich des Paragraphen 166 BGB innerhalb und ausserhalb der Stellvertretung, Bielefeld 1983.

Schlette, Volker/Bouchon, Martin: § 4, in: Fuchs, Andreas (Hrsg.): Wertpapierhandelsgesetz (WpHG), Kommentar, 2. Auflage, München 2016.

Schmidt, Karsten: Gesellschaftsrecht – Unternehmensrecht II, 4. Auflage, Köln 2002.

Schmitt, Christian: Die Haftung wegen fehlerhafter oder pflichtwidrig unterlassener Kapitalmarktinformationen, Baden-Baden 2010.

Schön, Wolfgang: Der Zweck der Aktiengesellschaft – geprägt durch europäisches Gesellschaftsrecht?, ZHR 180 (2016), S. 279–288.

Schopper, Alexander/Wallner, Benedikt: Aktuelle Fragen des Anlegerschutzes im österreichischen Kapitalmarktrecht, RdW 2015, S. 763–769.

Schrader, Paul Tobias: Wissen im Recht, Definition des Gegenstandes der Kenntnis und Bestimmung des Kenntnisstandes als rechtlich relevantes Wissen, Tübingen 2017.

Schroeder, Julian: Der persönliche Anwendungsbereich der Prospekthaftung nach dem WpPG und dem VermAnlG, Tübingen 2017.

Schwab, Martin: Wissenszurechnung in arbeitsteiligen Organisationen, JuS 2017, S. 481–490.

Schwintowski, Hans-Peter: Die Zurechnung des Wissens von Mitgliedern des Aufsichtsrats in einem oder mehreren Unternehmen, ZIP 2015, S. 617–623.

Seibt, Christoph H.: Europäische Finanzmarktregulierung zu Insiderrecht und Ad hoc-Publizität, ZHR 177 (2013), S. 388–426.

Seibt, Christoph H./Cziupka, Johannes: Rechtspflichten und Best Practices für Vorstands- und Aufsichtsratshandeln bei der Kapitalmarktrecht-Compliance, AG 2015, S. 93–109.

Serick, Rolf: Rechtsform und Realität juristischer Personen, ein rechtsvergleichender Beitrag zur Frage des Durchgriffs auf die Personen oder Gegenstände hinter der juristischen Person, Berlin/Tübingen 1955.

Sethe, Rolf: § 15, in: Assmann, Heinz-Dieter/Schneider, Uwe H. (Hrsg.): Wertpapierhandelsgesetz (WpHG), Kommentar, 6. Auflage, Köln et.al. 2012.

– § 37c, in: Assmann, Heinz-Dieter/Schneider, Uwe H. (Hrsg.): Wertpapierhandelsgesetz (WpHG), Kommentar, 6. Auflage, Köln et.al. 2012.

Singer, Reinhard Finckenstein, Barbara von: § 123, in: Staudinger Kommentar zum BGB, Berlin 2017.
Spindler, Gerald: § 93, in: Münchener Kommentar zum Aktiengesetz, 4. Auflage, München 2014.
– § 823, in: beck-online-Großkommentar zum BGB, Stand: 1.5.2017.
– Wissenszurechnung in der GmbH, der AG und im Konzern, ZHR 181 (2017), S. 311–356.
Spitz, Nicolas: La réparation des préjudices boursiers, Paris 2010.
Stadler, Astrid: § 138, in: Musielak, Hans-Joachim/Voit, Wolfgang (Hrsg.): Zivilprozessordnung (ZPO), Kommentar, 14. Auflage, München 2017.
Stigler, George J.: The Economics of Information, Journal of Political Economy 69 (1961), S. 213–225.
Stoll, Andreas: § 20a, in: Kölner Kommentar zum WpHG, 2. Auflage, Köln 2014.
Stree, Walter/Bosch, Nikolaus: § 13, in: Schönke, Adolf (Begr.)/Schröder, Horst (Forts.): Strafgesetzbuch, Kommentar, 29. Auflage, München 2014.
Stübinger, Malte: Teilnehmerhaftung bei fehlerhafter Kapitalmarktinformation in Deutschland und den USA, Tübingen 2015.
Taupitz, Jochen: Wissenszurechnung nach englischem und deutschem Recht, VersR 1994 (Sonderheft Karlsruher Forum), S. 16–30.
– Anmerkung zu BGH, Urteil vom 2.2.1996 – V ZR 239/94: Zur Wissenszurechnung bei arbeitsteilig aufgebauten Organisationen, JZ 1996, S. 731–736.
Thomale, Chris: Hypothekenschutz bei Abtretungsverboten im Handelsverkehr – Zum Verhältnis von § 354a Satz 2 HGB und § 1156 Satz 1 BGB, WM 2007, 1916–1918.
– Leistung als Freiheit – Erfüllungsautonomie im Bereicherungsrecht, Tübingen 2012.
– Kommunizieren – Verstehen – Vertrag(en). Das Missverständnis als Herausforderung des Privatrechts, Rechtstheorie 44 (2013), S. 103–123.
– Sprache und Recht. Neuerscheinungen zur sprachkritischen Rechtstheorie, ARSP 99 (2013), S. 420–432.
– Wissenszurechnung im Gesellschaftsstrafrecht – deutsche Unternehmen vor französischen Strafgerichten, AG 2015, S. 641–652.
– The forgotten discipline of Private International Law: Lessons from Kiobel v. Royal Dutch Petroleum – Part 1, Transnational Legal Theory (TLT), 7:2 (2016), S. 155–180.
– Von der bedingten Rechtsperson zum unbedingten Frieden der Völker – Exegetische Betrachtungen zu Gustav Radbruchs Rechtsphilosophie, Rechtswissenschaft 2017, S. 25–44.
– Kapital als Verantwortung, Band I: Trennungsprinzip und nexus of contracts, 2018 (im Erscheinen).
Thomale, Chris/Gutfried, Michael: Geschäftsanteilsverkehr als Regulierungsproblem – Zugleich Vorüberlegungen zu einer institutionenökonomischen Theorie des Erwerbs kraft Rechtsscheins, ZGR 2017, S. 61–113.
Thomale, Chris/Hübner, Leonhard: Zivilgerichtliche Durchsetzung völkerrechtlicher Unternehmensverantwortung, JZ 2017, S. 385–397.
Thomale, Chris/Schüßler, Marc: Das innere System des Rechtsscheins, ZfPW 2015, S. 454–488.
Thomale, Chris/Walter, Andreas: Delisting als Regulierungsaufgabe, ZGR 2016, S. 679–728.

Timmerman, Levinus/Lennarts, Marie-Louise: Niederlande in: Hopt, Klaus J./Voigt, Hans-Christoph (Hrsg.): Prospekt- und Kapitalmarktinformationshaftung, Tübingen 2005, S. 773–810.
Tröger, Tobias: Arbeitsteilung und Vertrag, Tübingen 2012.
Tuck, Richard: Free riding, Harvard 2008.
Ulen, Thomas S.: The Coasean Firm in Law and Economics, Journal of Corporate Law 18 (1993), S. 301–331.
Ulmrich, Jonas-Benjamin: Investorentransparenz. Die Mitteilungspflichten für Inhaber wesentlicher Beteiligungen (§ 27a WpHG) auf der Grundlage ihrer US-amerikanischen und französischen Regelungsvorbilder (SchrUKmR9), Tübingen 2013.
Veil, Rüdiger: Der Schutz des verständigen Anlegers durch Publizität und Haftung im europäischen und nationalen Kapitalmarktrecht, ZBB 18 (2006), S. 162–171.
– § 5, Rechtsquellen und Auslegung, in: Veil, Rüdiger (Hrsg.): Europäisches Kapitalmarktrecht, 2. Auflage, Tübingen 2014, S. S. 59–82.
– § 12, Sanktionen, in: Veil, Rüdiger (Hrsg.): Europäisches Kapitalmarktrecht, 2. Auflage, Tübingen 2014, S. 165–184.
Veil, Rüdiger/Koch, Philipp: Französisches Kapitalmarktrecht – eine rechtsvergleichende Studie aus der Perspektive des europäischen Kapitalmarktrechts, Köln 2010.
Veil, Rüdiger/Walla, Fabian: Schwedisches Kapitalmarktrecht – eine rechtsvergleichende Studie aus der Perspektive des europäischen Kapitalmarktrechts, Köln 2010.
Veil, Rüdiger/Wundenberg, Malte: Englisches Kapitalmarktrecht – eine rechtsvergleichende Studie aus der Perspektive des europäischen Kapitalmarktrechts, Köln 2010.
Verse, Dirk A.: Der Gleichbehandlungsgrundsatz im Recht der Kapitalgesellschaften, Tübingen 2006.
– Zur Reform der Kapitalmarktinformationshaftung im Vereinigten Königreich, RabelsZ 76 (2012), S. 893–920.
– Doppelmandate und Wissenszurechnung im Konzern, AG 2015, S. 413–420.
Viehweg, Theodor: Topik und Jurisprudenz, 5. Auflage, München 1974.
Voß, Thorsten: § 15, in: Just, Clemens et al. (Hrsg.): Wertpapierhandelsgesetz (WpHG), Kommentar, 1. Auflage, München 2015.
Wacke, Andreas: Gefahrerhöhung als Besitzerverschulden. Zur Risikoverteilung bei Rückgabepflichten im Spannungsfeld der Zurechnungsprinzipien *casum sentit dominus, fur semper in mora* und *versari in re illicita,* in: Baumgärtel, Gottfried/Becker, Hans-Jürgen/Klingmüller, Ernst/Wacke, Andreas: Festschrift für Heinz Hübner zum 70. Geburtstag am 1. November 1984, Berlin 1984, S. 669–695.
– Estudios de derecho romano y moderno en cuatro idiomas, Madrid 1996.
Wagner, Gerhard: Schadensberechnung im Kapitalmarktrecht, ZGR 2008, S. 495–532.
– Wissenszurechnung: Rechtsvergleichende und rechtsökonomische Grundlagen, ZHR 181 (2017), S. 203–272.
– § 823, in: Münchener Kommentar zum BGB, 7. Auflage, München 2017.
– § 826, in: Münchener Kommentar zum BGB, 7. Auflage, München 2017.
– § 830, in: Münchener Kommentar zum BGB, 7. Auflage, München 2017.
– § 831, in: Münchener Kommentar zum BGB, 7. Auflage, München 2017.
– § 851, in: Münchener Kommentar zum BGB, 7. Auflage, München 2017.
Waltermann, Raimund: Zur Wissenszurechnung – am Beispiel der juristischen Personen des privaten und öffentlichen Rechts, AcP 192 (1992), S. 181–226.
Waßmer, Martin Paul: § 39, in: Fuchs, Andreas (Hrsg.): Wertpapierhandelsgesetz (WpHG), Kommentar, 2. Auflage, München 2016.

Weichert, Tilman: Der Anlegerschaden bei fehlerhafter Kapitalmarktpublizität, Baden-Baden 2008.
Weitnauer, Wolfgang: Haftung für die Außendarstellung des Unternehmens, DB 2003, S. 1719–1725.
Weller, Marc-Philippe: Fehlerhafte Kapitalmarktinformation zwischen Freiheit und Haftung, in: Krieger, Gerd/Lutter, Marcus/Schmidt, Karsten: Festschrift für Michael Hoffmann-Becking zum 70. Geburtstag, München 2013, S. 1341–1362.
– Wissenszurechnung in grenzüberschreitenden Unternehmensstrafverfahren, ZGR 2016, S. 384–413.
Wichmann, Richard: Haftung am Sekundärmarkt für fehlinformationsbedingte Anlegerschäden, Tübingen 2017.
Zetzsche, Dirk: Aktionärsinformation in der börsennotierten Aktiengesellschaft, Köln/Berlin/München 2006.
Zimmer, Daniel/Grotheer, Marc: § 37c WpHG, in: Schwark, Eberhard/Zimmer, Daniel (Hrsg.): Kapitalmarktrechts-Kommentar, 4. Auflage, München 2010.
Zimmer, Daniel/Kruse, Dominik: § 15 WpHG, in: Schwark, Eberhard/Zimmer, Daniel (Hrsg.): Kapitalmarktrechts-Kommentar, 4. Auflage, München 2010.
Zöllner, Wolfgang: Aktienrechtsreform in Permanenz – Was wird aus den Rechten des Aktionärs?, AG 1994, S. 336–342.
Zweigert, Konrad/Kötz, Hein: Einführung in die Rechtsvergleichung: Auf dem Gebiete des Privatrechts, Tübingen 1996.

Gesetzesmaterialien

Europa:
Grünbuch Schaffung einer Kapitalmarktunion vom 18.2.2015, COM(2015) 63 final

Vorschlag für eine Richtlinie des Europäischen Parlaments und des Rates über Insider-Geschäfte und Marktmanipulation (Marktmissbrauch) vom 30.5.2001, KOM(2001)

Deutschland:
BR-Drs. 653/16 vom 4. November 2016, Gesetzesentwurf der Bundesregierung zur Änderung von Vorschriften im Bereich des Internationalen Privat- und Zivilverfahrensrechts

BT-Drs. 15/5091 vom 14. März 2005, Gesetzesentwurf der Bundesregierung zur Einführung von Kapitalanleger-Musterverfahren

BT-Drs. 15/3174 vom 24. Mai 2004, Gesetzesentwurf der Bundesregierung zur Verbesserung des Anlegerschutzes (Anlegerschutzverbesserungsgesetz – AnSVG)

BT-Drs. 14/8017 vom 18. Januar 2002, Gesetzesentwurf der Bundesregierung zur weiteren Fortentwicklung des Finanzplatzes Deutschland (Viertes Finanzmarktförderungsgesetz)

BT-Drs. 14/7515 vom 14. August 2001, Unterrichtung durch die Bundesregierung – Bericht der Regierungskommission „Corporate Governance", Unternehmensführung – Unternehmenskontrolle – Modernisierung des Aktienrechts

BT-Drs. 14/6040 vom 14. Mai 2001, Gesetzesentwurf der Abgeordneten Alfred Hartenbach et.al. zur Modernisierung des Schuldrechts

BT-Drs. 12/7918 vom 15. Juni 1994, Beschlussempfehlung und Bericht des Finanzausschusses (7. Ausschuss) zum Entwurf eines Gesetzes über den Wertpapierhandel und zur Änderung börsenrechtlicher und wertpapierrechtlicher Vorschriften (Zweites Finanzmarktförderungsgesetz), und zum Antrag der Abgeordneten Hans de With et.al. zur Bekämpfung des Insider-Handels an deutschen Börsen

BT-Drs. 12/6679 vom 27. Januar 1994, Gesetzesentwurf der Bundesregierung über den Wertpapierhandel und zur Änderung börsenrechtlicher und wertpapierrechtlicher Vorschriften (Zweites Finanzmarktförderungsgesetz)

BT-Drs. 8/3908 vom 16. April 1980, Beschlussempfehlung und Bericht des Rechtsausschusses (6. Ausschuss) zu dem von der Bundesregierung eingebrachten Entwurf eines Gesetzes zur Änderung des Gesetzes betreffend die Gesellschaften mit beschränkter Haftung und anderer handelsrechtlicher Vorschriften

Regierungsentwurf (RegE) AktG, in: Kropff, Bruno (Hrsg.), Aktiengesetz, Düsseldorf 1965

Diskussionsenwurf für ein Kapitalmarktinformationshaftungsgesetz – KaInHaG (NZG 2004, 1042–1051)

Schweiz:
Richtlinie betr. Ad hoc-Publizität (RLAhP) vom 29. Oktober 2008

USA:
H.R. CONF. REP. 104-369, 38, 1995 U.S.C.C.A.N. 730
H.R. CONF. REP. 94-229, 91, 1975 U.S.C.C.A.N. 321

Römische Quellen:
Codex Justinianus 4, 24, 9
Celsus (libr. oct.dig.), Dig. 50, 17, 185

Entscheidungsverzeichnis

Deutsche Gerichte

Bundesgerichte:

BGH, Urteil v. 28. Juni 2016 – VI ZR 536/15 (WM 2016, 1975–1980)
BGH, Urteil v. 28. Juni 2016 – VI ZR 541/15
BGH, Urteil v. 26. April 2016 – XI ZR 114/15 (BKR 2016, 341–345)
BGH, Urteil v. 9. Mai 2014 – V ZR 305/12 (NJW 2014, 2790–2794)
BGH, Urteil v. 15. Oktober 2013 – VI ZR 124/12 (NJW 2014, 1380–1381)
BGH, Beschluss v. 23. April 2013 – II ZB 7/09 (NZG 2013, 708–713; NJW 2013, 2114–2119)
BGH Urteil v. 11. Oktober 2012 – 1 StR 213/10 (BGHSt 58, 15–32)
BGH, Urteil v. 28. Februar 2012 – VI ZR 9/11 (NJW 2012, 1789–1792)
BGH, Urteil v. 12. Dezember 2011 – XI ZR 51/10 (BGHZ 192, 90–118)
BGH, Urteil v. 15. März 2011 – VI ZR 162/10 (NJW 2011, 1799–1801)
BGH, Urteil v. 10. Dezember 2010 – V ZR 203/09
BGH, Urteil v. 22. Juni 2010 – VI ZR 212/09 (BGHZ 186, 58–70)
BGH, Urteil v. 23. März 2010 – VI ZR 57/09 (WM 2010, 928–932)
BGH, Urteil v. 14. Januar 2010 – VII ZR 213/07 (NJW 2010, 1195–1197)
BGH, Urteil v. 10. Februar 2009 – VI ZR 28/08 (NJW 2009, 1482–1485)
BGH, Urteil v. 4. Dezember 2008 – IX ZR 218/07 (NJW-RR 2009, 491–492)
BGH, Urteil v. 23. September 2008 – XI ZR 395/07 (NJW 2009, 587–588)
BGH, Urteil v. 28. November 2006 – VI ZR 196/05 (NJW 2007, 834–835)
BGH, Urteil v. 9. Mai 2005 – II ZR 287/02 (NZG 2005, 672–676)
BGH, Urteil v. 13. Dezember 2004 – II ZR 17/03 (NJW 2005, 981–982)
BGH, Urteil v. 19. Juli 2004 – II ZR 402/02 (BGHZ 160, 149–159)
BGH, Urteil v. 19. Juli 2004 – II ZR 218/03 (BGHZ 160, 134–149)
BGH, Urteil v. 19. Juli 2004 – II ZR 217/03 (NJW 2004, 2668–2671)
BGH, Urteil v. 14. Oktober 2003 – VI ZR 379/02 (NJW 2004, 510–511)
BGH, Urteil v. 25. Februar 2002 – II ZR 196/00 (BGHZ 150, 61–70)
BGH, Urteil v. 27. März 2001 – VI ZR 12/00 (NJW 2001, 2535–2537)
BGH, Urteil v. 13. Oktober 2000 – V ZR 349/99 (NJW 2001, 359–360)
BGH, Urteil v. 9. März 2000 – III ZR 198/99 (NJW 2000, 1411–1413)
BGH, Urteil v. 15. April 1997 – XI ZR 105/96 (BGHZ 135, 202–208)
BGH, Urteil v. 4. Februar 1997 – VI ZR 306/95 (NJW 1997, 1584–1586)
BGH, Urteil v. 25. Juni 1996 – VI ZR 117/95 (NJW 1996, 2508–2511)
BGH, Urteil v. 2. Februar 1996 – V ZR 239/94 (BGHZ 132, 30–39)
BGH, Urteil v. 13. April 1994 – II ZR 16/93 (BGHZ 125, 366–382)
BGH, Urteil v. 8. Juli 1992 – IV ZR 223/91 (BGHZ 119, 147–152)
BGH, Urteil v. 11. Februar 1992 – VI ZR 133/91 (NJW 1992, 1755–1756)

BGH, Urteil v. 21. Oktober 1991 – II ZR 204/90 (BGHZ 116, 7–14)
BGH, Urteil v. 8. Dezember 1989 – V ZR 246/87 (BGHZ 109, 327–333)
BGH, Urteil v. 28. Februar 1989 – XI ZR 70/88 (WM 1989, 1047–1051)
BGH, Urteil v. 21. März 1988 – II ZR 194/87 (BGHZ 104, 44–50)
BGH, Urteil v. 19. Oktober 1987 – II ZR 9/87 (BGHZ 102, 68–80)
BGH, Urteil v. 22. April 1986 – VI ZR 133/85 (NJW 1986, 2315–2316)
BGH, Urteil v. 19. März 1985 – VI ZR 190/83 (NJW 1985, 2583–2584)
BGH, Urteil v. 29. Juni 1982 – VI ZR 33/81 (BGHZ 84, 312–320)
BGH, Urteil v. 5. Februar 1980 – VI ZR 169/79 (VersR 1980, 457–458)
BGH, Urteil v. 8. Juni 1976 – VI ZR 50/75 (BGHZ 66, 388–394)
BGH, Urteil v. 21. Januar 1975 – VIII ZR 101/73 (BGHZ 63, 382–388; NJW 1975, 642)
BGH, Urteil v. 5. Februar 1974 – VI ZR 52/72 (NJW 1974, 948–949)
BGH, Urteil v. 20. November 1973 – VI ZR 72/72 (NJW 1974, 319–320)
BGH, Urteil v. 17. Oktober 1966 – II ZR 123/64 (VersR 1966, 1150)
BGH, Beschluss v. 27. Januar 1966 – KRB 2/65 (BGHSt 21, 18–23)
BGH, Urteil v. 6. April 1964 – II ZR 75/62 (BGHZ 41, 282–291)
BGH, Urteil v. 5. Februar 1959 – II ZR 69/57 (VersR 1959, 222)
BGH, Urteil v. 27. September 1956 – II ZR 203/55 (NJW 1956, 1715)
BGH, Urteil v. 23. Mai 1956 – IV ZR 34/56 (WM 1956, 884–885)
BGH, Urteil v. 11. Mai 1953 – IV ZR 170/52 (BGHZ 10, 14–18)
BGH, Urteil v. 23. April 1953 – 3 StR 219/52 (BGHSt 4, 236–244)
BGH, Urteil v. 3. Juli 1951 – I ZR 44/50 (BGHZ 3, 46–52)
BGH, Urteil v. 8. März 1951 – III ZR 65/50 (BGHZ 1, 248–253)

BSG, Urteil v. 25. Januar 1994 – 7 Rar 14/93 (BSGE 74, 20–27)
BSG, Urteil v. 20. September 1977 – 8/12 RKg 8/76 (NJW 1978, 1175–1176)

BVerwG, Beschluss v. 19. Dezember 1984 – GrSen 1/84 (BVerwGE 70, 356–365)

Oberlandesgerichte:
OLG Braunschweig, Urteil v. 12. Januar 2016 – 7 U 59/14 (NZG 2016, 465–471)
OLG München, Beschluss v. 15. Dezember 2014 – KAP 3/10 (NZG 2015, 399–400)
OLG Köln, Urteil v. 29. August 2002 – 8 U 5/02 (VersR 2004, 73–74)
OLG Düsseldorf, Urteil v. 5. Februar 2002 – 4 U 87/01 (NJW-RR 2002, 1018–1019)
OLG Hamm, Beschluss v. 29. März 1993 – 15 W 391/92 (NJW-RR 1993, 1295–1299)

Arbeitsgerichte:
ArbG Berlin, Urteil v. 2. November 2012 – 28 Ca 13586/12 (DB 2012, 2875–2876)

Reichsgericht:
RG, Urteil v. 8. Februar 1935 – V 223/34 (JW 1935, 2044)
RG, Urteil v. 10. Januar 1916 – VI 359/15 (RGZ 88, 4–9)
RG, Urteil v. 29. Dezember 1910 – VI 411/09 (RGZ 75, 257–259)
RG, Urteil v. 21. September 1910 – V 587/09 (RGZ 74, 117–121)
RG, Urteil v. 29. Januar 1906 – VI 175/05 (RGZ 62, 346–351)

EuGH

EuGH, Urteil v. 29. April 2015 – C-51/03 – Nationale-Nederlanden
EuGH, Urteil v. 11. März 2015 – C-628/13 – Lafonta
EuGH, Urteil v. 19. Dezember 2013 – C-174/12 – Immofinanz
EuGH, Urteil v. 30. Mai 2013 – C-604/11 – Genil
EuGH, Urteil v. 28. Juni 2012 – C-19/11 – Geltl
EuGH, Urteil v. 7. Juli 2011 – C-445/09 – IMC Securities
EuGH, Urteil v. 15. Juli 2010 – C-234/09 – Skatteministeriet vs. DSV Road A/S
EuGH, Urteil v. 23. Dezember 2009 – C-45/08 – Spector Photo Group
EuGH, Urteil v. 23. Oktober 2007 – C-112/05 – Volkswagengesetz
EuGH, Urteil v. 10. Mai 2007 – C-391/04 – Georgakis
EuGH, Urteil v. 22. November 2005 – C-384/02 – Grøngaard/Bang
EuGH, Urteil v. 17. September 2002 – C-253/00 – Muñoz

Entscheidungen amerikanischer Gerichte

BioScrip, Inc. Securities Litigation, 95 FSupp.3d 711 (S.D.N.Y., 2015)
Omnicare, Inc. Securities Litigation, 769 F.3d 455 (C.A.6 (Ky.), 2014)
Janus Capital Group, Inc. v. First Derivative Traders, 564 U.S. 135 (U.S., 2011)
Matrixx Initiatives, Ins. V. Siracusano, 131 S.Ct. 1309, 563 U.S. 27 (U.S., 2011)
Teamsters Local 445 Freight Div. Pension Fund v. Dynex Capital Inc., 531 F.3d 190 (C.A.2(N.Y.), 2008)
Glazer Capital Management, LP v. Magistri, 549 F.3d 736 (C.A.9 (Cal.), 2008)
Tellabs, Inc. v. Makor Issues & Rights, Ltd., 551 U.S. 308 (U.S., 2007)
City of Monroe Employees Retirement System v. Bridgestone Corp., 399 F.3d 651 (C.A.6(Tenn.), 2005)
Southland Securities Corp. v. INSpire Ins. Solutions, Inc., 365 F.3d 353 (C.A.5 (Tex.), 2004)
Adams v. Kinder-Morgan, Inc., 340 F.3d 1083 (C.A. 10(Colo.), 2003)
Central Bank of Denver, N.A. v. First Interstate Bank of Denver, N.A., 511 U.S. 164 (U.S.Colo., 1994)
Basic Inc. v. Levinson, 108 S.Ct. 978, 485 U.S. 224 (U.S., 1988)
Ernst & Ernst v. Hochfelder, 96 S.Ct. 1375, 425 U.S. 185 (U.S. Ill., 1976)
Superintendent of Ins. Of State of N. Y. v. Bankers Life & Cas. Co., 92 S.Ct. 165, 404 U.S. 6 (U.S. N.Y., 1971)
Birnbaum v. Newport Steel Corp., 193 F.2d 461 (C.A.2, 1952)

Entscheidungen britischer Gerichte

Hall v. Cable and Wireless Plc, [2009] EWHC 1793 (Comm)

Entscheidungen französischer Gerichte

Cour de cassation (Chambre commerciale, financière et économique), Urteil v. 9. März 2010, N° 294, 08-21.547, 08-21.793

Entscheidungen österreichischer Gerichte

Verfassungsgerichtshof, Entscheidung v. 13.12.2017 – G 408/2016-31 et al.
OGH, Urteil v. 20. März 2015 – 9 Ob 26/14k (ECLI:AT:OGH0002:2015:0090OB00026.14K.0320.000)
OGH, Beschluss v. 24. Januar 2013 – 8 Ob 104/12w (ECLI:AT:OGH0002:2013:0080OB00104.12W.0124.000)
OGH, Beschluss v. 15. März 2012 – 6 Ob 28/12d (ECLI:AT:OGH0002:2012:0060OB00028.12D.0315.000)
OGH, Beschluss v. 30. März 2011 – 7 Ob 77/10i (ECLI:AT:OGH0002:2011:0070OB00077.10I.0330.000)

Entscheidungen portugiesischer Gerichte

Supremo Tribunal de Justiça, Urteil v. 5. April 2016 – 127/10.0TBPDL.L1.S1

Entscheidungen schweizerischer Gerichte

BG, Urteil v. 1. Dezember 2010 – 4A 533/2010 (BGE 137 III 37–46)

Normenregister

Europäische Union

I. Primärrecht

Frankreich

Hong Kong

Irland

Italien

Kanada

Luxemburg

Niederlande

Österreich

Portugal

Schweiz

Singapur

Spanien

Südafrika

United Kingdom

USA

Sachregister

Schriften zum Unternehmens- und Kapitalmarktrecht

herausgegeben von
Jörn Axel Kämmerer, Karsten Schmidt und Rüdiger Veil

Die Schriftenreihe *Schriften zum Unternehmens- und Kapitalmarktrecht* (SchrUKmR) wurde 2012 gegründet. Sie wird von Wissenschaftlern des Instituts für Unternehmens- und Kapitalmarktrecht der Bucerius Law School herausgegeben und reflektiert die Tatsache, dass das Unternehmens- und Kapitalmarktrecht in besonderer Weise von der internationalen Wirtschaftspraxis und Erkenntnissen anderer Disziplinen, insbesondere der Wirtschaftswissenschaften, beeinflusst wird. Die Globalität der Finanzmärkte spiegelt sich in einem hohen Grad internationaler Rechtsvereinheitlichung wider. Bei der Fortbildung des Rechts sind Gesetzgeber und Gerichte auf Erkenntnisse der Rechtsvergleichung angewiesen. Die Reihe *SchrUKmR* verfolgt das Ziel, zur Diskussion über grundlegende Themen dieser Rechtsgebiete, insbesondere an der Schnittstelle zu anderen Gebieten des Wirtschaftsrechts oder des Verfassungs- und Europarechts, beizutragen.

ISSN: 2193-7273
Zitiervorschlag: SchrUKmR

Alle lieferbaren Bände finden Sie unter *www.mohrsiebeck.com/schrukmr*

Mohr Siebeck
www.mohrsiebeck.com